닥터 도티의 마인드 매직

닥터 도티의 마인드 매직

스탠퍼드대 뇌과학자가 전하는 잠재의식 사용법

MIND MAGIC

제임스 도티 | 박세연 옮김

달
북

내 여정에 많은 도움을 주고 나아갈 길을 보여준,
인생에서 만난 모든 이들에게 이 책을 바칩니다.

언제나 영감을 건네준 아내 마샤,
그리고 우리 아이들 제니퍼와 서배스천, 알렉산더에게
이 책을 바칩니다.

"제임스 도티 박사의 이번 신작은 모두에게 권할 만큼 놀랍다. 이 책에서 그는 선한 의도를 실제 행동으로 옮겨서 개인의 행복을 높이고 세상을 더 좋은 곳으로 만드는 자기 주도성의 힘을 잘 보여준다."

— 필립 짐바르도, 스탠퍼드대학교 심리학과 명예교수, 『루시퍼 이펙트』 저자

"저명한 스탠퍼드대학교 과학자이자 의사인 제임스 도티는 이 책에서 마음의 단련을 통해 진정한 만족을 얻는 방법을 알려준다. 명쾌하게 사고를 일깨우는 이 책은 성공에 관한 기존의 고정관념을 허물어뜨려 우리의 삶을 변화시킨다."

— 바나비 마쉬, 고등연구소IAS 연구원, 『나는 오늘도 행운을 준비한다』 저자

"개인적인 경험과 엄격한 신경과학을 바탕으로 어떤 상황에 있든 삶을 개선하고 꿈을 실현할 수 있는 길을 보여준다."

— 베르너 에르하르트, EST & 랜드마크 포럼 설립자

"스탠퍼드대학교 신경외과 의사이자 연민을 연구하는 제임스 도티 박사는 신경과학을 기반으로 '현실화'라는 개념을 소개한다. 여섯 가지 간단한 훈련을 통해 주의를 집중하고, 의도를 분명히 이해하며, 이를 실행에 옮기는 방법을 배움으로써 가장 소망하는 단계에 다다를 수 있다. 이것이야말로 진정한 마법이다."

— 폴 길버트, 영국 왕실 훈장 수상자, 『마음챙김과 자비』 저자

"도티 박사는 어린 시절의 힘든 경험, 많은 이들의 이야기, 신경과학을 통해 우리에게 꿈을 이루는 지혜를 보여준다. 이 책은 그 모든 지식을 하나로 엮어서 꿈을

실현하는 변화의 여정으로 우리를 이끈다."

— 스콧 크리언스, 주니퍼 네트웍스 회장, 1440 멀티버시티 설립자

"그가 말하는 현실화란 불가능한 과제처럼 보이기도 한다. 그러나 도티 박사는 개인적인 경험과 신경과학적인 통찰을 바탕으로 불가능을 가능으로 만든다. 이 책은 꿈을 실현하는 여정을 구체적으로 그려낸다."

— B.J. 밀러, 의학박사

"행복은 여러 가지 측면에서 현실화 능력과 밀접한 관련이 있다. 스탠퍼드대학교 신경외과 의사이자 신경과학자인 제임스 도티는 명상과 마음 수련 전문가다. 그는 어떻게 의도가 두뇌에서 현실화되는지 보여주면서, 원하는 삶을 창조하기 위해 활용할 수 있는 여섯 단계를 제시한다. 인상적이면서 깊이가 있다."

— 아리아나 허핑턴, 허핑턴 포스트 미디어그룹 설립자, 『제3의 성공』, 『수면 혁명』 저자

"현실화는 단순화 마법이 아니다. 진정한 신경과학이다. 제임스 도티가 이 책에서 들려주는 이야기는 목표를 이루고, 꿈을 실현하고, 소원을 성취하는 방법에 관한 우리의 생각을 통째로 바꿔 놓을 것이다."

— 칩 콘리, 『감정관리도 전략이다』 저자

"지금 우리에게 꼭 필요한 책이다. 이 책에서 제임스 도티 박사는 신경과학을 기반으로 우리의 삶과 세상을 변화시킬 강력한 현실화 기술을 소개한다."

— 마시 시모프, 『이유 없이 행복하라』 저자, 『영혼을 위한 닭고기 수프』 시리즈 공저자

"의식 속에서 개인의 현실을 창조하는 방법을 주제로 신경과학에 기반을 둔 실용적인 지침서를 펴냈다는 점에서 도티 박사는 칭송받아 마땅하다."

— 디팩 초프라, 의학박사이자 영성 리더, 『디팩 초프라의 완전한 명상』 저자

"솔직히 말해서, 이 매혹적인 책을 읽기 전까지는 '현실화'라는 개념이 점성술이나 마법사의 수정구슬처럼 의미 없는 용어라고 생각했다. 그러나 유명한 신경과학자이자 신경외과 의사인 제임스 도티 덕분에 지금까지의 생각을 돌아보게 되었다. 정확히는, 진정으로 깊이 성찰하게 되었다. 마음의 숨겨진 비밀을 들여다보는 놀랍고도 탁월한 작품이다. 물론 이 책을 읽는다고 갑자기 페라리가 생기지는 않겠지만, 그보다 더 소중한 보상을 향한 길로 이 책이 우리를 이끌어 줄 것이다."

— 스티븐 프라이, 배우이자 코미디언

"이 책은 현실화에 관한 신경과학적 이론을 설명하는 데 그치지 않고, 자신과 주변 모두의 삶을 변화시킬 실질적인 방법과 훈련법을 제시한다. 이 책을 통해 우리의 무한한 잠재력을 밝히는 탐험을 떠나보길 권한다."

— 차드 멩 탄, 구글 출신 엔지니어, 『서치 인사이드』 저자

"이 책은 고대의 영적 수련에서 현대의 신경과학으로 넘어가는 여정으로 우리를 안내한다. 그리고 개인의 잠재력을 폭넓은 관점으로 살펴보면서, 동시에 이를 내면화하는 실천적인 방법을 소개한다. 여기서 도티 박사는 개인적인 경험과 과학적인 지식을 근간으로 현실화라는 개념에 숨겨진 비밀을 파헤친다. 이 책 곳곳에는 그의 지성과 따뜻한 마음이 스며들어 있다. 서두에서 약속했듯이, 그는 '개인

의 잠재력에 대한 확고한 믿음'을 우리에게 전해준다. 마음에 관한 책이면서 동시에 마법에 관한 책이다. 둘 중 하나를 진정으로 이해할 때, 우리는 비로소 다른 하나도 이해하게 된다."

— 마리안 윌리엄슨, 작가이자 연설가, 미국 대통령 후보

"탁월하고, 열정적이며, 실용적인 이 책은 꿈을 실현하기 위한 역대 최고의 안내서다. 뇌과학과 전통적인 지혜, 실용적인 심리학을 기반으로 검증된 단계를 따라 '목표의 실현'으로 독자를 이끌어간다. 그 과정에서 도티 박사는 친절한 안내자로서, 그가 소개하는 방법을 활용해서 고난을 딛고 끝내 성공을 거둔 많은 이들의 사례를 소개한다. 아름다운 보석과도 같은 책이다."

— 릭 핸슨, 신경심리학자이자 명상지도자, 『붓다 브레인』 저자

"이 책은 의도를 올바른 방식으로 실현하게 해주는, 신경과학에 기반을 둔 구체적인 프로그램을 제시한다. 그리고 이를 통해 의미와 목적이 있는 삶을 살아가도록 우리를 격려한다."

— 존 햄, 배우

"도티 박사의 또 하나의 걸작이다. 그는 깊이 있는 연구와 신경과학의 성과를 기반으로 '끌어당김의 법칙'에 관한 오해와 거짓을 바로잡는다. 그리고 그 과정에서 현실화라는 개념에 대한 신뢰를 다시 높인다. 삶의 변화를 모색하는 이들의 필독서다."

— 린 트위스트, 환경운동가이자 여성인권운동가

차례

추천사 · 006

시작하며: 끌어당김의 법칙에 대한 오해 · 012

1장

인생을 바꾸는 마음의 마법 · 033

2장

첫 번째 단계: 내면의 힘을 마주하기 · 067

3장

두 번째 단계: 진정한 소망을 확인하기 · 099

4장

세 번째 단계: 마음속 장애물을 제거하기 · 131

5장

네 번째 단계: 의도를 잠재의식에 새기기 · 173

6장

다섯 번째 단계: 목표를 세상과 연결 짓기 · 209

7장

여섯 번째 단계: 새로운 기회를 받아들이기 · 241

마치며: 집으로 돌아가는 길 · 270

현실을 바꾸는 기적의 6주 훈련법 · 277

현실화를 더 깊이 이해하기 · 353

감사의 글 · 390

참고문헌 · 393

시작하며

끌어당김의 법칙에 대한 오해

세상은 우리를 골탕 먹이지 않는다.

　세상이 때로는 일부러 나를 괴롭히는 것 같다고 생각하는 사람이라면 이 말이 사실이기를 간절히 바랄 것이다. 그런데 정말로 세상은 우리를 못살게 굴지 않는다. 우리가 그럴 가치가 없다거나, 우리가 세상과 조화를 이루지 못하거나, 혹은 열 세대를 거친 운명의 저주를 받아서가 아니다. 세상이 우리를 골탕 먹이지 않는 것은 '그저 그럴 수 없기' 때문이다.

　많은 이들은 외부의 어떤 존재가 자신의 문제를 해결해 주고 자신에게 모든 것을 가져다주길 소망하며 살라고 배웠다. 가령 복권 당첨의 행운, 모든 것을 아는 지혜의 안내자, 지도자, 수호천사, 혹은 마술적인 존재나 힘, 에너지, 아니면 모든 일이 순조롭게 돌아가도록 만들어줄 세상 어딘가에 있을 지니 같은 존재를 기대하라고 말이다. 나도 오랫동안 그렇게 믿고 싶었다. 나는 우리의 모든 행동을 관찰하고, 우리가 꿈꾸던 집을 얻거나 영혼의 단짝을 만날 자격이 있는지, 아니면 암의 저주에 걸릴 운명인지를 결정하는 우주의 엄격한 부모가 존재한다고 믿었다. 신경과학자이자 의사로서 그러한 힘이나 존재를 입증할 증거를 댈 수는 없지만, 불가능해 보였던 삶의 변화를 끌어내는 마음의 힘과 관련해서는 꽤 많은 과학적 증거가 이미 나와 있다는 사실을 안다. 이는 곧 현실화 manifestation(영성 분야에서는 'manifestation'을 주로 '현현顯現'으로 번역한다. 여기에는 '생각이 우주에 영향을 미쳐서 소망을 현실로 이루게 한다'라는 의미가 담겨 있다. 그러나 저자 제임스 도티는 이러한 신비주의적 접근을 경계하기 때문에, 이 책에서는 '현실화'라는 용어로 옮겼다. 여기에는 '개인의 의도를 잠재의식에 각인함으로써 현실로 실현하기 위한 내적 준비를 한다'라는 의미가 담겼다ㅡ옮긴이)의 실천을 말한다.*

---

* 많은 이들이 '잠재의식'과 '무의식'을 비슷한 의미로 혼동한다. 일반적으로 잠재의식은 자신과 세상에 관한 믿음, 기억으로 남은 트라우마, 장기 기억, 두려움 및 욕망과 더불어 반자동적인 생리적 과정을 포함하는 마음의 영역을 일컫는다. 어떤 면에서 의식적인 마음은 잠재의식에 접근할 수 있다. 반면 의식적인 마음은 무의식에 접근할 수 없으며, 여기에는 기억에서 사라진 트라우마, 본능적인 반응, 세포 기억, 초기 기억 및 각인, 자동적인 생리 반응이 포함된다. 논의를 단순화하기 위해 여기서 나는 '잠재의식'이라는 용어만 사용하고 있다. 잠재의식에 관한 전반적인 논의는 네 번째 단계를 참조하자.

그러나 사회에는 현실화를 둘러싼 갖가지 오해가 있다. 그래서 본격적인 논의를 시작하기에 앞서 내가 설명하려는 '현실화'의 의미를 정확히 정리하고자 한다. 현실화란 자신의 의도intention를 분명하게 정의함으로써 의식의 아래에서 움직이는 잠재의식 속에 의도가 자리 잡도록 만드는 과정을 말한다. 우리는 이러한 과정을 통해 의도를 중요하고 분명한 것으로, 즉 주목할 만한 가치가 있는 것으로 만들어주는, 목표 지향성을 관장하는 두뇌 네트워크를 활성화할 수 있다.

이 말은 우리가 자신의 의도를 의식적인 차원에서 떠올리지 않는 상태에서도 우리의 두뇌 메커니즘은 24시간 내내 목표에 계속해서 집중한다는 사실을 의미한다. 그렇게 우리 내면에 자리 잡은 의도는 우리의 삶을 이끈다. 우리는 내면의 힘을 통해 두뇌의 방대한 자원에 접근함으로써 점차 외부 환경의 영향력을 줄이고 가장 깊은 의도에 따라 삶을 살아가게 된다.

성공적인 현실화를 위한 첫 번째 단계는 자신의 문제를 해결해주는 외부의 힘이 존재한다는 믿음, 그리고 그 외부의 힘이 현실화를 이룬다는 믿음을 버리는 것이다. 풍요롭고 의미 있고 번영하는 삶을 누리려면, 자기 외부의 어떠한 힘에도 의존할 필요가 없다. 다만 마음의 힘이 곧 행복과 성공의 원천이라는 믿음이 필요하다. 우리의 마음은 자신이 원하는 삶을 가로막는 장애물을 만들어내기도 하지만, 동시에 우리가 살아가고자 하는 삶을 실현해 줄 의도의 원천이기도 하다. 그리고 이것이 바로 진정한 비밀이다. 우리를 골탕 먹이는 것은 분명하게도 우리 자신이다.

나는 두뇌를 연구하고 수술하는 신경외과 의사로서, 수십 년간 인간의 마음과 두뇌를 들여다본 신경과학자로서, 그리고 달라이 라마를 비롯한 영적 지도자들과 협력해 수천 명에게 연민의 힘을 전파하기 위해 노력하는 영적 수련자이자 그 모든 지혜를 힘들게 얻은 하나의 인간으로서 당신에게 이 이야기를 들려주고 있다.

현실화는 가능성에 대한 강력한 믿음을 창조하는 작업이다. 어릴 적에 나는 인간의 삶을 제약하는 부정적 환경의 힘을 정확하게 이해했다. 우리 집은 가난했다. 아버지는 알코올 중독이었고, 어머니는 만성 우울증에 시달리며 종종 자살 시도를 하곤 했다. 나는 인생이란 형벌과 저주, 최악의 고통으로 가득한, 혹은 어떤 조화나 이유가 없는 혼돈의 공간이라고 생각했다. 많은 이들은 우연처럼 보이는 사건들 속에서 의미를 발견하려고 애를 쓴다. 혹은 자신과 자신이 사랑하는 사람이 아무런 이유 없이, 무력한 상태에서 그저 고통을 겪어야만 하는지 궁금해한다. 이러한 삶의 고통은 가능성을 바라보는 우리의 시야를 제한하고 점점 더 협소하게 만든다.

나는 오랫동안 주변 환경이 내 삶을 지배하도록 내버려두었다. 어떤 의미 있는 변화가 가능할 거라고 생각하지 않았다. 사람이 트라우마를 겪고 나면 종종 이러한 태도를 보인다. 트라우마에 따른 아픔과 충격이 우리 마음속에서 거대한 권력을 차지할 때, 우리는 이에 저항하지 못하고 맞서길 두려워한다. 후성유전학 epigenetics 분야의 학자들이 밝혀냈듯이, 그러한 고통은 우리 자신의 유전자만이 아니라 후손들의 유전자까지도 바꿀 만큼 강력한 힘을 발휘한다. 그럴 때 인간의 마음과 몸은 유사한 트라우마를 겪지 않도록 예방하는 차원에서 재편된다. 우리의 의식은 변화를 모색하기보다 위협적이고 신뢰하기 힘든 외부 세상에 대한 대응에 몰두하게 된다. 결국 자기 삶에서 변화를 끌어낼 수 있는 에너지와 주의력, 집중력을 모두 잃어버린다. 우리는 자신의 힘을 제대로 인식하지 못한다. 이러한 사실을 깨닫지 못한 채 자신의 고유한 주체성을 미신적인 믿음과 바꿔버린다. 참으로 부당한 거래다.

세상은 너무나 부조리해서 개인의 꿈을 산산이 조각내기도 한다. 나는 오늘날 세상의 많은 사람이 개인적으로나 사회적으로 몹시도 부당한 대우를 받고 있다는 사실을 알고 있다. 우리가 살아가는 세상에는 인종이나 사회 계급, 종교, 성적 지향, 성차별, 혹은 여러 가지 임의적인 기준으로 사람들의 현실화를 제약하는 구조적인 장애물이 존재한다. 많은 이들이 몸과 마음의 중대한 질병으로 고통받고 있다. 이러한 환경은 우리가 현실화할 수 있다는 믿음에 심각하게 부정적인 영향을 미친다. 물론 현실화는 만병통치약이 아니다. 다른 모든 인간 활동과 마찬가지로 현실화 역시 개인의 통제 범위를 넘어선 수많은 요인으로부터 제약받으며, 우리가 살아가는 현실은 개인의 의도와 상관없이 종종 최종 결정권을 가진다. 그래도 변화의 가능성이 남아있다면, 우리는 현실화 훈련으로부터 큰 도움을 받을 수 있다.

나는 예전에 베트남 전쟁에서 '장기적이고 전반적인 낙관주의'를 보여줬던 한 전쟁 포로의 이야기에서 큰 감동을 받은 적이 있다. 그는 자신이 풀려날 수 있을지, 풀려난다면 언제일지 알지 못한 채, 자신이 상황을 전혀 통제할 수 없다는 사실을 받아들였다. 자신을 포로로 잡은 이들과 목숨을 걸고 맞서 싸워야 할지, 아니면 그저 절망 속에서 살아가야 할지 알 수 없었다. 그런데도 그는 낙관주의를 의식적으로 유지함으로써 상황이 달라질 수 있다는 희망을 놓지 않았다. 그는 자유의 몸이 될 수 있다는 소망을 포기하지 않았다. 그래서 그는 유연하게 대처할 수 있었다. 마침내 자유의 몸이 되었을 때도 그는 낙관주의적 태도로 과거에 집착하지 않고 미래의 가능성을 내다봤다.

나는 현실화의 핵심이 행복, 세상과의 관계, 그리고 의미 있는 삶의 실천이라고 생각한다. 우리는 현실화를 통해 '기질적 낙관주의'를 계발할 수 있다. 기질적 낙관주의란 삶의 중요한 분야에서 긍정적인 결과를 예상하는 보편적인 성향을 뜻한다. 연구 결과에 따르면 기질적 낙관주의가 심혈관계 건강을 개선하고 상처의 치유 속도를 높이고 질환의 발병 속도를 늦추는 등 다양한 건강 이득과 관련이 있다고 한다. 어떤 이들은 성공적인 현실화를 판단하는 유일한 기준이 현실화가 선사하는 물질적 성과라고 주장하지만, 나는 그러한 믿음이 잘못되었다고 생각한다. 우리가 자신의 의도를 계속 반복해서 시각화함으로써 얻을 수 있는 진정한 선물은 따로 있다. 바로 주변 상황이 자신에게 유리한 방향으로 흘러가리라는 확신을 갖고 삶을 헤쳐 나갈 수 있다는 것이다. 이러한 태도는 외부 상황이 어떤 과제를 던져주든 간에 민첩하고 유연하게 대처할 수 있도록 우리를 해방시켜 준다.

✳ ✳ ✳

현실화 훈련의 기원은 수천 년 전으로 거슬러 올라간다. 오늘날 우리가 현실화와 관련해서 알고 있는 많은 것이 사실 힌두교의 베다 경전에서 유래했다. 가령 『문다카 우파니사드Mundaka Upanishad』에는 이런 문구가 적혀 있다. "순수한 이해를 지닌 인간이 마음속에 어떤 세상을 그리든, 어떤 욕망을 간직하든, 그는 그 세상을 정복하고 욕망을 실현할 것이다." 마찬가지로 부처도 마음의 강력한 힘에 대해 이렇게 말했다. "수도자가 생각과 성찰을 통해 추구하는 모든 것은 그의 의식이 흘러가는 방향을 정한다."

19세기 신사상New Thought은 연금술과 뉴잉글랜드 초월론, 기독교 복음주의, 힌두교 등 광범위한 종교적, 철학적 원천에서 비롯된 영적 운동인 '끌어당김의 법칙Law of Attraction'이라는 개념을 만들어냈다. 끌어당김의 법칙은 생각이 경험의 본질을 결정한다는 믿음이다. 다시 말해 긍정적인 생각은 긍정적인 경험을 가져다주고 부정적인 생각은 부정적인 경험을 가져다준다는 것이다. 신사상은 나폴레온 힐Napoleon Hill의『생각하라 그리고 부자가 되어라Think and Grow Rich』(1937)에서 노먼 빈센트 필Norman Vincent Peale의『긍정적 사고방식The Power of Positive Thinking』(1952), 그리고 아마도 가장 유명하면서도 악명 높은 론다 번Rhonda Byrne의『시크릿The Secret』(2006)에 이르기까지 서구 문화 속 현실화와 관련해 널리 알려진 주요 책들의 근간으로 작용했다.

그러나 끌어당김의 법칙은 안타깝게도 현실화에 대한 너무 많은 오해를 불러일으켰다. 무엇보다 부자가 되어 저택에 살고, 고급 자동차를 소유하여 행복을 이루고, 욕망을 실현하기 위한 행동의 변화를 발견할 수 있다고 믿게 만드는 물질주의 문화가 촉발한 이기적인 번영의 복음과 현실화가 밀접한 관련이 있다는 인상을 남겼다. 또한 더 해롭게도 우리가 살아가는 고통스럽고 부조리한 환경이 전적으로 우리 생각의 결과물이라는 믿음을 널리 퍼뜨렸다. 나는 당신이 이 책에서 소개하는 이야기를 통해 현실화의 개념을 의미와 목적이 있는 삶을 향해 나아가는 통로로 이해하고, 궁극적으로 정말로 중요한 것이 무엇인지 깨닫기를 소망한다.

현실화는 점성술이나 타로, 혹은 수정구슬의 마법에 대한 믿음처럼 유사과학과 진부한 이야기로 가득한 뉴에이지 세상에 오랫동안 갇혀 있었다. 최근까지도 두뇌가 의도를 현실화하는 정확한 과정을 과학적으로 연구하는 것이 불가능했다. 그러나 자기공명 영상 기술이 비약적으로 발전하면서 두뇌가 세포와 유전자의 차원에서, 그리고 심지어 분자의 차원에서 변화하는 과정을 관찰할 수 있는 혁명이 일어났다. 이제 우리는 인지 신경과학과 대규모 두뇌 신경망large-scale brain network 기능을 기반으로 현실화에 대해 논의할 수 있게 되었다. 그리고 이를 통해 현실화가 빨리 부자가 되는 전략이나 허무맹랑한 소원 성취 기술이 아니라, 신경가소성neuroplasticity이라고 하는, 스스로 변화하고 치유하고 새롭게 만들어내는 두뇌의 놀라운 기능 중 하나라는 사실을 입증할 수 있게 되었다.

신경가소성이란 우리 두뇌가 삶과 경험에 대한 반응으로 구조와 기능을 개선하고 바꾸고 적응하는 것은 물론, 반복과 의도를 통해 새로운 회로를 만들어내고 더 이상 쓸모없는 회로는 폐기하는 기능을 의미하는 포괄적 용어다. 우리는 주의의 방향을 수정함으로써 말 그대로 두뇌를 바꿀 수 있다. 즉, 학습하고 기능을 수행하고 현실화 하게 해주는 바로 그 두뇌의 영역에서 회백질gray matter을 더 많이 만들어낼 수 있다. 두뇌가 적응하는 과정에서 신경가소성은 파킨슨병에서 만성 통증, 그리고 ADHD에 이르기까지 모든 질병에 획기적이고 긍정적인 영향을 미칠 수 있는 변화를 만들어낸다. 또한 의도와 훈련을 통해 두뇌를 변화시킴으로써 우리가 상상하는 미래를 현실화하도록 만든다.

현실화는 본질적으로 우리가 갈망하는 삶에 대한 생각과 이미지를 잠재의식에 의도적으로 집어넣는 과정을 말한다. 사실 우리 모두는 현실화에 대해 잘 모르고 있으며 현실화를 하기 위한 훈련도 제대로 받은 적이 없다. 그래서 현실화와 관련해서 애매모호하고 혼란스러운 상태에 머물러 있다. 현실화를 의식적으로 훈련하기 위해서는 주의를 새로운 방향으로 전환하는 방법을 배우고, 그리고 이러한 전환을 가능하게 해주는 생리적 메커니즘을 이해해야 한다. 또한 현실화를 위한 우리의 역량을 제약하는 장애물과 잘못된 믿음도 이해해야 한다. 우리가 의식적으로 주의를 원하는 목표로 향하게 할 때, 우리 두뇌는 그 목표를 중요한 것으로 인식한다. 다시 말해 가장 깊은 잠재의식에 강한 인상을 남길 정도로 매우 중요하다고 판단하는 두뇌 기능인 '가치 표식value tagging'을 통해 목표가 우리의 잠재의식에 뿌리를 내리도록 만든다. 우리는 시각화 훈련을 통해 강력하고 긍정적인 감정을 불러일으킬 수 있다. 그리고 이러한 감정을 통해 선택적 주의 시스템selective attention system이 우리가 갈망하는 목표에 대단히 가치 있는 것이라는 꼬리표를 달고 그 목표를 보상 시스템과 연결하라는 신호를 보내도록 만들 수 있다. 이러한 시각화 훈련이 효과가 있는 이유는 놀랍게도 우리 두뇌는 실제 현실 속 경험과 강렬한 상상 속 경험을 구분하지 못하기 때문이다.

　일단 목표가 잠재의식에 자리를 잡으면, 두뇌는 그 목표를 실현할 기회를 노리는 집요한 추적자처럼 움직이면서 의식적인 마음과 무의식적인 마음의 힘을 총동원하여 기회를 모색한다. 그리고 마침내 기회가 찾아왔을 때, 두뇌는 포착하고 반응하면서 목표를 실현하기 위한 행동에 착수한다. 이를 위해서는 자신의 의도를 잠재의식 속에 심는 현실화의 과정을 아주 많이 반복해야 한다. 그리고 목표를 현실화하기 위해 최선을 다했다면, 이제 그게 우리가 할 수 있는 전부이며 결과에 집착할 필요가 없다는 사실을 받아들여야 한다. 현실화는 그 자체로 시간표를 갖고 있으며, 이는 우리 자신의 시간표와 일치할 수도, 혹은 일치하지 않을 수도 있다. 또한 우리는 모든 목표를 현실화할 수는 없다. 거기에는 여러 가지 이유가 있겠지만, 당시에는 분명히 이해할 수 없을 때가 많다.

*   *   *

내 첫 책인 『닥터 도티의 삶을 바꾸는 마술가게』에서는 어릴 적 경험했던, 그리고 이후로 내 인생을 영원히 바꿔놓은 운명적인 만남에 관해 이야기했다. 캘리포니아 하이데저트 지역에 살았을 때, 우리 집은 가난했고 가족들은 모두 힘들었다. 그 시절 나는 저주를 받아서 내 삶은 초라하고 주변 상황에 쉽게 휘둘린다고 믿었다. 어느 여름날 부모님이 말싸움을 시작했을 때, 나는 자전거를 몰고 최대한 빨리, 그리고 최대한 멀리 떠났다. 입으로 흙먼지를 마시다가 불쑥 들어간 곳은 마술 도구를 파는 가게였다. 거기에는 루스라는 이름의 친절한 할머니가 있었다. 푸른색 무무muumuu(하와이 원주민 여자가 입는 민속 의상—옮긴이) 차림의 루스 할머니는 책을 읽다가 나를 쳐다봤다. 할머니의 코에는 안경이 걸쳐져 있었고 안경 줄이 목에 걸려 있었다. 루스 할머니는 나를 본 순간 믿을 수 없을 만치 환한 미소를 지어줬다. 나는 할머니의 미소에 내가 괜찮은 가게로 들어왔다고 확신했다. 나는 할머니에게서 안전하다는 느낌을 받았다. 루스 할머니는 내게 이곳은 아들이 운영하는 가게이고 자신은 마술에 대해 아는 바가 없다고 말했다. 우리는 그렇게 20분 정도 이야기를 나눴고, 루스 할머니는 이번 여름에 6주간 이 마을에 머물 생각이니 매일 가게를 찾아오면 내가 아는 것과는 조금 다른 진정한 마술을 가르쳐주겠노라고 했다. 실제로 루스 할머니는 6주 동안 칩스아호이Chips Ahoy! 쿠키를 마음껏 먹게 해줬고 할머니가 말했던 '진정한 마술'을 내게 가르쳐줬다. 사실 그건 몸을 이완해서 마음을 차분하게 하고 자신의 의도를 분명하게 떠올리는 시각화 훈련이었다. 마술가게 뒤편에서 긴 갈색 털로 짠 카펫 위에 놓인 철제 의자에 앉아 루스 할머니를 바라보며 행복한 시간을 보내는 동안, 나는 신경가소성이라는 개념을 처음으로 접하게 됐다. 실제로 루스 할머니는 특유의 친절함과 관심으로 내 두뇌를 새롭게 바꿔놨다.

처음에 나는 머뭇거리면서 당황하고 겁을 냈지만, 할머니는 멀찍이서 바라볼 수 있을 만큼 생각으로부터 나 자신을 떨어뜨려 놓는 방법을 가르쳐줬다. 생각들은 하나씩 차례로 내 마음을 관통해 흘러갔고 어느새 사라졌다. 나는 내 마음속을 울려대던 무서운 목소리와 재앙적 이미지에 두려움을 느꼈고 공격적으로 반응했다. 하지만 부정적인 생각을 긍정적이고 자기 확신적인 생각으로 바꿀 수 있다는 사실을 머지않아 깨닫게 되었다. 나는 "너 같은 인간은 아무것도 될 수 없어"라며 호통치는 목소리를 가만히 흘러가게 내버려둘 수 있게 되었고, 나아가 그 목소리를 "네가 원하는 삶을 살아"라고 격려하는 목소리로 바꿔놓게 되었다. 나는 내 두뇌가 반복과 의도를 통해 치유를 향해 나아가는 새로운 경로를 창조할 수 있다는 사실을 이해하게 되었다. 루스 할머니의 도움으로 내면의 힘을 발견한 것이다.

그 시절 내가 미처 알지 못한 것은 루스 할머니가 내게 가르쳐준 지혜가 오늘날 우리가 말하는 현실화라는 사실이었다. 루스 할머니의 이야기 속에는 뭔가 마술적인 부분이 있었지만, 놀랍게도 할머니의 조언은 지극히 현실적이었다. 어떤 점에서 할머니는 내가 내과와 신경외과 의사가 되기 한참 전에 인간의 두뇌와 마음의 힘을 연구해 보라고 나를 격려해 줬다. 할머니의 친절함과 보살핌에 잔뜩 마음이 부푼 나는 내가 원하는 미래의 비전에 집중할 수 있었다. 그리고 그것은 내가 갈망하는 삶을 처음으로 현실화했던 시점이었다. 나는 외부 세상으로부터 들어오는 신호를 받아들이는 데 급급한 삶에서 나 자신과의 친밀한 내적 대화를 통해 스스로 선택을 내리는 삶으로 넘어갔다.

하지만 그 과정은 순탄하지만은 않았고, 때로는 포기하고 싶은 마음도 들었다. 결국 내 인내심이 바닥을 드러냈을 때, 루스 할머니는 내게 이렇게 말했다. "짐, 조급해하지 않아도 돼. 조금만 더 참아보자. 두뇌를 바꾸려면 시간이 필요하단다."

그러나 견디기는 쉽지 않았다. 그건 내가 무슨 일이 벌어지고 있는지, 혹은 앞으로 무슨 일이 벌어질지 알지 못했기 때문이었다. 그래도 나는 최대한 인내심을 발휘하면서 주의를 기울이는 법을 배웠다. 적어도 그렇게 노력하고 있다고 믿었다.

루스 할머니의 존재와 그녀의 친절함, 그리고 나의 끈기는 내 삶의 궤적을 바꿔놨다. 그리고 할머니의 가르침은 내가 인생에서 이룬 모든 것의 밑바탕이 되었다. 결국 나는 할머니의 조언에 힘을 얻어 하이데저트 고향 집을 떠나 대학에 들어갔고 의대까지 진학했다. 그리고 신경외과 의사가 되기 위한 훈련을 받았고, 의료 사업에 도전하게 되었다. 하지만 나는 내 마음과의 연결 고리를 어디선가 잃어버리고 말았다. 그리고 그 때문에 경제적 타격을 입은 것은 물론, 가장 소중한 인간관계에서도 큰 대가를 치러야 했다.

루스 할머니는 마음을 여는 노력이 무엇보다 중요하다고 거듭 강조했다. 어떤 꿈을 떠올리든, 어떤 고상한 목표를 세우든 할머니는 내 마음을 다른 이들과의 진정한 관계로 항상 되돌려놨다. 그래서 우리 모두의 내면에 존재하는 마술이 종종 오해받거나 상품

화되고, 혹은 선택받은 소수만 접근할 수 있는 방법처럼 보일 때면 가슴이 아프다. 일반적으로 오늘날 우리 문화는 현실화를 엄청난 부와 재산을 거머쥘 수 있도록 해주는, 그리고 운 좋은 소수에게만 허락된 기술처럼 바라보지만, 나는 현실화가 번영과 진정성, 그리고 세상과의 연결을 강화함으로써 일상생활 속에서 행복을 실천하는 방법이라고 생각한다. 흔히 말하는 번영 복음은 욕망이 현실화를 위한 핵심 원동력이라고 설명하지만, 나는 주의의 방향을 정하는 우리의 역량이 현실화의 원동력이라고 믿는다.

『닥터 도티의 삶을 바꾸는 마술가게』를 쓰기 시작했을 무렵, 나는 이 책이 미칠 영향에 대해서는 깊이 생각하지 못했다. 요즘 가장 인기 있는 케이팝 그룹인 BTS가 내 책을 세 번째 앨범 〈Love Yourself: Tear〉의 모티브로 삼을 줄은, 내 책에서 영감을 얻어 'Magic Shop'이라는 노래를 만들게 될 줄은, 영화배우 존 햄Jon Hamm과 내 이야기를 영화로 만드는 작업에 대해 논의하게 될 줄은, 그리고 열여섯 살 소녀가 마음의 알파벳이라는 내 아이디어를 바탕으로 스마트폰 앱을 개발하게 될 줄은 전혀 예상하지 못했다. 솔직하게 말해서 나는 그 책이 팔리든 팔리지 않든 한 사람의 인생에 긍정적인 영향을 줄 수 있다면 그걸로 충분하다고 생각했다. 책이 출간된 이후로 나는 독자들에게서 수천 통의 메시지를 받았다. 지금도 한 달에 200~300통의 메시지를 받는다. 어떤 이는 노란색 서류 종이에 손 글씨를 써서, 다른 이는 직접 제작한 화려한

편지지에 캘리그래피를 써서 보냈다. 일본과 루마니아, 아프리카 사하라 남부를 비롯하여 북부 캘리포니아의 이웃 동네에 이르기까지 다양한 지역에서 메시지가 왔다. 내 이야기에 대한 사람들의 진심 어린 반응을 마주하면서 나는 절망과 비참함, 두려움으로 가득한 어둠의 순간에도 우리는 혼자가 아니라는 확신을 가질 수 있었다. 우리 모두 상처가 있다. 그러나 마음을 열고 상처를 나눌 때, 상처는 우리를 연결해 주는 통로가 된다.

나는 내 책에 대한 독자들의 반응에 귀를 기울이면서 그중 상당수가 삶에서 고통을 겪고, 상처를 치유하고, 상황을 개선하기 위해 내면의 힘을 발견하고자 했던 이들이 보낸 것이라는 사실을 알게 되었다. 사람들이 처한 환경은 저마다 달랐지만, 그들의 소망은 놀랍게도 비슷했다. 특히 독자들은 시각화를 통해 어떻게 자신의 꿈을 현실화할 수 있는지 그 방법을 궁금해했다. 『닥터 도티의 삶을 바꾸는 마술가게』는 내가 가난에서 풍요로, 그리고 다시 루스 할머니의 가르침의 핵심인 연민을 향해 나아가는 개인적 여정을 담은 책이었다. 그러니까 고유한 성공과 실패, 그리고 환희와 좌절을 담은 한 개인의 이야기였다.

그러나 『닥터 도티의 마인드 매직』은 내가 아닌 당신의 이야기다. 나는 이 책에서 두뇌의 힘을 활용해 의도를 현실화하는 방법을 소개하려 한다. 또한 현실화의 과정이 어떻게 진행되는지를 신경과학의 관점에서 자세하게 설명할 예정이다. 나는 나와 많은 이

들이 의도를 현실화하기 위해 따랐던 여섯 단계를 기반으로 당신의 여정을 안내하고자 한다. 이 프로그램은 신경과학자로서, 그리고 명상 수행자로서 내가 마음을 연구한 평생 수련 과정에서 만들어낸 것이다. 여섯 단계는 마음을 집중하는 힘을 끌어모으고, 진정으로 원하는 것을 분명하게 확인하고, 마음속 장애물을 제거하고, 의도를 잠재의식에 심고, 목표를 열정적으로 추구하고, 결과에 대한 집착을 버리는 것을 포함하여 현실화 과정의 모든 요소를 다룬다. 나아가 현실화에 관한 여러 다양한 사례를 소개함으로써 모두가 자기만의 삶을 살아가면서 자기만의 언어로 글을 쓰도록 영감을 불어넣는다.

몇 년 전만 해도 신경과학의 최근 성과를 바탕으로 현실화가 어떻게 작동하는지 온전한 형태로 설명하기란 불가능했다. 그런데 이제 유사과학과 신비주의를 넘어서서 루스 할머니가 내게 가르쳐준 이완과 바라보기, 연민, 시각화 훈련의 효과를 뒷받침하는 구체적인 두뇌 메커니즘을 눈으로 확인할 수 있게 되었다. 나는 현실화의 작용을 보여주는 과학적 증거를 제시함으로써 독자들이 그 훈련을 신뢰하고, 또한 훈련을 통해 스스로 치유하고 인생을 바꾸고 세상을 변화시키는 내면의 힘을 인식하기 바란다.

현실화는 『시크릿』에서 설명한 것과는 달리 소수에게 국한된 재능이 아니다. 또한 1퍼센트의 비밀 집단이 독점하는 기술도 아니다. 현실화는 우리 모두가 접근할 수 있는 평등하고 혁신적인 개념이다. 우리에게는 개인의 신체적, 정신적, 감정적 한계를 넘어서는 잠재력이 있다. 그래서 나는 이 책을 통해 야심 찬 의대생에서 신경 발달 장애가 있는 10대 청소년, 폴리네시아 최고 항해사, 그리고 할리우드 스타에 이르기까지 다양한 사례와 더불어 그들이 자신의 의도를 현실화하기 위해 오늘날 우리가 신경과학과 관련해서 알고 있는 지식과 조화를 이루는 훈련법을 어떻게 활용했는지에 관해 많은 이야기를 들려주고자 한다.

또한 나는 무엇이 정말로 갈망할 만큼 가치가 있는지, 그리고 무엇이 진정한 행복을 가져다주는지를 선택하는 과제에서 내가 저지른 실수를 솔직하게 털어놓음으로써 독자들이 똑같은 실수를 저지르지 않도록 도움을 주고자 한다.

여정을 시작하기에 앞서 마지막으로 언급하고 싶은 말이 있다. 나는 이 책 전반에 걸쳐 자신이 지금 어디에 서 있는지를 확인하고 원하는 곳으로 나아가도록 도움을 줄 훈련법을 소개하고 있다. 그리고 이야기를 풀어나가는 과정에서 구체적인 방법을 적절한 위치에 배치해 두었다. 또한 체계적으로 훈련하려는 독자를 위해 각각의 훈련법을 6주 프로그램으로 통합해서 마지막 부분에 정리해 놓았다.

우리는 삶의 현실에 대한 진정한 이해로부터

살아갈 힘과 행동할 이유를 끌어내야 한다.

– 시몬 드 보부아르

1장

인생을 바꾸는
마음의 마법

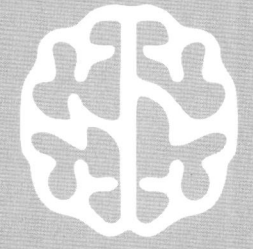

＊ ＊ ＊

제대로 이해하거나 완전히 믿지 못할지도 모르겠지만, 당신은 이미 자신의 삶을 현실화하고 있다. 그렇다면 질문 하나를 건네고 싶다. 그게 정말로 당신이 원하는 삶인가?

때는 2000년, 닷컴 거품이 막 폭발한 직후였다. 어느 날 아침 잠에서 깨어나 보니 내 재산은 7800만 달러가 되어 있었다. 피렌체에는 별장이 있었고, 뉴포트만이 내려다보이는 절벽 위에는 700제곱미터 규모의 케이프 코드 스타일 저택이 있었다. 저택의 차고에는 페라리와 포르쉐, 벤츠, BMW, 레인지로버가 줄지어 서 있었다. 당시에 나는 뉴질랜드에 있는 2만 6000제곱미터의 섬을 구매하려고 막 입금을 마친 상태였다. 그렇다. 그건 내 전용 섬이었다. 그 섬에는 네 채의 집과 진한 옥색 파도가 밀려오는 바닷가가 있었고 프라이버시도 완벽히 보장됐다. 이제 나는 어릴 적 가난으로부터 완전히 벗어났다고 확신했다.

내가 원했던, 그리고 갖기 위해 열심히 노력했던 모든 것이 이뤄진 듯 보였다. 그러나 실리콘밸리가 약속했던 무한한 가능성을 철석같이 믿은 많은 이들과 마찬가지로, 나 역시 불과 6주 만에 전 재산이 사라지는 냉혹한 현실과 맞닥뜨리게 되었다. 그건 악몽과도 같았다. 다른 점이 있다면 내 정신이 온전히 깨어 있었다는 것이었다. 심지어 그 이후로도 더 나쁜 소식이 하루가 멀다고 쏟아졌다.

당시 나는 한 의료 IT 기업의 주식을 담보로 잡아 실리콘밸리 은행에서 1500만 달러를 대출받은 상태였다. 어찌할 방법을 찾지 못한 나는 몇 개월 동안 은행의 연락을 받지 않았다. 그러나 어느 날 아침 휴대전화가 100만 번째 울렸을 때, 더 이상 피할 수 없다는 사실을 깨달았다.

"여보세요?"

은행 담당자는 특유의 쾌활한 목소리로 말했다.

"어떻게 지내십니까?"

그는 이미 답을 알고 있었다. 닷컴 위기로 내 담보가 휴지 조각이 되어버렸다는 사실도 잘 알았다. 그는 나를 괴롭히는 사실을 다시 한번 확인시켜 주었다.

"제가 모르는 다른 자산이 없다면 이제 무일푼에다가 빚만 남은 상태겠군요." 그리고 잠시 뜸을 들이고는 이렇게 물었다. "저희가 어떻게 해드리면 될까요?"

나는 이렇게 대답했다. "모두 팔아야죠."

그가 말했다. "선택권이 없다는 말씀이군요. 몇 주 후에 다시 이야기를 해봅시다. 상황이 어떻게 돌아갈지 더 잘 알 수 있을 테니까요."

얼마 후 나는 피렌체의 별장을 팔았고 뉴질랜드 섬의 구매 계약을 취소했다. 그리고 한 대만 남기고 모든 차를 팔았고 뉴포트만을 내려다보는 저택을 매물로 내놨다. 당시 그 저택에는 아무도 살고 있지 않았다. 아내와는 별거 중이었고 딸은 대학에 들어가면서 멀리 나가 있었다. 나는 친구가 설립한 의료 IT 기업의 CEO를 맡으며 실리콘밸리 지역에 머무르고 있었다. 나는 저택을 팔기 위해 아무도 살지 않는 그곳으로 향했다. 그리고 내 꿈이 완전히 박살 났다는 가혹한 진실을 마주했다. 차를 몰고 저택 입구로 들어서는데 아내가 살뜰히 가꿨던 정원이 눈에 들어왔다. 한때 무성했던 꽃과 나무가 모두 메말라 죽어 있었다. 갈색으로 변해버린 진달래 잎과 축 늘어진 동백나무는 곧 돌아오겠다던 나의 약속이 지켜지지 않았다는 사실을 여실히 보여주고 있었다. 마치 버려진 집 같았다.

무엇보다 가슴 아픈 것은 그곳에 아무도 없다는 사실이었다. 액자를 걸어뒀던 못이 방마다 그대로 남아 있었지만, 사진은 하나도 없었다. 아내는 집을 나가면서 가족사진을 모두 가져갔고 그와 함께 이 집에서 만든 추억도 모두 가져갔다. 거실 벽난로 위에는 사진을 걸어놨던 못과 직사각형 자국만 남아있었다. 그 자리에는 한때 우리가 무척 아꼈던, 바이에른의 식물학자 바실리우스 베슬러Basilius Besler가 그린 아이리스 구근의 식물 세밀화가 걸려 있었다. 우리는 피렌체의 어느 구석진 골동품 가게에서 그 작품을 발견했다.

참으로 행복한 시절이었다. 우리는 그 가게에서 16세기와 17세기에 제작한 오래된 지도도 여러 점 발견했고 너무 마음에 들어하며 구입했다. 그때 나는 행복했고 아내도 기뻐했다. 그 여행에서 우리는 비행기 일등석을 탔고 5성급 호텔에 머물렀다. 아내는 나를 바라보며 말했다. "고마워."

그러나 관계가 점점 소원해지면서 증오로 가득한 침묵이 우리 사이를 가로막았고 행복한 기억은 점차 멀어졌다. 이제 그 저택에 홀로 남은 나는 우리 사이에 가로놓였던 고통스러운 거리감을 떠올리며 그저 멍하니 서 있었다. 당시에 나는 끊임없이 수술을 했다. 그리고 그 핑계로 우리 사이에서 사라져 버린 연결 고리를 다시 찾으려 하지 않았다. 아내는 내게 이렇게 말했다. "당신이 어떤 사람인지 이젠 도무지 모르겠어."

딸의 방이 눈에 들어왔다. 방은 여전히 가구들로 채워져 있었다. 나는 안으로 들어가 침대에 앉아 딸을 떠올리며 우리가 그 집에서 얼마나 많은 추억을 쌓았는지 떠올렸다. 그런데 문득 딸이 집을 떠나면서 했던 말이 떠올랐다. "내가 이 집을 그리워하는 일은 없을 거예요." 그땐 그 말이 무슨 뜻인지 이해하지 못했지만, 나중에 아내와 나의 관계가 딸아이의 마음에 상처로 남았다는 사실을 깨닫게 되었다. 나는 내 삶에서 멀찍이 떨어져 살았다. 가족과 함께 있을 때도 마음은 딴 데 있었다. 고통스럽거나 이상화된 과거의 기억에 빠져 있거나, 아니면 다음번 수술이나 다음의 경제적 목표, 혹은 만족할 만큼 가졌을 때 따라올 빛나는 순간을 향해 내달리고 있었다. 그동안 내가 가진 것을 누리지 못했고 함께 삶을 일구고 싶은 사람들과 교감하는 법도 잊어버렸다.

중앙 거실과 작은 거실을 지나치는데 이제 끝나버린 인생의 장면들이 내 마음속에 슬라이드쇼처럼 펼쳐졌다. 나는 금장 버튼 장식이 달린 커다란 감색 안락의자에 앉아 공부했고 의사 시험에 합격했다. 그리고 그 의자에 앉아 포트와인을 마셨고 담배 보관함에 넣어둔 시가를 친구들과 함께 태웠다. 그 보관함은 비영리단체인 '빅브라더스 빅시스터스 오브 아메리카Big Brothers Big Sisters of America'가 주최하고 내가 위원장을 맡았던 경매 행사에서 직접 산 것이었다. 담배 보관함 위에는 내 이름이 새겨진 명판이 붙어 있었다. 그 시절 의자에 앉아 시가를 태우며 명판을 바라볼 때 나는 스스로가 꽤 중요한 사람이라고 생각했었다. 다시 그 의자에 앉아 손가락으로 명판을 문질러봤다. 그런데 그때처럼 내가 중요한 사람이거나 힘 있는 사람이라는 생각은 전혀 들지 않았다. 그저 초라한 느낌만 남았다.

이렇게 홀로 남으니 이 저택이 우스꽝스럽고 과시적으로 느껴졌다. 지나치게 큰 방에는 뜨거운 공기와 허무함만 가득했다. 쓸데없는 액세서리로 가득한 거대한 인형의 집에서 어슬렁거리는 작은 인간이 된 것 같았다. 가구들은 이상하게도 비현실적인 모습이었다. 마음 깊은 곳에서 어릴 적 기억이 떠올랐다. 가난은 하나의 역설이다. 가난의 공기는 너무 무거워 절대 벗어날 수 없을 것처럼 느껴진다. 그러나 한편으로는 모든 것이 후 불면 날아갈 것처럼 기묘하게 가볍다.

어릴 적 우리 집은 자주 이사했다. 그래서 나는 우리 가족이 살아갈 든든한 기반을 마련하기 위해 정말로 열심히 일했다. 살던 집에서 쫓겨나는 것만큼 치욕스럽고 창피한 일은 없었다. 한번은 보안관이 퇴거 명령서를 들고 우리 집을 찾아왔다. 우리 가족은 길바닥에 나앉았다. 이웃들은 호기심과 측은함이 섞인 눈으로 우리를 바라봤다. 그때 나는 '어머니가 우리 가족이 살 곳을 찾아줬으면 좋겠어'라고 생각했다. 짐짝처럼 길가에 널브러진 소파에 앉아있던 내 옆에 어머니가 서 있었다. 누나는 다른 곳에 살고 있었고 형은 집을 나갔다. 이런 순간에 형은 언제나 없었다. 그건 아마도 자신을 지키기 위해, 혹은 동네 구경꾼들로부터 망신을 당하기 싫어서였을 것이다.

어머니는 나를 안으며 이렇게 말했다. "괜찮아. 모두 좋아질 거야. 어서 살 곳을 찾아보자."

✻　✻　✻

어릴 적 나는 형의 방에 몰래 들어가곤 했다. 형이 집에 없을 때면 예술에 열정적이었던 형이 수집한 책과 잡지 더미 속에 숨어 있던 《아키텍처럴 다이제스트Architectural Digest》라는 이름의 낡은 잡지를 들춰봤다. 재능 있는 예술가였던 형은 창조성을 자극해 줄 보물을 항상 찾아다녔다. 나는 그 잡지에서 바다가 내려다보이는 전망대와 가족 모두를 따뜻하게 해줄 벽난로가 있는 편안해 보이면서도 인상적인 집을 발견했다. 그리고 그 페이지를 몰래 찢어 내 양말 서랍 속 녹색 종이 폴더에 보관해 뒀다. 그 잡지는 미국 가정의 완벽한 이미지가 어릴 적 내 상상력을 온전히 사로잡았던 1960년대와 1970년대 초에 출간된 것이었다. 나는 이후로도 건축과 관련해서 많은 자료를 수집했다. 그래서 루스 할머니가 원하는 집을 떠올려 보라고 했을 때, 나는 대단히 풍성한 이미지 저장고 속에서 그 모습을 떠올려 볼 수 있었다.

그때 나는 케이프 코드 스타일 저택의 발코니에 서서 검푸른 바다를 내려다보는 내 모습을 상상했다. 이후로 나는 밤마다 그곳에 서 있는 내 모습을 떠올렸고 부드럽게 뺨을 스치는 바닷바람을 느끼고 공기가 머금은 염분을 맛보면서 소용돌이치는 해류의 심연을 들여다봤다. 나는 모든 감각을 동원하여 그 장면을 너무도 생생하게 경험했다. 그래서 실제로 뉴포트만을 내려다보는 절벽 위에 지은 케이프 코드 스타일 저택의 전망대에 올라섰을 때, 나는 별로 놀라지 않았다. 좀 더 정확하게 말하자면, 내 두뇌는 익숙하고 편안하게 그 모든 감각을 받아들였다.

나는 이른 아침이나 잠 못 드는 밤에 명상과 시각화 훈련을 했고, 이를 통해 두뇌가 내 꿈을 편안하게 받아들이도록 새롭게 구성했다. 이는 현실화의 한 가지 역설을 말해준다. 그 저택을 사들이기 오래전부터 그 건물과 전망대, 바닷바람의 이미지는 이미 내 상상 속에서 손에 잡힐 듯한 현실이 되어 있었다. 그리고 현실에서 발코니로 걸어갈 때, 내 두뇌는 이미 내가 거기 있을 것이라고 '기대하고 있었다'. 내 잠재의식이 그러한 기대를 품고 하루 24시간 그 이미지에 집중하는 동안, 그 저택은 어느새 자기충족적인 예언이 됐다.

*　*　*

오랜 운전으로 피곤했던 나는 저택의 한가운데에 있는 계단 꼭대기에 앉아 손으로 머리를 감싸 쥐고는 이제 뭘 해야 할지 생각했다. 아내와 아내가 남겨놓은 텅 빈 공간, 내게 남겨진 고통스럽고 힘든 모든 과제에 대한 원망으로 어깨가 움츠러들었다. 대학에 다니는 딸아이에 대한 그리움에 목이 메어왔다. 어쩌다 이러한 현실에 이르렀는지 나 자신에 대한 분노로 턱에 힘이 들어갔다.

내 마음은 처리해야 할 과제에서 씁쓸함으로, 그리고 미래에 대한 불안으로 마구 치달았다. 그러다 마침내 한 가지 질문에 이르렀다. '내가 뭘 놓친 걸까?' 마치 애써 치료했던 환자가 갑자기 죽어버린 듯한 느낌이 들었다. 나는 모든 걸 올바로 실행했고 내가 원하는 모든 걸 가졌다. 그런데도 성공이 아니라 실패를 마주하고 말았다. 내가 거둔 성취는 내 인생의 정점이어야만 했다. 하지만 지금은 바닥으로 떨어진 느낌밖에 남지 않았다.

나는 그 질문에 대한 대답을 그날의 과제를 처리하는 과정에서 찾을 수 있었다. 옷장을 정리하다가 옛날 물건을 넣어둔 상자들을 발견했다. 대부분 책으로 채워진 상자를 끄집어내고 있는데 잊고 있었던 소중한 상자가 문득 눈에 들어왔다. 그건 내가 스무 살 청년 시절에 아끼는 물건을 보관했던 시가 상자였다. 대학을 졸업한 이후로는 한 번도 그 상자를 열어보지 않았다. 나는 옷장 앞에 자리를 잡고 앉아 상자를 무릎 위에 올려놓고는 뚜껑을 열어봤다. 낡은 먼지 냄새가 희미하게 올라왔다. 상자 안에는 무늬를 새긴 루비가 박힌 랭커스터고등학교 졸업 반지, 스카프나 담배를 사라지게 하는 마술에 쓰던 주름진 가짜 플라스틱 엄지손가락, 그리고 너무나 놀랍게도 루스 할머니를 만나면서 쓰기 시작했던 낡은 흑

백 공책이 있었다.

그 공책을 펼치자 소원 목록이 나왔다.

대학 가기

의사 되기

100만 달러

롤렉스

포르쉐

저택

섬

성공

그리고 루스 할머니가 들려줬을 지혜의 문구도 적혀 있었다.

마음의 나침반.

내가 원한다고 해서 꼭 내게 필요한 것은 아니다.

남에게 상처를 주는 사람이야말로

가장 상처를 많이 받는 사람이다.

나는 소중한 물건으로 가득한 시가 상자를 가만히 내려다봤다. 그동안 많은 것을 얻기 위해 힘들게 살아왔지만, 이 조그마한

30센티미터 남짓의 상자 안에는 내가 진정으로 소유했던 모든 게 들어 있었다. 인간은 자신이 사랑하는 것보다 더 많은 것을 소유할 수 없다. 지금의 내 마음은 처음으로 소원 목록을 썼을 때보다 더 굳게 닫혀 있었다. 내 저택과 내 섬, 내 자동차, 내 가족마저도 좁아터진 나의 내면으로 온전히 들어오지 못했고, 이제 모두 날 떠나버리고 말았다. 어쩌면 진정으로 그것들을 소유할 수 있는 누군가가 그걸 발견하게 될지 모른다.

처음에 나는 비난할 사람이나 대상을 찾기에 급급했다. 책임을 물을 사람을 내 기억 속에서 열심히 찾아다녔다. 나는 어떤 상황에서 무엇을 해야 할지 알려주고, 나를 돌봐주고 어떻게 내가 원하는 사람이 될 수 있는지 가르쳐줄 아버지와 같은 존재를 오랫동안 기다렸다. 물론 현실의 아버지는 그런 기대를 충족시켜 주지 못했다. 거의 일하지 않고 항상 술만 마셨고, 그나마 일자리가 있을 때조차 하루하루 근근이 살았다. 아버지가 몇 달간 일하러 나가면 우리 가족은 이제 안전하다는 느낌을 받았지만, 그것도 잠시였다. 아버지는 다시 술을 마시고 돈을 탕진했고 술에 취해 집에 들어오거나 며칠 동안이나 들어오지 않았다. 우리가 알지 못하는, 하지만 언제나 술과 관련된 이유로 일자리를 잃고 집으로 돌아올 때면, 아버지는 불안하고 수치스러운 표정으로 우리를 쳐다봤다. 그러고 나면 아버지는 술을 더 많이 마셨다. 그래서 우리 집은 자주 이사를 다녀야 했다. 별로 마음에 들지 않았던 마을에 있던 평범한 아파트에서 다른 아파트로 이사를 갔다. 나는 아버지가 언젠가 안정된 일자리를 찾기를 기대했다. 그러나 그런 일은 끝내 이뤄지지 않았다.

설상가상으로 어머니는 쇠약성 뇌졸중을 앓았고, 거의 바깥출입을 하지 않고 침대에서 생활했다. 어머니는 우울증이 극단에 이를 때면 자살 시도를 했다. 주로 수면제를 과다 복용하는 방식이었다. 나는 나 자신이 매서운 바람에 흔들리는 나뭇잎 같다고 생각했다. 아니면 모든 상황이 파국으로 치닫는 1950년대 시트콤에 나오는 아역 배우 같다는 느낌을 받았다. 나는 무슨 못된 짓을 벌인 아이처럼 항상 불안한 마음으로 세상을 바라봤다. 모든 문제가 다 내 잘못 때문인 것처럼 보였지만, 정말로 내가 뭘 잘못했는지, 어떻게 바로잡을 수 있을지 알 수 없었다. 나를 돌봐주는 어른이 없는 상태에서 무거운 책임감과 내 어깨에 놓인 짐은 점차 나를 짓누르기 시작했다. 내가 어떤 상황에 처해 있는지 이해하지 못한 채, 부정적인 생각은 마치 언더그라운드 라디오 방송국의 짓궂은 DJ처럼 내 마음속을 계속해서 시끄럽게 울려댔다. 부정적인 생각은 실제로 인간관계에 많은 영향을 미쳤고, 그로 인해 나는 힘들고 불행한 일을 많이 겪어야 했다. 부정적인 생각은 언제나 내 몸을 한 바퀴 돌아 다시 머리로 돌아왔고, 그럴 때면 나는 세상을 부정적인 시선으로 바라볼 수밖에 없다고 생각했다.

이후에 나는 성공과 관련 있다고 생각했던 피상적인 것을 모두 얻었다. 그리고 루스 할머니의 마술이 나를 치유해 줬다고 믿고 싶었다. 더 나은 혹은, 전혀 다른 과거를 바라는 유치한 소망을 포기했고 내 모든 힘을 되찾았으며, 모든 게 달라졌다고 믿고 싶었다. 하지만 그렇지 못했다면 다른 문제가 있을 터였다. 그래서 나는 내 두뇌를 비난하기 시작했다. 하지만 그건 두뇌의 잘못이 아니었다. 내 두뇌와 잠재의식은 내가 내린 지시를 성실하게 수행했고 나의 야망을 뛰어넘는 경제적 성과를 일궈냈다. 금색 롤렉스는 내 손목을 묵직하게 감쌌고 페라리와 BMW, 포르쉐는 차고에서 자리를 지키고 있었다. 내 저택은 보이는 것이라고는 길바닥에 널브러진 깡통과 무성하게 자란 회전초, 끝없는 사막, 그리고 단조로운 베이지 색상의 건물 뒷면뿐이었던 하이데저트 지역의 조그마한 아파트에서 탐독했던《아키텍처럴 다이제스트》의 한 페이지에서 튀어나온 것이었다. 내 두뇌는 충직한 하인처럼 나의 의도나 동기에 대해서는 전혀 물어보지 않고서 내가 요구한 일을 묵묵히 수행했을 뿐이다.

내 두뇌는 자기 일을 했다. 두뇌가 새로운 신경회로를 만들어내기 위해서는 엄청난 훈련과 부지런한 반복이 필요하다. 게다가 그 회로를 꾸준히 관리하지 않으면 이내 숲속 오솔길처럼 덤불로 뒤덮여 버린다. 나는 루스 할머니가 가르쳐준 훈련법으로 엄청난 성공을 거뒀지만, 그 후로 훈련을 중단했고 몇 년 뒤 결국 파산에 이르고 말았다. 소원 목록에 있는 항목들을 하나씩 성취해 나가면서 욕망을 현실화하는 내 능력에 점점 확신을 갖게 되었고, 결국 루스 할머니가 전하고자 했던 메시지에는 신경 쓰지 않게 됐다. 그리고 루스 할머니의 훈련법을 점점 소홀히 했다. 어쩌면 당신도 몇 년 전 뭔가를 수련하고 나서 자신을 바라보는 시선이 바뀌었던 영적인 경험을 했지만, 지금은 그런 경험에서 멀어졌거나 그것을 삶의 일부로 간직하지 못했을지 모른다. 이는 마치 중독과 비슷하다. 알코올 중독자는 오랫동안 술을 마시지 않을수록 치료 모임에 나갈 필요가 없다는 확신을 더 강하게 갖게 된다. 돌이켜 보건대 나 역시 그런 확신으로 루스 할머니가 전해준 교훈의 소중함을 잊고 살았다.

루스 할머니와 함께했던 변화의 경험을 떠올리게 해주는 훈련의 가치와 효용을 잊어버린 채, 나는 가정이 해체되고 재산을 몽땅 날려버리고 내가 가진 모든 것이 물거품처럼 사라지는 상황에 직면하고 말았다. 또한 마음속을 항상 질주하는, 나 자신을 향한 무자비하고 부정적인 독백의 목소리를 잠시나마 잠재울 수 있었던 강력한 습관마저 잃어버리고 말았다. 연민이라고 하는 약의 복용을 중단하자 마음속 깊숙이 자리 잡은 자기 비판과 자기 의혹의 습관이 예전 모습 그대로 살아났다. '넌 부족해. 너 같은 인간은 아무것도 될 수 없어. 성공하지 못할 거야.' 그래도 한때는 경제적인 성공의 나팔 소리가 이러한 내면의 비판을 잠시나마 가라앉혀 줬다. 그러나 화려한 행사에 참석하거나 스포츠카를 몰고 해안 도로를 달릴 때도 그 목소리는 마치 무시무시한 심문자처럼 내 마음 뒤편에서 끊임없이 중얼거리고 있었다. 그리고 결국에는 내 앞으로 달려들어 꼬마 시절에 그랬던 것처럼 나를 마구 나무랐다.

루스 할머니가 말했던 '마음의 상처'에서 흘러나온 그 목소리는 나를 위협했고, 그 말이 틀렸다는 걸 증명하라고 나를 압박했다. 나는 부족한 사람이 아니며 뛰어난 성공을 거뒀다고 세상이 믿어준다면, 그 목소리를 영원히 잠재울 수 있을 것 같았다. 적어도 나는 그렇게 믿었다. 경제적인 성공을 향한 나의 소망은 무엇보다 나 자신을 괴롭히는 수치스러운 목소리에서 벗어나려는 절박한 욕망이 되고 말았다. 그런데 아이러니하게도 새로운 성취를 향해 달려갈 때마다 나는 마음의 상처를 돌봐야 한다는 사실을 잊어버렸다. 상처는 새롭게 빛나는 모든 것을 향한 욕망을 자극했다. 나는 루스 할머니에게 현실화하고 싶은 의도를 확인하기 전에 마음을 열겠다고 약속했다. 그런데 내가 깨닫지 못했던 것은 그 이후로도 나는 계속해서 그 거짓말을 해왔다는 사실이었다.

이제 의사가 된 나는 지금껏 내가 심각한 질병을 향해 걸어가는 환자였다는 사실을 이해한다. 그 질병의 이름은 수치였고 주요 증상은 낮은 자존감이었다. 그러나 열두 살의 나는 정확한 진단을 내릴 수 없었고, 모든 문제가 가난 때문이라고 생각했다. 이러한 판단을 바탕으로 나는 사회적으로 인정받는 모든 성공의 기준을 충족시켜야만 한다고 믿었다. 내가 스스로에게 내린 처방은 내면의 비판자가 부추기는 편협하고 무자비한 물질적 성취를 추구하라는 것이었다. 그러나 그건 병의 원인이 아니라 표면적인 증상만을 완화하는 처방이었기에 문제는 사라지지 않았다. 나의 병은 오랫동안 치료받지 못하면서 점점 악화되었고, 결국 인생이 난파하며 나는 잔해 속을 헤매면서 위기를 맞이하고 말았다.

심장 동맥이 좁아질 때, 사람들이 일반적으로 선택하는 치료법은 혈관성형술angioplasty이다. 이는 작은 풍선을 동맥 속에 넣어 혈관을 넓힌 뒤에 금속망으로 된 스텐트를 집어넣는 수술이다. 그런데 이 수술로 가슴 통증을 완화하고 일시적인 안정감은 얻을 수 있지만, 동맥에 플라크가 쌓이게 만드는 일상적인 습관과 감정적인 문제를 원천적으로 해결하지 않는 한, 1년 안에 스텐트를 새로 교체해야 하는 상황이 종종 벌어진다. 결국 환자는 근본적인 문제를 해결할 것인지, 아니면 죽음을 맞이할 것인지 선택의 갈림길에 서게 된다.

내가 추구했던 물질적인 성공은 수치심을 잊고 일시적인 위안을 주는 스텐트에 불과했다. 그러는 동안에도 수치라는 질병은 내면의 자존감을 계속해서 억눌렀다. 나는 고통의 진정한 원인을 외면했다. 그러나 그건 나만의 문제는 아니었다. 수많은 이들이 무엇이 자신을 괴롭히는지 알지 못한 채(혹은 알고 싶어 하지 않은 채) 껍데기와 거짓 희망의 자욱한 안개 속에서 매일 힘들어한다. 그리고 결국 자신이 똑같은 이야기를 계속 되뇌고 있다는 사실을 발견할 때, 비로소 진실을 깨닫게 된다. 그런 깨달음을 얻기까지 많은 이들이 불행을 현실화한다.

나는 옷장 앞에 앉아 내 인생과 그 결과물을 확인했다. 거기서 나는 대학 입학과 의대 졸업, 결혼, 미래를 위한 희망, 딸의 출생, 신경외과 의사로서 경력, 사업가로서 성공, 이혼, 소원해진 딸과의 관계, 그리고 고독과 실패를 보았다. 나는 아직 경험하지 못한 미래의 성공을 생생하게 그리는 데 많은 시간을 바쳤다. 그러나 지금 이 순간 마흔네 살의 나는 계단 꼭대기에서 열두 살의 나와 만났다. '내가 뭘 잃어버렸던가?'

나는 눈물을 흘리며 내가 잃어버린 것을 봤다. 나는 가족의 모든 고통을 없애줄 만큼 큰 집을 원했다. 그리고 그것을 얻었다. 하지만 그건 '집'이 아니라 그저 건물에 불과했다. 좀 더 깊이 생각해 보면, 내가 정말로 원했던 '집'은 안전함과 소속감, 유대감, 따뜻함의 경험을 주는 공간이었다. 사랑하는 사람을 위해 살아가고, 서로 보살피고, 어려움을 함께 나눌 수 있는 그런 공간이었다. 나는 내 꿈의 표면적인 기준은 충족시켰지만, 소중한 사람과의 관계로 그 꿈을 채워야 한다는 사실을 잊어버리고 말았다. 진정한 소망을 이루는 길을 놓친 것이다.

*　＊　*

나는 옥상으로 올라가 마지막으로 만을 내려다봤다. 이 저택을 처음으로 떠올렸을 때, 나는 발코니에서 뉴포트만을 내려다보는 내 모습을 상상했다. 그리고 그 상상을 현실로 만들어냈다. 리도 섬이 멀찍이 보였고 발보아 반도 주변으로 부와 여유를 과시하는 위풍당당한 요트들이 맴돌고 있었다.

나는 발코니에 외로이 놓여 있던 의자에 잠시 앉아 눈을 감았다. 그런데 갑자기 뒤쪽에서 무슨 소리가 들렸다. 돌아보니 소화기 뒤쪽으로 튀어나온 벽 아래 좁은 공간에 주머니쥐의 둥지가 있었다. 어미 주머니쥐가 텅 빈 집에 몸을 숨기고 있었던 것 같다. 아기 주머니쥐들은 재채기하는 듯한 울음소리를 냈다. 마치 아이의 생일 파티가 열렸는데 거기에 참석한 모든 사람이 감기에 걸린 듯한 느낌이었다. 어미 주머니쥐가 부지런히 돌아다니며 만들었을 둥지의 모습은 참으로 놀라웠다. 어떻게 어미는 건축과 인테리어 디자인 관련 학위도 없이 나뭇잎과 풀, 작은 가지, 이끼, 나무껍질만으로 새끼들이 스스로 모험을 떠나기 전까지 머물 수 있는 완벽하게 안전한 피난처를 만들었을까?

나는 추락하던 내 마음이 부드러운 무언가를 붙잡은 듯한 느낌을 받았다. 주머니쥐 둥지를 어떻게 해야 할까? 동물보호소에 신고하면 전문가가 오기까지 시간이 한참 걸릴 것이었다. 그리고 보호소는 주머니쥐를 인간적인 방식으로 대해줄 것인가? 그렇다고 무방비 상태의 새끼들을 무작정 내쫓아 굶거나 얼어 죽도록, 혹은 잡아먹히도록 내버려둘 수는 없었다. 그 저택은 나를 과거의 삶으로 이어주는 중요한 장소였고, 새로운 삶으로 나아가지 못하게 막고 있는 마지막 끈이었다. 나는 둥지를 거기에 그냥 내버려두고 저택을 떠날 수 없었다.

나는 이웃들이 들으면 미쳤다고 할지도 모른다고 생각하면서 주머니쥐들에게 이렇게 소리를 쳤다. "이 망할 자식들아!"

이런 생각이 들었다. '제발 날 좀 그냥 내버려두라고.' 그러나 나는 내가 그냥 떠나지 못할 것임을 알았다.

현실을 직시하고 지금의 내 삶을 책임질 시간이었다. 나는 원하는 것들을 가졌다. 그러나 그로 인해 수많은 문제가 생겼다. 나는 꿈을 현실로 만들어냈지만, 지금은 그 잔해물을 처리하고 있다. 나는 아무렇지 않은 듯 새 삶을 시작할 수 없었다. 그것이 어떤 삶이든 과거의 문제를 정리하지 않고서는 시작할 수 없었다. 내 삶은 완전히 박살났다. 하지만 감정적인 어려움에도 나는 완전히 무너지지는 않았다. 나는 지금의 상황이 불러일으키는 부정적인 감정 반응으로부터 내 마음을 분리할 수 있었다. 평정심만 유지한다면 그건 얼마든지 가능한 일이었다. 나는 몸을 이완하고 심호흡을 하면서 좀 더 뚜렷하게 생각하고자 했다.

이런저런 고민 끝에 결국 어미 주머니쥐를 새장에 들어가도록 유인하기로 했다. 우선 새장 안에다가 신문지를 잘게 찢어 침대를 만들고 사과 조각을 넣어뒀다. 주머니쥐는 야행성이라 나는 어미 주머니쥐가 새장으로 들어가는지 밤새 지켜봐야 했다. 그러고는 정원용 장갑을 끼고서 둥지 안과 소화기 뒤쪽에 있던 새끼들을 새장으로 옮겼다. 더 이상 남은 주머니쥐가 없다는 사실을 확인하고 나서 새장을 차에다 싣고 숲이 우거진 해안가 지역으로 차를 몰았다. 그 지역에 새장을 내려놓고 문을 열어주자 새끼들을 주머니 안에 넣은 어미 주머니쥐가 털 없는 꼬리를 돌돌 말고서 조심스럽게 기어 나와 돌아다니며 이곳저곳 냄새를 맡았다. 아마도 몇 주가 지나면 꿀벌만큼 작은 몸을 가진 듣지도 보지도 못하는 새끼 주머니쥐들이 자라나 모험을 떠날 채비를 할 것이다. 주머니쥐는 강력하고 정확한 본능을 갖고 있으며 그러한 본능을 의심하지 않는다. 반면 비정상적으로 큰 두뇌를 갖고 태어나 주변 환경에 오랫동안 반응하고 적응하는 우리 인간은 자연의 지혜를 얻고, 내면의 나침반에 귀를 기울이는 능력을 개발하기 위해 많은 노력을 해야 한다.

나는 그렇게 주머니쥐들의 멋진 새 삶을 기원하고는 다시 저택으로 돌아와 일을 시작했다.

* ***** *

인간은 불완전한 존재다. 그리고 우리의 욕망도 불완전하다. 페라리를 갖는 상상을 할 때, 우리는 최고 속도로 고속도로를 내달리면서 부가 우리에게 허락한 자유를 아무 걱정 없이 만끽하는 장면을 떠올린다. 그러나 그때 자신의 옆자리에 아무도 없는 외로움은 상상하지 않는다. 그리고 저택에 사는 꿈을 꿀 때, 우리는 가족과 함께 따뜻하고 화목한 시간을 보내는 장면을 떠올린다. 그러나 관계가 소원해지면서 가족 모두가 흩어지고 혼자서 집을 정리해야 하는 결말은 상상하지 않는다. 우리는 자신이 원하는 것을 상상하지만, 그로 인해 발생하는 골치 아픈 문제는 떠올리지 않는다. 우리는 옥상 전망대를 상상하지만, 그곳에 둥지를 튼 주머니쥐는 떠올리지 않는다.

삶의 다음 단계에서 무엇을 현실화할 것인지 생각하기에 앞서, 나는 '이미' 현실화했던 것을 이해하고 냉철한 머리와 열린 가슴으로 그 가치를 평가해야 했다. 나는 무엇을 성공하고 무엇을 실패했는가? 텅 빈 저택과 흩어진 가족, 막다른 골목이 내 현실이 될 때까지 나는 무엇을 했던가? 내 생각과 검증되지 않은 믿음, 그리고 결실을 보지 못한 내 비즈니스는 어쩌다가 이러한 수렁에 빠지게 되었는가?

마음 훈련: 나는 무엇을 현실화하고 있는가?

이 훈련을 통해서 자신의 현재 상황을 분명하게 평가해 보길 바란다. 이 훈련의 목적은 자신이 처한 상황을 아무런 편견 없이 최대한 객관적으로 바라보는 것이다. 자신이 무엇을 현실화하고 있는지 이해할 때, 우리는 무엇이 내면의 힘을 억누르는지 발견할 수 있다. 지금 당장 뭔가를 바꾸려고 조급해할 필요는 없다. 다만 신중하고 명료하게 지금의 상황을 바라보자.

1. 준비하기

A. 훈련에 앞서 방해받지 않을 시간과 장소를 선택한다.

B. 스트레스를 받고 있거나, 마음을 어지럽히는 다른 문제가 있거나, 혹은 24시간 이내에 술을 마셨거나 기분에 영향을 미치는 약물을 복용했다면 마음 훈련을 시작할 더 좋은 때를 찾는다.

C. 종이와 펜을 준비한다.

2. 이완하기

A. 편안한 자세로 앉아 몇 분 동안 눈을 감고 마음을 차분히 가라앉

힌다.

B. 눈을 감은 채 천천히 코로 숨을 들이마시고 입으로 내쉬는 호흡을 세 번 반복한다. 이후 이 호흡법이 편안하고 자연스럽게 느껴질 때까지 반복한다.

C. 발끝에서 시작해 머리끝에 이르기까지 몸을 이완한다. 점차 편안해질 것이다. 그리고 차분함이 자신을 감싸면서 안전하다는 느낌이 들 것이다. 천천히 숨을 들이쉬고 내쉬면서 나를 평가하고 내 꿈과 욕망을 비난하는 사람들에 대한 감정과 걱정을 내려놓는다.

D. 천천히 호흡하는 동안 마음은 편안해지고 몸은 이완된다.

3. 삶을 시각화하기

A. 내 삶을 큰 틀에서 천천히 떠올려 보자. 나에게 중요한 관계는 무엇인가? 나는 무슨 일을 하고 있는가? 나는 어디서 살아가고 있는가? 이런 질문을 생각하면서 어떤 감정이 드는지 살펴본다. 특정한 이미지나 생각에 집착하지 말고 지금의 내 삶을 구성하는 주요 요소들에 대해 몇 분간 자유롭게 생각해 본다.

B. 그 과정에서 일어나는 모든 감정이 자연스럽게 흘러가도록 내버려 둔다. 기쁨과 만족, 슬픔, 혼란, 지루함, 분노 등 다양한 감정이 들 수 있다. 몇 분간 이러한 감정과 삶의 구체적인 모습을 마주한다.

4. 풍부한 시각화

A. 삶의 장면을 계속해서 떠올린다. 그리고 다음 질문을 생각해 보자. 나에게 중요한 사람들은 누구인가? 그들과 긴밀하게 연결되어 있다고 생각하는가? 나는 지금 무슨 일을 하는가? 나는 생계에 필요한 수입을 충분히 얻고 있는가? 다른 사람을 부양하는 데 충분한 자산을 얻고 있는가? 하루가 의미 있고 충만하게 느껴지는가? 내가 살고 있는 곳에 대해 어떻게 생각하는가? 그러한 생각을 하면 어떤 느낌이 드는가?

B. 내 삶을 시각화하면서 떠오르는 이미지에 주목해 보자. 마음의 눈으로 내 삶을 바라본다. 천천히 숨을 들이쉬고 내쉬면서 모든 장면을 구체적으로 떠올려 본다. 다시 천천히 숨을 들이쉬고 내쉰다.

C. 모든 이미지를 구체적으로 떠올렸다면 눈을 뜨고 계속해서 천천히 숨을 들이쉬고 내쉰다. 이제 몸은 이완되고 마음은 차분하다.

5. 떠올린 것을 기록하기

A. 내 삶을 시각화하면서 보고 느꼈던 것을 종이에 최소 5분 동안 적어본다. 최대한 구체적으로 적는다. 문장이든 단어든 상관없다. 중요한 것은 자신이 바라본 삶, 그 삶에 대해 느낀 감정을 그대로 적어보는 것이다.

B. 이제 다시 앉아서 눈을 감고 코로 숨을 들이쉬고 입으로 내쉬는 호

흡을 천천히 3~5회 반복한다. 그리고 눈을 뜬다.

6. 글을 읽어보기

A. 먼저 자신이 쓴 글을 눈으로 읽어보자.

B. 다음으로 소리 내서 읽어보자.

C. 눈을 감고 몇 분간 삶의 이미지를 다시 떠올려 보자.

7. 자기 삶을 돌이켜 보기

A. 내 선택이 어떻게 지금의 삶으로 이어졌는지 잠시 생각해 본다. 언제 의식적으로 결정을 내렸는가? 언제 다른 사람에게 선택을 맡겼는가? 혹은 그냥 쉬워 보이는 길을 선택했는가?

B. 삶이 기대처럼 흘러가고 있지 않다면, 그 과정에서 나는 어떤 역할을 했는가? 지금 내 삶의 특정한 부분에 대해 걱정하거나 자책할 필요는 없다. 분명하게 인식하지 못했더라도 나는 지금 내면의 힘을 다시 끌어모으기 위한 첫 단계를 밟고 있다.

8. 삶의 변화가 시작된 걸 느끼기

A. 내 삶을 똑바로 들여다보면서 내면의 힘과 자율성을 느껴본다. 내 삶은 이미 변하기 시작했다.

무엇을 발견했는가? 신중히 생각하는 동안 강력한 감정을 자극하는 삶의 부분이 있었는가? 떠올리기 힘든 삶의 부분이 있다면, 그 시점에 초점을 맞춰볼 수도 있다. 반대로 떠올릴 때마다 마음이 따뜻해지고 즐거워지는 삶의 부분이 있다면, 그 이미지를 의식적으로 떠올리면서 감사함을 느껴보자. 그러한 느낌은 나의 든든한 버팀목이 되어줄 것이다.

이번 훈련을 하면서 썼던 글을 보관해 놓자. 좋든 싫든 지금까지의 삶은 이제 현실화하려는 새로운 삶의 토대가 되어줄 것이다. 내가 쓴 글을 친구나 스승에게 읽어주거나, 훈련을 통해 깨달은 바를 함께 공유하는 것도 좋다. 이를 통해 책임감을 느끼고, 저항과 두려움, 의심에 직면할 때 외적인 도움을 받을 수 있다. 이 훈련을 통해 자신이 얼마나 바뀌었는지 알면 놀랄 것이며, 그 성과는 앞으로의 발전을 위한 의미 있는 발판이 되어줄 것이다.

이 마음 훈련으로 자신이 얼마나 발전했는지, 그리고 지금까지 얼마나 노력했는지를 인식하고 그 과정에서 얻은 결과물에 감사함을 느끼게 될 것이다.

이제 우리는 새롭게 시작했다. 우리가 이미 현실화하고 있는 삶을 분명히 확인했고, 이를 통해 앞으로의 삶을 창조할 수 있게 되었다. 그러나 현실화를 위한 여정을 떠나기에 앞서 기반이 되는 하드웨어는 어떻게 생겼는지, 그리고 어떻게 협력해야 하는지 이해할 필요가 있다.

또한 본격적인 훈련 단계에 들어가기에 앞서 휴식과 소화 모드 rest-and-digest mode(부교감신경계가 활성화되어 우리의 몸이 회복과 소화 기능에 집중하는 상태—옮긴이)로 넘어가는 중요한 전환을 만들어 내야 한다. 관련하여 오래전 내가 마술가게에서 배웠던 또 하나의 훈련법을 소개한다.

마음 훈련: 몸을 이완하기

1. 준비하기

A. 훈련에 앞서 방해받지 않을 시간과 장소를 선택한다.

2. 자세 잡기

A. 이 훈련은 서서, 앉아서, 심지어 누워서도 할 수 있다. 먼저 몸을 이완할 수 있게 편안하면서도 신체 감각을 쉽게 인지할 수 있는 안정적인 자세를 취한다.

B. 척추를 쭉 펴고 어깨에 힘을 뺀다. 여유로운 자신감과 부드러운 힘을 느낄 수 있는 자세를 찾는다.

3. 마음을 가라앉히기

A. 눈을 감거나 전방 가까운 지점을 지긋이 응시한다. 주의를 내면에 집중한다.

B. 이제 신체가 바닥에 닿는 지점에 주목한다. 중력에 몸을 맡긴 채 지면에서 올라오는 압력을 느껴본다. 긴장된 신체 부위가 있는지 천천히 살펴본다.

C. 코로 숨을 들이마시고 입으로 천천히 내뱉는 호흡을 세 번 반복한다. 날숨에서 소리 내어 한숨을 쉬어도 좋다. 이 호흡법이 편안하게 느껴지고 신경이 쓰이지 않을 때까지 반복한다.

D. 호흡이 편안해졌다면, 앉아 있거나 누워 있는 자세를 구체적으로 인식하면서 자기 모습을 멀리서 바라보는 상상을 해본다.

4. 발끝을 이완하기

A. 발가락에 주의를 집중하고 몸을 이완한다. 발가락에 남아 있는 긴장도 모두 사라지게 한다. 그다음에는 정신을 발에 집중해서 모든 작은 근육을 이완해 본다. 숨을 들이쉬고 내쉬는 동안에 그 근육들이 흐

물흐물해진다고 상상해 본다. 발과 발가락에만 신경을 집중한다.

B. 이 과정에서 생각이 자연스럽게 떠돌면서 주의가 흐트러질 수 있다. 그러나 걱정하지 말자. 전적으로 자연스러운 현상이다. 마음이 떠돌아다닌다는 사실을 인식하고 다시 발과 발가락의 근육에 주의를 기울이며 이완해 본다.

5. 계속해서 이완하기

A. 발과 발가락을 이완하여 부드럽고 가볍고 편안한 느낌이 든다면, 이제 위로 올라가서 종아리와 허벅지에 집중한다. 다리의 큰 근육들을 인식하며 숨을 들이쉬고 내쉬면서 근육이 흐물흐물해지는 느낌이 들 때까지 모든 근육을 이완한다.

B. 마찬가지로 배와 가슴 근육에 집중하고 이완한다.

C. 다음으로 척추에 집중하여 등과 어깨, 목 근육을 이완한다. 이 훈련의 목표는 몸을 이완하고 의식을 깨우는 것이라는 점을 명심해야 한다. 아직 긴장된 부위가 남아 있다면, 호흡을 그곳으로 보낸다고 생각하면서 힘을 빼고 긴장이 사라지게 한다.

D. 마지막으로 얼굴과 머리 쪽 근육에 집중해서 이완하고 가볍게 만든다. 남아 있는 긴장을 모두 푼다.

6. 이완을 인식하기

A. 온몸의 근육을 하나씩 이완해 나가는 동안 몸이 차분해지는 것을 느껴본다. 그리고 몸과 함께 마음도 차분해지는 것을 바라본다. 몸과 마음이 차분해지는 기쁨과 긍정적인 감정을 느껴본다.

B. 졸음이 오거나 실제로 잠들 수도 있다. 그래도 괜찮다. 긴장된 부위가 있는지 계속 관찰하면서 차분함을 유지한다. 의식이 깨어 있는 상태에서 몸을 온전히 이완하려면 여러 차례 시도해야 한다. 꾸준히 노력해 보자. 이 훈련을 시도할 때마다 신경계가 새롭게 구성되며 평화와 질서를 경험한다는 사실을 떠올리자.

C. 최대한 온몸을 이완했다면, 심장에 집중해 본다. 천천히 숨을 들이시고 내쉬면서 심장 근육을 이완한다고 상상한다. 몸이 편안해지고 호흡이 느려지면서 심장 박동도 함께 느려지는 느낌이 들 것이다.

7. 이완을 심화하기

A. 자기 몸이 완전한 이완 상태로 들어섰다고 상상해 본다. 천천히 숨을 들이쉬고 내시면서 단지 '존재하고 있음'에 주목한다. 해야 할 일도, 가야 할 곳도, 이뤄야 할 목표도 없다. 따스함과 고요함, 충족감이 느껴지는가? 몸이 둥둥 떠다니면서 차분함이 자신을 감싸는 느낌이 들 것이다.

B. 기쁨과 평화를 의식적으로 느껴보고 이러한 감정을 신경계에 집어넣어 앞으로도 그러한 감정을 떠올릴 수 있도록 해본다. 신경계에 이완은 바람직한 상태이며, 필요할 때마다 언제든 그 상태로 들어갈 수 있다는 사실을 가르치는 것이다.

C. 이제 숨을 내쉬면서 눈을 뜨자. 그리고 이완 상태에서 몇 분간 더 머문다. 완전한 평화 속에서 휴식을 취한다.

처음에는 적어도 일주일에 한 번 이상 혼자서 훈련해 보자. 한 번에 5분이라도 좋다. 훈련이 습관으로 자리 잡으면 시간을 10분에서 20분, 30분으로 늘려나가자. 아마도 시간을 더 늘리고 싶은 마음이 자연스럽게 들 것이다. 내면의 바람에 귀를 기울여 보자. 훈련이 지나치게 힘들거나 안전하고 이완된 상태를 느끼기 힘들다면, 함께 수련할 집단을 찾아보는 것도 도움이 된다. 가까운 요가 강습소에서 명상 프로그램을 듣거나 마음이 맞는 친구들과 함께 훈련하는 방법도 있다. 그 과정에서 다른 사람에게 도움을 요청하는 일 또한 목표 달성을 위해 개발해야 할 중요한 기술이라는 사실을 깨닫게 될 것이다.

모든 경험은 마음이 선행하고,

마음이 주도하며,

마음이 만들어낸다.

– 부처, 『법구경』1장 2절

2장

첫 번째 단계 :

내면의 힘을 마주하기

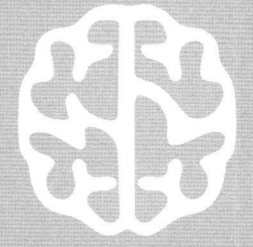

두 바퀴로 달리는 전동보드는 오프로드 주행이 가능하고 최대 속도는 시속 13킬로미터 정도이며 무게는 약 11킬로그램이다. 그런데 아마리는 그걸 머리 위로 치켜들고는 션의 얼굴을 향해 내리칠 자세를 취하고 있다.

캘리포니아주 산호세에 햇볕이 작열하는 8월의 어느 날이었다. 칼라바자스 공원에는 길게 이어진 경사로와 가속도를 높이기 위해 설계된 구불구불한 내리막길이 특징인 자전거 트랙이 있다. 모험을 좋아하는 이들은 이 트랙에서 자전거를 타며 다양한 기술을 연마한다. 키가 작은 열세 살의 아마리는 목을 길게 뽑고는 180센티미터가 넘는 열다섯 살 션의 눈을 노려보고 있었다. 그렇게 두

아이는 서로 대치 중이었다. 그들 옆으로 다른 아이들이 자전거 바퀴 소리를 요란하게 내며 빠르게 지나갔다. 그들은 작은 언덕을 오르내리며 자전거 앞바퀴를 들고서 깡충깡충 뛰었다. 그리고 360도 회전을 시도하면서 광란의 소리를 질러댔다. 그날 아마리와 션은 신경 발달 장애가 있는 학생을 대상으로 한 'F+(펀 포지티브Fun Positive의 약자)'라는 여름 캠프에 참여한 참이었다. 그 프로그램에는 오프로드 자전거 타기와 피구 등의 야외 활동, 그리고 즉석 게임과 명상 훈련이 포함돼 있었다.

그 활발한 모임을 이끈 인물은 심리학자이자 ADHD 전문가인 로이스 프리스로브스키Lois Prislovsky 박사와 전직 자전거 기술자이자 응급의료 전문가, 교사 및 사회복지사인 콜린 매슬란Colin Maslan 이었다. 로이스 박사와 콜린은 내가 스탠퍼드대학교에 설립했던 '연민과 이타심 연구 교육 센터Center for Compassion and Altruism Research and Education(CCARE)'에서 주최한 연민 강화 훈련 프로그램에서 만났다. 두 사람은 BMX 자전거와 스노보드를 향한 '미친 열정'뿐만 아니라 기존 교육 시스템에서 소외된 아이들과 함께하고 싶다는 열망을 공유하면서 친해졌다고 했다. 일반적으로 여러 가지 행동 및 학습 장애 문제가 있는 아이들은 갑갑한 교실에 틀어박혀 따분한 학습지나 재미없는 파워포인트 강의로 여름을 보낸다. 이들 중 많은 학생은 자폐 스펙트럼에 해당하며, 신경 다양성neurodiverse(정상 범위에 들어가지만 자폐나 난독 등의 증상을 보이는 범주—옮긴이)에 해당하는 아이들이 겪는 여러 어려움을 똑같이 경험한다. 일부는 괴롭힘을 당하거나, 반대로 다른 아이를 괴롭히기도 한다. 또한 일부는 말을 하지 못하거나, 자기 머리카락이나 눈썹, 속눈썹을 잡아뜯는 발모벽trichotillomania 증상까지 보인다. 이들 대부분 사회적 교류를 힘들어하며 친구가 있는 경우는 드물다. 로이스가 보기에 현재 교육 시스템은 이러한 아이들의 성장과 행복에 실질적인 도움을 주는 일에 주목하지 않고 있으며, 다만 이들을 환자로 분류하는 데 급급했다.

로이스는 경쾌한 테네시 억양으로 이렇게 말했다. "아이들이 정말로 원치 않는 것은 또 다른 말도 안 되는 꼬리표를 그들에게 붙이는 겁니다."

로이스와 콜린은 F+ 프로덕션을 설립해서 이러한 학생들을 대상으로 자기 통제, 자신과 타인에 대한 연민, 그리고 짧은 명상과 함께 오프로드 자전거 타기를 가르쳤다. 10대든 군인이든 운동선수든 모험가든, 혹은 극한 스포츠 참가자든, ADHD가 있는 사람은 주의를 오래 집중하지 못한다. 그 이유는 다른 사람들처럼 두뇌가 도파민을 충분히 생성하지 못하기 때문이다. 그래서 그들의 두뇌는 언제나 새로운 자극을 갈망한다. 그런 그들에게 오랫동안 입을 다물고 가만히 앉아서 명상하라는 것은 사실상 불가능한 과제였다.

그래서 로이스는 자비 명상과 최면 요법을 조합해서 2~3분 정도의 학생별 맞춤형 명상법을 개발했다. 학생들은 자전거 트랙을 돌며 에너지를 마음껏 발산하고 서로의 머리 위로 물풍선을 터뜨리며 논 뒤 나무 사이에 걸어놓은 해먹에 눕거나 그네를 타면서 짧은 명상을 한다. 그들은 전신을 이완하면서 마음을 안정시키고 주의를 집중하며 스스로 바라는 유형의 사람이 되고자 하는 의도를 그려본다. 학생들은 자전거 트랙 훈련으로 에너지를 충분히 발산하고, 마음을 가라앉히는 내면의 수련을 통해 충분한 도파민을 생성하게 된다.

이러한 훈련은 학생들에게 변화의 기회를 준다. 로이스는 이렇게 말했다. "그게 바로 핵심입니다."

로이스는 학생들에게 인간의 신경계가 교감신경계와 부교감신경계라는 두 가지 주요한 모드로 이뤄져 있다고 설명했다. 그리고 두 신경계가 언제, 어떻게 편도체로부터 자극을 받고 우리 몸이 '투쟁과 도주, 경직 모드'로 들어가서 통제 불능 상태가 되는지 이야기했다. 로이스는 학생들에게 마음을 가라앉히고 가슴을 열어 자신의 의도에 주목하는 법을 가르쳤다. 그리고 특수 바이오피드백 헤드셋을 착용하도록 해서 학생들의 뇌파를 관찰했다. 학생들이 이완과 창조성, 시각화와 관련된 알파파 상태에 진입했을 때, 헤드셋에서는 새가 지저귀는 소리가 흘러나왔다.

아마리는 전사 유형에 해당하는 학생이었다. 미식축구에서 쿼터백의 가슴과 심장을 보호하는 라이트가드가 될만한 재목이었다. 그런데 아마리는 자신의 이름에 유독 민감했다. 어릴 적부터 다른 아이들이 아마리의 이름에 엉터리 운율을 넣어 만든 별명을 지어 그를 놀렸기 때문이다. 사실 그날 션도 자전거 트랙에서 아마리가 보내는 미묘한 사회적 신호를 읽지 못했고, 친구가 끔찍이 싫어하는 별명으로 계속해서 불렀다. 전동보드를 타고 트랙을 질주하면서 균형을 잡는 연습에 신이 난 아마리는 처음에는 못 들은 척했지만, 션이 계속 그 별명을 불러대자 따끔하게 혼내주기로 결심했다. 그러고는 전동보드를 집어 들어 션을 내리찍으려는 자세를 취했다. 그렇게 둘은 서로를 노려보며 서 있었다. 테스토스테론으로 흘러넘치는 두 소년의 몸은 서로 주먹다짐하면서 느낄 흥분감을 기대하고 있었다. 그러자 둘이 싸우는 모습을 지켜보기 위해 아이들이 몰려들었다.

그때 로이스가 나타나 차분한 목소리로 물었다. "너희 둘, 지금 뭐 하고 있는 거지?"

그녀는 캠프에서 아이들이 편안하게 느끼도록 자유롭게 뛰어노는 것을 허락했다. 아이들은 로이스가 그들과 함께 어울리는 일에 주저하지 않는다는 사실을 알았다. 그런데 한 아이가 실수로 그녀의 손을 부러뜨리는 사건이 있었다. 또 다른 아이는 그녀의 모자를 벗기다가 뒤로 묶은 머리카락에 안경이 걸리는 바람에 왼쪽 눈 옆에 작은 상처를 남기기도 했다. 그때 그녀는 20초 정도 화를 삭이면서 마음을 가라앉혔다. 아이들은 로이스가 잠깐 평정심을 잃는 모습을 봤고, 이번에도 그럴 것으로 기대했다.

아마리는 이렇게 대답했다. "이걸로 저 녀석 얼굴을 후려치려고요."

그날 F+ 학생들은 앞서 마음으로 말하는 훈련을 했다. 각자 피크닉 의자 위에 올라가 마음에 있는 말을 했다. 그러나 처음 그 프로그램에 참석한 아마리는 진심을 그대로 표현하지 못했다. 사람들과 이야기하는 것을 꺼렸던 아마리는 주로 입을 다물고 있는 편이었다. 그래서 이전에도 그 때문에 종종 갈등을 빚었고 말썽을 일으켰다.

로이스는 말했다. "2년 전 아마리를 F+에서 처음 만났을 때는 연민 훈련이 불가능했습니다. 그래서 먼저 동물과 함께 활동을 시작했죠. 동물 훈련이 효과가 있을 때, 우리는 사람으로 넘어갑니다. 이제 아이들은 캠프에서 처음 사귄 친구들에게 연민을 느끼게 됐죠."

넓은 어깨 위로 전동보드를 번쩍 들어 올린 아마리는 관자놀이에서 땀을 흘리며 생각했다. 그리고 뚜껑이 열린 신경계가 자신을 투쟁과 도주, 경직 모드로 밀어 넣었다는 사실을 깨달았다. 아마리는 이러한 상황을 여러 번 경험했고, 그럴 때 어떤 결과로 이어지는지 잘 알고 있었다. 그리고 자기 옆에 서서 자신이 다음에 선택할 행동을 기대하고 있는 로이스의 얼굴을 쳐다봤다.

결국 아마리는 전동보드를 내려놓으면서 웃음을 터뜨렸다. 그러자 로이스가 웃었고 선도 따라 웃었다. 그 광경을 지켜보던 다른 아이들도 같이 웃었다. 프로그램의 훈련이 효과를 발휘한 것이다.

아마리는 자신의 진심을 드러내 보였다. 그는 션에게 이렇게 말했다. "제발 그 이름으로 부르지 마. 난 그게 너무 싫어."

로이스와 콜린은 여름이 시작될 무렵에 아마리의 심리 상태를 확인했고, 여름이 저물 무렵에 다시 한번 확인했다. 아마리의 우울과 불안은 6주 사이에 크게 줄어들었고 자신과 타인에 대한 연민은 높아졌다. 그 결과에 아마리의 부모는 깜짝 놀랐다. 뭔가 마술 같은 일이 벌어졌다고 느꼈다.

아마리를 비롯한 모든 학생은 자신의 반응을 제어하는 법을 배우면서, 특별한 능력을 회복하게 되었다. 그들은 자신이 선택한 방향으로 주의를 집중하는 능력을 되찾았다. 학생들은 스트레스에 대한 조건 반사에서 벗어나 자신이 진정으로 바라는 사람이 되기 위해 새로운 반응을 선택했다. 그들은 선택권을 되찾았고, 이를 통해 의도를 현실화하는 과정에서 중요한 역할을 하는 내면의 힘이 존재한다는 사실을 깨달았다. 신경과학은 바로 이러한 내면의 힘을 '자기 주도성self-agency'이라고 부른다.

누구나 내면의 힘을 가지고 있다

우리 모두 놀라운 내면의 힘을 갖고 있다. 그러나 자기 자신에 대한 고정관념이 그 힘을 억누르고 있다. 내면의 힘은 불편한 상태를 견디고 당장의 만족을 뒤로 미루고 주변 환경으로부터 무엇을 마음속으로 받아들일 것인지 결정한다. 또한 내면의 힘은 지금 벌어지고 있는 일이나, 과거를 돌이켜 보던 중에 발생하는 특정한 상황에서 자신의 반응을 통제하는 능력이다. 이는 곧 선택의 힘이다. 외부 자극이 아무리 요란하고 위협적이고 유혹적으로 주의를 흐트린다고 해도, 우리는 내면의 힘을 통해 자신이 선택한 대상으로 주의를 집중시킬 수 있다. 아마리 역시 내면의 힘 덕분에 투쟁과 도주, 경직 반응에서 한발 물러나 전동보드를 내려놓고 진심을 드러낼 수 있었다. 이처럼 우리도 내면의 힘을 통해 강력한 긍정적인 감정을 만들어내서 우리에게 초라한 삶을 강요하는 감정적 중독에서 벗어날 수 있다.

많은 이들은 삶을 살아가는 동안에 내부의 힘을 길들이고 통제하지 못해 피해를 봤다고 느낀다. 우리는 외부의 힘에 반사적으로 반응하면서 그것이 내면의 힘을 앗아가도록 마냥 지켜본다. 그때 위압적인 외부의 힘은 오랜 습관이 파놓은 깊은 도랑을 따라 흘러간다. 하지만 우리는 훈련을 통해 통제할 수 없을 것처럼 보이는 수많은 자동적인 반응에 의식적으로 영향력을 행사할 수 있다.

훈련의 효과는 물리적 현실을 변화시킬 수 있다는 믿음에 달려 있다. 그래서 회의적인 가족 구성원이나 주변 인물, 편향된 사회 등 우리의 욕망을 현실화하는 게 불가능하다고 말하는 다른 누군가의 믿음에 영향을 받지 않는다. 자본이 있어야 가능한 금융 투자와는 달리, 현실화는 시간과 에너지, 주의, 의지만 있으면 된다. 현실화는 곧 '자기 자신'에 대한 투자다. 물론 성실함과 반복이 필요하긴 하지만, 현실화의 기술을 익히는 데에는 돈도 들지 않고 특별한 훈련도 필요치 않다.

지금은 어쩌면 마음 깊은 곳에 자리 잡은 채 자기 잠재력을 억누르고 있는 고정관념을 이겨내기가 힘들어 보일지 모른다. 특히 가족과 국가, 종교가 그러한 고정관념을 강화한다면 더욱 그럴 것이다. 하지만 다행스럽게도 자신에 대한 믿음은 스스로 통제할 수 있는 몇 안 되는 삶의 영역 중 하나다. 그러므로 우리가 고정관념을 넘어서기로 마음먹는다면, 다른 누구의 믿음도 우리가 성취하려는 목표를 가로막지 못할 것이다.

결국 문제는 세상이 아니라 우리 자신이다. 어쩌면 외부 환경이나 과거 상황이 자신에 대한 믿음을 억누르고 있을 수 있다. 그러나 우리 모두는 자신의 마음속에서 내면의 힘을 발견할 수 있다.

주의를 놓고 벌이는 도박

우리는 살아가면서 때로 어떤 일이 자신에게 닥쳐온다고 느낀다. 스스로 그 일을 주도하지 않았으며, 또한 그 일이 나를 위해 일어나는 것 같지는 않다고 생각한다. 이처럼 어떤 경험을 수동적으로 받아들이는 건 목적지도 모른 채 다른 사람이 운전하는 자동차에 탑승하는 것과 같다. 그럴 때 우리는 좌절하고, 통제력을 빼앗기고, 스스로 선택할 수 있다는 믿음을 잃어버린다. 심지어 운전자가 자신을 트렁크에 처박아 놓고는 폭주 드라이브를 즐기는 게 아닐까 의심하기도 한다. 그리고 오랜 시간이 흘러 기진맥진한 상태로 의식을 되찾았을 때, 자신이 생각했던 곳과는 완전히 다른 곳에 와 있다는 사실을 깨닫게 된다. 사실 이는 치유되지 못한 트라우마를 안고 살아가는 많은 이들이 무의식적인 차원에서 계속 선택을 내리며 경험하는 감각이기도 하다.

우리의 주의를 빼앗는 것은 우리의 내면만이 아니다. 가장 저항하기 힘든 공격은 주변 세상에서 온다. 기업들은 우리 삶에 뭔가 중요한 게 결핍되어 있으며, 그들이 내놓은 특별한 제품으로 그 결핍을 메울 수 있다고 우리를 설득하기 위해 수십억 달러를 광고에 퍼붓는다. 그리고 소셜 미디어 기업은 중독과 흡사한 심리를 활용하여 우리의 주의를 최대한 빼앗고, 그렇게 획득한 우리의 주의와 데이터를 최고가를 제시한 입찰자에게 판매해서 엄청난 돈을 벌어들인다. 또한 뉴스 매체는 우리의 편도체를 납치한 후 도저히 눈을 뗄 수 없는 이야기를 끊임없이 늘어놓는다.

일반적으로 미국인은 1년에 1460시간 동안 스마트폰을 사용한다. 이는 깨어 있는 시간을 기준으로 91일에 해당한다. 우리가 주의를 쉽게 넘겨주는 것은 자기 통제력이 부족하기 때문은 아니다. 그것은 우리가 사용하는 디지털 장비들이 '변동비율 강화 계획variable ratio reinforcement schedule'이라는 심리학적 현상을 이용하도록 설계되었기 때문이다. 우리에 갇힌 쥐를 상상해 보자. 그 쥐는 훈련을 통해 특정한 레버를 세 번 누르면 먹이가 보상으로 주어진다는 사실을 배웠다. 그런데 갑자기 레버가 무작위 방식으로 먹이를 주게 되었다고 해보자. 즉, 어떤 때는 한 번만 눌러도 먹이가 나오고 다른 때에는 다섯 번을 눌러야 나온다. 혹은 열다섯 번이나 눌러야 나오기도 한다. 그럴 때 쥐는 어쨌든 레버를 더 빨리 눌러야 다음 번 먹이를 더 빨리 얻게 된다는 사실을 금방 파악한다. 이는 곧 슬롯머신의 작동 원리이기도 하다.

쥐보다 훨씬 복잡한 인간의 두뇌는 달라지는 보상 방식의 패턴을 알아내기 위해 노력한다. 가령 충동적인 도박꾼의 두뇌는 보상 화학물질인 도파민을 분비해서 도박꾼이 레버를 잡아당기는 행위와 잭팟이 터지는 행운 사이에 있을지도 모를 인과 관계에 주목하도록 만든다. 세 개가 아닌 두 개의 체리가 나란히 뜬 아까운 상황은 충동이 계속해서 힘을 발휘하도록 한다. 그렇게 보상을 추구하는 동기와 주의의 집중 사이에 분명한 인과 관계가 형성된다. 이를 일컬어 유인적 현저성incentive salience(우리 두뇌가 보상과 관련된 요인에 주의를 집중하는 특성―옮긴이)이라고 부르며, 이는 약물 중독과 폭식을 비롯한 여러 다양한 강박적 습관과 유사한 두뇌의 활성화

패턴을 만들어낸다.

 마찬가지로 연구 결과는 우리가 휴대전화를 들여다볼 때, 핵심적으로 라스베이거스 효과_{Vegas Effect}(특정 상황에서는 원칙을 어겨도 된다고 생각하면서 자기 통제를 내려놓는 심리 효과—옮긴이)를 현실화하게 된다는 사실을 말해준다. 알림은 보상 시스템을 활성화하는 기대를 만들어내고, 기대는 다시 주의를 사로잡는 끝없는 순환으로 이어진다. 메시지를 계속해서 확인하거나, 혹은 고통스러운 현실에서 기분을 좋게 만들어주는 공포와 공감 피로_{empathy fatigue}(과도한 공감으로 탈진을 겪는 현상—옮긴이)로 흘러넘치는 콘텐츠를 오랫동안 들여다볼 때, 우리는 주의가 사라지는 모습을 무기력하게 받아들이게 된다. 이렇게 주의에 대한 통제력을 상실할 때, 우리는 절망하고 삶의 방향과 질에 아무런 영향을 미칠 수 없다고 느낀다. 그러나 내면 깊은 곳에서 우리는 선택적 주의야말로 우리가 바라는 삶을 만들어가기 위한 핵심 투자라는 사실을 알고 있다. 그래서 우리는 "pay attention(주의를 기울인다)"이라고 말하는 것이다. 내면의 힘은 의식적으로 이러한 투자를 결정하는 능력에 달려 있다. 우리가 선택한 대로 주의의 방향을 통제할 수 없다면, 이는 주변 환경을 바꿀 수 있는 자본을 그냥 넘겨주는 것과 같다. 즉, 자기주도성을 포기하는 것이다.

 하지만 이러한 무력감은 환상에 불과하다. 자신의 의지와 상관없이 내면의 힘을 상실하는 모든 순간을 들여다볼 때, 우리는 오랜 습관이 다시 활성화되는 패턴을 발견하게 된다. 특정한 외부 자극에 특정한 부정적인 방식으로 반응하는 습관은 단지 잦은 기계적 사용으로 형성된 신체적, 정신적, 감정적 신호의 패턴에 불과하다. 우리 마음은 오랜 시간에 걸쳐 이러한 끊임없는 자동적인 활성화에 적응하게 되며, 그럴 때 의식적인 선택의 기회는 사라져 버린다. 어떠한 측면에서 이는 무의식적인 차원의 부정적 몰입 상태다. 우리 두뇌가 자기 행동이나 주변 환경을 바꿀 기회가 존재한다는 인식을 하지 못할 때, 우리는 정체감과 좌절감, 무력감에 빠진다. 내면의 힘은 우리가 볼 수 없는 곳으로 사라진다.

그러나 내면의 힘을 잃었거나 빼앗겼다는 느낌이 든다고 해서 그 힘이 사라지는 것은 아니다. 실제로 자기주도성은 두뇌가 경험에 대해 들려주는 이야기의 일부로서, 실제 사실보다 주관적인 해석에서 더 많은 정보를 얻는다. 우리는 자기주도성이 없거나 억압되어 있다고 느낄 수 있다. 그러나 그렇다고 해서 사라지는 것은 아니다. 자기주도성은 인간 존재의 근본적인 조건이다. 성장 가능한 두뇌가 제대로 기능하는 한, 우리에게는 자기주도성이 있다. 이러한 점에서 지금 우리는 사회 속에서 자기주도성의 위기를 겪고 있는 게 아니라, 자기주도성에 대한 '인식'의 위기를 겪고 있는 것이다. 자기주도성은 우리가 망각하고 있는 슈퍼파워다.

당신은 안개 속에 갇혀 있다

자기주도성을 인식한다는 말은 본질적으로 행동을 의도하고, 시작하고, 실행하는 과정에서 자신이 운전대를 잡고 있다고 느낀다는 뜻이다. 즉, 자신의 의지나 행동으로 상황의 결과를 바꿀 수 있다고 생각한다는 의미다.

연구 결과들은 자기주도성에 대한 인식이 우리가 일반적으로 생각하는 것보다 훨씬 더 유연하고 적응력이 높으며, 고차원적 인지 기능(사고와 학습, 기억, 추론, 주의 집중)에서 저차원적 감각·운동 시스템에 이르기까지 다양한 요소로 구성된다는 사실을 말해준다. 자기주도성 인식이란 우리 두뇌가 경험에서 얻은 정보를 조합해서 만든 '인식'이다. 두뇌는 자기 행동이 의도한 결과로 이어지는지, 혹은 자신의 선택대로 주변 환경에 영향을 미치는지 판단하고, 이를 바탕으로 자신이 특정 상황에서 자기주도성을 갖고 있는지 평가한다. 그런데 우리의 의식적인 마음은 행동을 실행하는(신체를 움직이는 것처럼) 무의식적 과정에 대부분 접근하지 못하며, 다만 의도를 세우고 영향을 확인하고 그에 따라 결과를 해석할 수 있을 뿐이다. 다시 말해 자기주도성 인식이란 두뇌가 경험에 대해 우리에게 들려주는 '이야기'다. 여기서 두뇌가 주변 환경을 바꿀 힘이 없다는 이야기를 들려줄 때, 우리는 낙심하고 의지를 잃어버린다. 반대로 자신이 원하는 바를 실현할 힘이 있다고 말할 때, 우리는 역량과 확신,

온전함을 느낀다.

 자기주도성의 이러한 해석적 측면을 이해하기 위해, 자기주도성 인식이 신체적 자율성이 없는 상황에서도 존재할 수 있다는 사실을 보여주는 놀라운 과학적 발견을 살펴보자. 나는 신경외과 의사로서 질병이나 트라우마로 인해 '질병불각증anosognosia'을 보이는 환자를 많이 만나봤다. 여기서 'anosognosia'는 그리스어 'nosos(질병)'과 'gnosis(지식)'에서 유래한 단어로, 자신에게 질병이나 장애가 있다는 사실을 지각하지 못하는 현상을 말한다. 가령 뇌졸중으로 반신불수가 된 환자에게서 이러한 증상을 확인할 수 있다. 뇌졸중이 자기 인식의 통합과 관련된 두뇌 영역에 영향을 미칠 때, 환자는 자신에게 운동 장애가 있다는 사실을 의식적인 차원에서 인식하지 못한다.

 이탈리아 토리노대학교 연구원들은 이러한 환자들을 살펴보고 대단히 놀라운 사실을 확인했다. 그중에서 신체의 왼쪽이 마비된 한 여성 환자는 지속적으로 심각한 질병불각증을 보였다. 그녀는 자신에게 신체 활동과 관련된 문제가 있다고 보지 않았다. 연구원이 왼쪽 팔에 관해 물어볼 때, 그녀는 언제나 문제없이 움직일 수 있다고 답했다. 실제로 왼쪽 팔을 움직여 보라고 했을 때, 그녀는 그 행동을 실행하고자 했고 몇 초 후 그 결과에 대해 만족감을 보였다. 이 여성은 자신이 할 수 없는 움직임과 관련해서 자기주도성을 인식했던 것이다. 그녀는 모든 반대 증거에도 불구하고 마비된 팔을 움직일 수 있다고 진심으로 믿었다. 이에 대해 연구원들은 이와 같은 환자들의 경우에 실제 행동이 아니라 의도나 예측처럼 행동에 선행하는 두뇌 속 신호가 자기주도성 인식을 강력하게 지배한다고 결론을 내렸다. 여기서 여성의 두뇌가 자신에게 들려준 이야기는 그녀의 신체적 현실과는 완전히 달랐다.

이 사례에서 중요한 점은 자기주도성 인식이 사고 과정에 강한 영향을 받는 '주관적' 경험이라는 사실이다. 이러한 점에서 내면의 힘에 대한 인식의 깊이와 강도는 두뇌가 우리의 능력에 관해서 우리에게 들려주는 이야기에 달렸다. 나중에 다시 살펴보겠지만, 내면의 힘을 인식한다는 의미는 결국 두뇌의 온전한 힘을 우리가 선택한 의도로, 특히 잠재의식의 힘을 이용하는 방향으로 향하게 할 수 있다고 느끼는 것이다. 잠재의식과 관련해서 한 가지 의아한 점은 그것이 우리의 믿음을 연료로 작동한다는 사실이다. 우리가 잠재의식의 차원에서 지닌 믿음은 종종 주어진 상황에서 가능성을 제한한다. 내면의 힘에 대한 느낌, 그리고 실제로 그 힘을 발휘하는 능력 사이에는 거대한 간극이 존재할 수 있다. 한편 많은 이들은 질병불각증 환자와는 반대의 차원에서 많은 어려움을 겪는다. 다시 말해 실제로 몸을 온전히 움직일 수 있는 상태에서도 자신이 마비되었다는 환상을 갖고 살아간다!

심리학에서 말하는 '자기효능감self-efficacy'이란 목표 달성에 필요한 방식으로 행동하는 능력이 자신에게 있다는 믿음을 뜻한다. 자기효능감은 우리가 특정 활동을 시작하거나 지속하는 방식과 동기에 영향을 미치며, 실질적인 개인의 능력보다 행동을 더 정확하게 예측하는 것으로 알려져 있다.

여기서 우리는 자기주도성이라는 개념 속에 자유의지가 포함되어 있는지 의문을 품을 수 있다. 자유의지는 우리가 두뇌 과학과 심리학, 철학, 종교에 대해 알고 있는 모든 지식을 포괄하는 훨씬 더 깊은 논의 주제다. 어떤 이는 분명하게 인식할 수 없는 힘과 영향력이 행동의 많은 부분을 지배하기 때문에 우리에게는 자유의지가 없다고 주장한다. 또 다른 이는 분자와 원자, 입자의 상호작용을 기반으로 행동을 예측할 수 있으므로, 모든 사건은 이미 결정되어 있다고 주장한다. 이러한 주장에 따르면, 우리는 단지 자신이 행동의 주체라고 잘못 '생각'할 뿐이다. 하지만 나는 여기서 이 오래 묵은 논쟁을 다룰 생각은 없다. 게다가 다행스럽게도 현실화와 관련해서 이 논쟁을 해결해야 하는 것도 아니다. 다만 나는 의도를 현실화하기 위해 내면의 힘을 활용할 수 있는 선택권이 우리에게 있다고만 언급하고자 한다. 우리는 중앙 집행 신경망에 기반을 둔 인지 통제 기능을 통해서 인지 자원을 제어하고 방향을 정하여 의식적인 차원에서 의도를 잠재의식 속으로 집어넣고 현실화의 능력을 최적화할 수 있다. 이를 위해 먼저 잠재의식 속에 집어넣으려는 의도를 '작업 기억working memory'의 선반 위에 올려둠으로써 주의를 집중하고 현저성을 높여야 한다. 즉, 잠재의식 속에 의도를 심어 넣게 해주는 '의도적 통제effortful control'를 통해 선택적 주의를 계속 기울여야 한다.

　자기주도성이나 내면의 힘은 고정된 능력처럼 보일 수 있다. 그러나 우리는 이를 일종의 잠재 에너지로 바라봐야 한다. 잠재 에너지는 분출될 때까지 저장된 자원으로 존재한다. 그러나 안타깝게도 많은 이들이 자신에게 그러한 자원이 있다는 사실을 믿지 않으며, 그래서 변화는 불가능하다는 선입견으로 자기 삶을 제약한다. 매일 차를 몰고 산 정상으로 올라간다고 상상해 보자. 그런데 갈 때마다 안개가 자욱해서 아무것도 보이지 않는다. 계곡이 있다는 말은 들었지만 실제로 본 적은 없다. 계곡 안에 아름다운 폭포와 푸른 정원, 근사한 삼나무 숲이 있다는 이야기는 들었지만 실제로 본 적은 없다. 당신이 본 것은 안개뿐이다. 그래서 자신이 들은 이야기를 완전히 믿지 못한다. 그런데 어느 날 차를 몰고 정상에 도착했는데 화창한 날씨 덕분에 아래가 선명하게 내려다보인다. 이제 당신은 그 이야기가 사실일 뿐만이 아니라, 실제 풍경이 상상했던 것보다 훨씬 더 아름답다는 것을 깨닫는다. 그리고 계곡이 언제나 거기에 존재했다는 사실을 인정하게 된다. 당신은 그 존재를 의심했기 때문이 아니라 이야기를 의심하게 만든 안개 때문에 풍광을 보지 못했다. 많은 이들이 그렇게 안개 속에서 살아간다. 그들은 아마도 계곡에 관한 이야기를 들었거나 계곡의 일부를 봤을 것이다. 그러나 맑은 날 산 정상에 서지 못했다면 그저 상상만 하고 있을 것이다. 마침내 안개가 걷혔을 때, 사람들은 자신의 온전한 잠재력을 인식하고 얼마나 많은 잠재 에너지가 내면에 존재하는지 깨닫게 된다. 그리고 비로소 내면의 힘으로 인생을 바꾸기 시작한다.

그런데 이 이야기가 우리가 말하는 현실화와 무슨 관계가 있을까? 결국 우리가 바라는 것을 현실화하는 능력은 내면의 힘에 대한 인식을 받아들이는 데 달려 있다. 우리 시야를 안개처럼 가리고 주변 환경에 영향을 미치거나 반사적인 반응에 대처할 수 없다고 말하는 협소한 심리적 습관을 걷어내야 한다. 자신이 원하는 결과를 만들어내려면, 먼저 자신의 의지와 행동으로 결과에 영향을 미칠 수 있다는 고유한 힘을 믿어야 한다. 그리고 이러한 믿음은 주의에서 시작된다. 우리가 왜 마음을 사로잡고 주의를 인질로 잡는 두려움과 부정성에 그토록 취약한지 이해하기 위해, 먼저 사고 과정의 심리적 근간을 들여다봐야 한다.

이제 우리는 심호흡 몇 번만으로 그토록 갈망하는 평화의 상태에 도달할 수 있음을 깨닫게 될 것이다.

기차에서 뛰어내리기

현실화를 방해하는 한 가지 중대한 장애물은 부정적인 감각 정보에 지나치게 많은 에너지를 쏟으면서 내면의 힘이 그러한 정보에 반응하는 방식에 달렸다는 사실을 이해하지 못하는 것이다. 많은 이들은 부정적인 감각 정보를 어떻게든 외면하려 한다. 하지만 내면의 힘에 접근하기 위해서는 불쾌함을 마주하고 반사적으로 외면하지 않는 법을 배워야 한다. 불편함에 대한 반응을 선택할 권리를 되찾을 때, 비로소 우리는 현실화를 위한 내면의 힘에 다다를 수 있다. 티베트 수도승들이 수련하는 툼모Tummo 명상은 강제 호흡법, 그리고 일반적으로 추운 환경에서 신체의 특정 부위에 불꽃을 시각화하는 훈련법을 조합한 것이다. 수도승들은 툼모 명상을 통해 얼음물에 몸을 담근 상태에서도 심박수를 높이고 체온을 일정하게 유지할 수 있다. 또한 다양한 생리적 과정을 제어할 수 있다. 우리도 의식적으로 접근하는 것이 불가능해 보이거나 완전히 자동으로 기능하는 것처럼 보이는 다양한 생리 과정을 얼마든지 제어할 수 있다. 이를 위해 필요한 것은 올바른 훈련뿐이다. 우리는 불편한 감정을 외면하거나 부정하려는 지극히 자연스러운 충동에 저항하고, 그 감정이 모습을 바꾸거나 자취를 감출 때까지 오래 마주하는 힘을 개발해야 한다. 이를 위한 훈련은 우리를 해방시켜 주는 열쇠이며 현실화의 근간이다.

'아이스맨Iceman'이라는 별명으로 널리 알려진 네덜란드 수영 선수 빔 호프Wim Hof는 극한의 추위를 견디는 인내력으로 유명하다. 호프는 얼음물 수영과 얼음에 전신을 오랫동안 대고 있는 부문에서 세계 기록을 세웠으며, 눈과 얼음으로 뒤덮인 땅을 맨발로 달리는 하프 마라톤에서 세계 기록을 보유하고 있다. 그는 자신이 그렇게 할 수 있는 것이 호프법Hof Method(WHM) 때문이라고 말한다. 호프법은 강제 호흡법과 추위 노출 훈련, 그리고 명상을 조합한 훈련법이다. 호프는 의식적인 과호흡을 통해 생리적 반응을 일시적으로 제한하면서 심박수와 아드레날린 수치를 높인다. 흥미롭게도 호프를 연구하는 과학자들은 호프법이 자기 성찰과 관련 있는 두뇌 피질의 고등사고 영역(좌측 전방, 우측 중간 섬)을 활성화하며, 부정적인 (가령 차가운) 외적 자극이 지속되는 상태에서 내적 집중과 주의력을 높인다고 설명한다. 다시 말해 호프는 경험에 관한 확신과 용감함이라는 심리적 '태도'를 기반으로 주의 집중을 위한 전반적인 역량을 강화했다. 그는 시간과 공간에 대한 지각을 제한함으로써 자신의 주의를 불편한 신체적 감각으로부터 능숙하게 끌어냈다. 결국 자기 몸을 속여서 정상적인 위협 반응을 건너뛰도록 만든 것이다. 그 결과 그는 주의를 완전히 집중해서 즐겁고 흥미진진한 과제에 몰두한 몰입 상태에 머물게 된다.

　우리는 외부 환경에 대한 부정적인 감정 반응과 자신을 동일시하도록 조건화되었다. 하지만 훈련을 통해 이러한 조건화의 상태를 인식함으로써 동일시에서 조금씩 벗어날 수 있다. 우리가 부정적인 조건화와 내면의 지혜를 구분할 때, 그리고 감정 반응이 조건화의 산물이지 본능이 아니라는 사실을 깨달을 때, 내면의 힘이 모습을 드러낸다. 그리고 습관과 자신을 동일시하는 성향이 사라지면서 몸과 마음의 불편함도 점차 줄어든다.

현실화와 관련해서 한 가지 중요한 사실은 사람들 대부분 불편한 경험을 어떻게든 피하려 한다는 것이다. 어릴 적 겪은 고통스러운 경험에서 비롯된 불편한 감정은 두뇌의 생존 시스템을 강하게 자극하지만, 사실 그것은 우리 두뇌가 어릴 적 자아를 보호하기 위해 만들어낸 정신적 습관에 불과하다. 그러나 어릴 때 형성된 습관은 우리가 성인이 되어서 직면하는 아주 많은 경험에 대한 반응 방식을 결정한다. 이러한 점에서 어릴 적 경험은 우리가 의식적으로 평가해 보지 못한 무의식적 행동 동인이다. 만약 의식적으로 평가를 해본 적이 있다면, 이러한 습관이 성인으로서 우리가 직면하는 상황에 대한 유용한 해결책이 아니라는 사실을 즉각 깨달았을 것이다. 이 문제를 해결하기 위한 첫 번째 열쇠는 자신과 불편함 사이의 관계를 바꾸는 것이다. 우리는 불편함에 대한 자신의 생각을 이해하고, 또한 불편함과 함께 살아갈 수 있다는 사실을 인식해야 한다. 이러한 능력을 일컬어 '메타인지metacognition'라고 하며, 이는 곧 자기 생각을 의식적으로 바라보는 힘이다. 우리는 메타인지를 통해 자신을 객관적으로 바라보고 사고 과정을 들여다봄으로써 자신의 사고방식을 정확하게 파악할 수 있다. 두 번째 열쇠는 자신이 처한 드라마에 지나치게 몰입하지 않고, 자신을 이야기와 동일시하지 않고 사고 과정을 인식하는 것이다. 그럴 때 우리는 생각의 열차에서 뛰어내릴 수 있다. 신체적·감정적 불편함이 자극하는 생각이 더 이상 우리의 주의를 가로채도록 허용하지 않을 때, 우리는 비로소 현실화의 대상으로 자유롭게 주의를 집중할 수 있다.

현실화는 의식적인 차원에서 투명하고 집약적인 사고의 과정이다. 그런데 생존 모드에 있거나 불안과 스트레스를 느낄 때, 우리는 말 그대로 명료하게 생각하지 못하고 학습된 습관적인 행동 방식으로 돌아간다. 우리 몸이 코르티솔로 흘러넘치면서 경계수위는 지나치게 높아지고 상위 인지 기능은 위축된다. 우리는 자신의 고유한 탁월함과 역량, 의도를 앗아가는 생리적 반응에 압도당하고 만다. 또한 신피질과 고차원적인 계획 수립, 성찰, 지혜, 연민과의 연결 고리를 잃어버린다. 스트레스 호르몬은 체내 세포에 자기 보존을 위해 움직이라고, 즉 본질적으로 자기 추구를 강화하라고 신호를 보낸다. 그래서 우리 자아는 더욱 가열차게 자기를 추구하면서 거시적인 관점으로 현실을 바라보는 게 아니라 즉각적인 감각 경험에만 주목한다. 이러한 두려움 모드에 더 오래 머물수록, 우리의 내적 사고는 더 흐릿해져 더 불투명한 창으로 세상을 내다보게 된다.

내면의 자원을 인식하지 못할 때, 우리는 선택권이 존재한다는 사실조차 알기 어렵다. 그 이유는 파충류 뇌의 생존 반응이 고차원적인 인지 기능을 장악하기 때문이다. 그런데 이러한 상태에 너무 익숙해진 나머지 습관적인 부정적 감정 상태를 자기 자신과 동일 시한다. 마치 절벽으로 향하는 기차에 갇힌 것과 같다. 죽음을 향해 달려가고 있다는 사실을 알면서도 절벽 아래로 떨어지기 전에 기차에서 뛰어내릴 선택권이 자신에게 있다고 생각하지 못한다.

이러한 상태에서 벗어나기 위한 첫 번째 단계는 한 걸음 물러나서 열차를 바라보는 것이다. 아이러니하게도 기차가 절벽을 향해 돌진하는 순간은 자신의 생각을 바라보며 가장 큰 도움을 얻을 수 있는 순간이기도 하다. 우리는 훈련을 통해서 자신의 생각을 객관적으로, 감정적인 집착 없이 바라볼 수 있다. 질주하는 기차에 올라타는 대신 승강장에 남아 있을 때, 우리는 생각이 지나쳐 가는 흐름을 바라볼 수 있다. 그리고 이를 통해 자신이 무력하다는 고정관념에 처음으로 균열을 낼 수 있다. 차분한 마음으로 생각을 뚜렷하게 바라볼 때, 우리는 자극과 반응 사이에 공간이 존재한다는 놀라운 사실을 발견하게 된다. 그리고 더 오래 훈련할수록 그 공간은 더 넓어지고 우리는 더 많은 주도권을 확보하면서 더 자유롭게 어떻게 행동할지 선택할 수 있다.

반면 투쟁과 도주, 경직 반응은 주로 강력한 부정적인 감정을 촉발한다. 그러므로 내면의 힘을 인식하고 이를 활용하기 위해서 우리는 감정적인 차원에서 자기 생각으로부터 멀어지는 법을 배워야 한다. 우리 몸의 생리 작용과 진화의 구조가 고안한 속임수 때문에 우리는 행동하고 생각하고 반응할 때 지름길을 택하도록 종종 강요받는다. 그런데 이 속임수의 실체를 깨닫게 되면, 말 그대로 '수동 모드'로 운전할 수 있게 된다. 속임수를 발견하고 그 정체를 이해할 때, 우리는 거기서 벗어날 수 있다.

우리는 특정한 자극에 특정한 방식으로 반응해 왔다. 그러나 이제 새로운 방식을 선택할 수 있다. 즉, 기차에서 뛰어내릴 수 있다. 기차에서 뛰어내리는 것은 미지의 세계로 뛰어드는 것이다. 그곳은 한 번도 가보지 않은 낯선 세상이다. 하지만 해방의 가능성이 존재하는 세상이기도 하다.

투쟁과 도주, 경직 반응이 활성화될 때, 우리는 이렇게 생각한다. "항상 그런 식이지. 나는 피해자야. 내겐 권한이 없어. 부정적인 생각은 상황을 더 힘들게 만들 뿐이야." 그러나 나는 이렇게 말하고 싶다. "당신의 생각이 현실에 영향을 미치고 있다. 하지만 당신은 자기 생각에 더 많은 권한을 가지고 있고, 그렇기 때문에 현실에 더 많은 영향력을 행사할 수 있다." 삶의 여정에서 앞으로 나아가고자 할 때, 부정적인 외부 상황에 머물지 말고 내면의 태도에 주목하자. 외부의 증거를 결정적 요인으로, 혹은 바꿀 수 없는 결과에 대한 예언으로 받아들이지 말자. 오늘 하루는 우리가 세상을 인식하고 세상에 반응하는 방식을 바꿀 수 있는 기회의 시간이다.

그러나 오해는 하지 말자. 습관적인 부정적 생각이 촉발하는 불쾌한 신체적 감각을 경험하는 것은 대단히 고통스럽다. 그래서 우리는 그러한 생각에서 도망치려 하거나 기존의 대처 방식으로 돌아가려 한다. 이러한 문제를 해결하기 위해서는 많은 훈련과 도움이 필요하다. 사회적인 억압으로 상처받은 이들에게 습관적인 두려움에서 벗어나라고 말하는 것은 물살을 거슬러 헤엄치라고 말하는 것과 같다. 강력하고 폭력적인 사회 편견이 주도권에 대한 개인의 인식을 이미 억압하고 있기 때문이다.

그렇지만 매 순간 자신의 사고방식을 분명히 인식하고자 노력할 때, 우리는 긍정적인 현실을 창조하는 생각으로 실험을 해볼수 있다. 이를 통해 기존 방식대로 생각하고 행동하면 한 가지 현실로 이어질 뿐이지만, 자신에 대한 깨달음을 바탕으로 다른 방식으로 생각하고 행동하면 또 다른, 그리고 더 나은 현실로 이어진다는 사실을 깨닫게 된다. 여기서 한 가지 마술적인 부분은 우리 몸이라고 하는 하드웨어는 변함이 없다는 사실이다. 즉, 우리가 주의를 긍정적인 결과에 집중할 때, 우리 몸의 생리 작용은 변함이 없지만 두뇌라는 소프트웨어는 긍정적인 신경 피드백을 통해 업데이트가 된다. 스토아학파 철학자 에픽테토스는 인간을 무너뜨리는 것은 사건이 아니라 사건에 대한 해석이라고 말했다.* 이제 우리에게 필요한 것은 첫걸음을 떼는 일이다.

---

* "인생의 최고 과제는 이것이다. 문제를 확인하고 구분함으로써 어느 것이 내가 통제할 수 없는 외부 요인이고 어느 것이 실질적으로 통제할 선택권을 가진 요인인지 자신에게 분명히 말하는 것이다. 그렇다면 선과 악은 어디에서 찾아야 하는가? 그것은 통제 불가능한 외부 요인이 아니라 내게 주어진 내면의 선택권에서 찾아야 한다."

마음 훈련: 마음먹은 대로 행동하기

몸이 어느 정도 이완되었다고 느끼면, 예전에 하려고 했지만 어떤 이유로 실행하지 못했던 일상적인 활동을 떠올려 보자. 예를 들어 일찍 일어나서 15분간 산책하기, 탄산음료나 술을 마시지 않기 같은 일들이다.

1. 이완하기

A. 잠자기 전 편안한 자세로 의자에 앉아 눈을 감고 몸의 모든 근육을 이완하는 데 집중한다. 코로 천천히 숨을 들이쉬고 입으로 내쉬면서 발가락 끝부터 시작해서 정수리 끝까지 긴장을 풀어보자.

B. 이완이 되었다면 호흡에 집중하면서 천천히 코로 숨을 들이쉬었다가 5초간 참은 뒤 천천히 입으로 내쉰다.

2. 의도를 시각화하기

A. 5분간 이완을 하고 나서 하고자 했던 활동을 떠올려 본다. 단지 활동만이 아니라 그 활동을 하는 자신의 모습도 그려본다.

3. 의도를 기록하기

A. 이제 눈을 뜨고 종이에 하고자 했던 활동이나 목표를 적는다. 적은 내용을 침대 가까이에 둔다.

4. 의도를 집어넣기

A. 누워서 눈을 감고 1분간 천천히 숨을 들이쉬고 내쉬면서 자신이 의도를 실행하는 모습을 떠올린다. 그리고 호흡이 자연스럽게 수면으로 이어지도록 한다.

5. 의도를 검토하기

A. 아침에 일어나서 종이에 쓴 것을 다시 읽어본다. 목표를 가슴 깊이 새기고 하루를 시작한다.

아침에 산책하기로 마음을 먹었다면 그렇게 해보자. 탄산음료를 마시지 않겠다고 결심했다면 선택의 기회가 있을 때마다 다른 음료를 고르자. 스스로 결심한 것을 지킬 때마다 자축하면서 이렇게 적어보자. "이 과제를 달성한 나 자신에게 축하를 보낸다."

이 훈련을 매일 실천함으로써 우리는 선택한 과제를 실행에 옮길 주도권을 갖고 있다는 사실을 자신에게 보여주게 된다. 쉬운 과제라고 해도 이를 수행하는 과정에서 우리는 의도를 잠재의식에 심어 넣는 것과 동일한 두뇌 기능을 활성화하게 된다. 이것이야말로 작은 습관의 힘이다.

이 훈련을 의식하지 않고도 자연스럽게 실행할 수 있을 때까지 반복하자. 내 친구이자 스탠퍼드대학교의 행동 과학자인 BJ 포그BJ Fogg는 작은 습관의 힘이라는 개념을 그대로 제목에 담아 『습관의 디테일Tiny Habits』이라는 책을 펴냈다. 그는 여기서 'B=MAP'라는 공식을 제시했다. 이는 "행동Behavior은 동기Motivation와 역량Ability, 자극Prompt이 함께할 때 이뤄진다"라는 뜻이다.

마음과 몸이 균형과 평화의 상태에 있고 상상력에 쉽게 접근할 수 있을 때, 우리는 현재와 미래에 현실화하려는 하는 목표를 뚜렷이 인식할 수 있다. 다음 장에서는 현실화의 6단계 중 두 번째 단계를 살펴보자.

어디로 가는지 모르는 선원에게 친절한 바람이란 없다.

- 루키우스 안나에우스 세네카

3장

두 번째 단계 :

진정한 소망을 확인하기

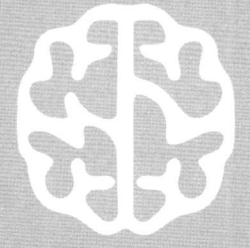

＊ ＊ ＊

1980년에 항해사 네이노아 톰슨Nainoa Thompson이 하와이에서 타히티까지 3540킬로미터에 달하는 역사적인 여정을 앞두고 있었을 때, 그의 스승인 폴리네시아 항해사 마우 필럭Mau Piailug은 그에게 한 가지 질문을 던졌다.

두 사람은 종종 그랬던 것처럼 오하우섬 남동 해안가에 자리 잡은 라나이 전망대에 서 있었다. 마우는 톰슨에게 날씨를 미리 알려주는 모든 별과 바닷새, 말꼬리 구름과 고등어 떼의 움직임에 항상 주의를 기울여야 한다고 가르쳤다.

당시 톰슨은 14세기 이후로 아무도 시도한 적 없는 항해를 준비하고 있었다. 그것은 선체 두 개를 이어서 만든 호쿨레아Hōkūle'a(폴리네시아어로 밝은 아르크투루스 별이라는 뜻)라는 이름의 카누를 타고서 서양에서 개발한 항해 도구는 하나도 없이 하와이를 떠나 타히티까지 가는 여정이었다. 이번 도전은 톰슨과 지역 주민들에게 특별한 의미가 있었다. 서구의 일부 비평가들이 의혹을 제기한 것처럼 해류를 따라 수동적으로 항해하거나 아메리카 대륙에서 출발하는 항해 방식과는 달리, 고대 폴리네시아 사람들이 자연의 움직임을 보고 개발한 정교한 항법을 기반으로 태평양을 마음대로 오갈 수 있었다는 사실을 입증해 보일 기회였다. 마우는 문화적으로 소멸 직전에 있는 원주민 부족에서 옛 방식으로 항해하는 마지막 생존가 중 하나였다. 그는 평생 섬과 바다를 사랑했고, 그러한 사랑으로 톰슨을 항해사로 길러냈다.

해안가에 선 마우는 톰슨이 헤쳐 나가야 할 파도를 바라보며 이렇게 물었다. "타히티가 어느 쪽인지 알 수 있겠나?"

톰슨은 한 곳을 가리켰다. 마우가 다시 물었다. "그러면 그 섬을 볼 수 있겠나?"

톰슨은 당황했다. 물론 3000킬로미터 넘게 떨어진 타히티는 보이지 않았다. 그래도 그는 마우가 진지하게 던진 질문의 의미를 이해할 수 있었다. 한참을 생각한 뒤 그는 이렇게 답했다. "섬을 볼 수는 없지만 제 마음속에서 섬의 형상을 그려볼 수 있습니다."

마우는 말했다. "좋다. 그 형상을 절대 놓치지 말거라. 그러지 않으면 길을 잃게 될 것이다."

그러고는 이렇게 말했다. "이제 차를 타고 집으로 돌아가자꾸나."

이것이 마우의 마지막 가르침이었다. 톰슨은 후에 이렇게 말했다. "나 자신을 믿고 가고자 하는 곳의 비전을 끝까지 놓지 않는다면 반드시 도달할 수 있을 거라고 말씀하셨죠."

나는 이 이야기를 한 명상 강사에게서 들었다. 그는 마우가 톰슨에게 내면의 나침반을 따르는 법을 가르친 것이라 말했다. 내면의 나침반이란 여정에서 길을 보여주고 안내해 주고 자신이 가고자 하는 방향을 말해주는 본능적인 감각을 말한다. 나는 내면의 나침반이라는 개념에 강한 인상을 받았다. 그리고 삶을 헤쳐 나가는 동안 실제로 많은 도움을 받았다.

현실화 훈련을 시작하기에 앞서, 우리는 먼저 내면의 나침반과 자신이 가고자 하는 곳의 이미지, 그리고 비전 속의 섬과 연결되어야 한다. 그 이미지는 우리에게 영감과 에너지를 주고, 여정에서 마주칠 기회와 위험을 헤쳐 나가도록 힘을 실어 준다. 소중한 목적지를 선택하고 내면의 비전에 따라 나아간다면, 그리고 구름이 하늘의 모든 익숙한 기준점을 가려버리는 암울한 상황에서도 그 비전을 놓지 않는다면, 우리는 내면의 나침반을 따라 목적지에 무사히 도착할 것이다. 그래서 우리는 마음의 눈으로 소중한 목적지를 바라봐야 한다.

그런데 진정으로 추구할 만한 가치가 있는 목적지란 어디를 말하는 것일까?

가장 깊은 소망을 발견하라

오늘날 우리 문화에서 현실화에 관한 논의는 주로 엄청난 부와 화려한 성공에 대한 추구를 중심으로 이뤄지고 있다. 그러나 이러한 이야기는 현실화의 과정과 그 깊은 잠재력을 왜곡한다. 경제적 성공을 거두면 감정적 공허함을 메울 수 있다고 약속하는 우리 문화 속 그릇된 이야기들은 안타깝게도 현실화의 잠재력에 대한 오해를 불러일으킨다. 나는 저택에서 손으로 머리를 감싼 채 홀로 앉아 있는 동안에 그 이야기가 진실이 아님을 깨달았다. 사실 현실화는 물질적인 성취와 본질적으로 관련이 없다. 무엇보다 물질적인 이득의 추구는 너무 작은 꿈에 불과하다. 열두 살의 내가 섬을 상상했을 때, 그것은 오로지 내 소유물과 내 개인의 영광을 뽐내려는 사치에 지나지 않았다. 이제 나는 어릴 적 상상의 아이러니를 이해한다. 이와는 반대로 네이노아 톰슨이 타히티를 상상했을 때, 거기에는 공동체 전체와 부족을 위한 심오한 상징적 의미가 담겨 있었다. 나와 톰슨은 똑같이 섬을 상상했지만, 그건 완전히 다른 목적지였다.

자신이 진정으로 원하는 게 뭔지 분명히 인식할 때, 우리는 내면의 나침반을 올바른 방향으로 놓아둘 수 있다. 그 나침반은 우리가 잠재의식 속으로 집어넣어야 할 의도의 근간이다. 삶을 살아가는 동안 욕구와 욕망은 진화한다. 심리학자 에이브러햄 매슬로Abraham Maslow가 정리한 욕구의 5단계 이론에 따르면, 우리는 먼저 깨끗한 공기와 물, 음식, 옷, 피난처와 같은 기본적인 물리적 요건을 충족해야 한다. 그리고 이러한 기본적인 욕구가 충족되었을 때, 우리는 기본적인 생존을 넘어서 다른 대상, 이를테면 어려움을 겪고 있는 주변 사람에게 주의와 노력을 기울일 수 있다. 그것이 인간의 조건이다. 여기서 한 가지 좋은 소식은 우리가 욕구의 어느 단계에 있든 현실화로부터 도움을 얻을 수 있다는 사실이다. 우리가 무엇을 원하든 현실화를 통해 그것을 발견할 수 있다.

어릴 적 나는 우리 가족의 물질적 욕구에 집중했다. 그리고 그 욕구를 가진 채 의대까지 진학했다. 이후 의사로서 삶을 이어나갔고, 한참의 세월이 흘러서야 자아실현을 목표로 삼게 되었다. 나 역시 다른 사람들처럼 경제적인 안정과 성공, 부를 먼저 성취하고 싶었다. 그러고 나서 더 높은 목표를 바라보게 되었다.

선택을 통해 삶에 긍정적인 영향을 미치는 내면의 힘의 깊이와 잠재력을 처음 발견할 때, 우리는 그 가능성에 어지러움을 느낄 수도 있다. 그리고 자기주도성을 되찾을 때, 우리는 자칫 '모든 일'을 책임져야 한다는 압박감을 느끼며 스스로 통제할 수 없는 상황에서까지 자신을 비난하게 될지 모른다. 그러므로 자신에 대한 인식을 내면의 힘의 크기에 맞게 조율하는 훈련이 필요하다. 다음 장에서는 이러한 문제를 이해하고, 더 이상 도움이 되지 않는 패턴을 버리고 유용한 다른 패턴을 받아들이는 방법에 대해 자세히 살펴볼 것이다.

내면의 힘을 되찾을 때, 우리는 해방감과 함께 새롭게 발견한 자유를 만끽할 수 있다. 또 기쁨과 충만함을 누릴 수 있다. 잠재력은 무한하며 흥분감은 우리를 먼 곳으로 데리고 갈 것이다. 우리는 여러 가지 꿈과 그동안 묻어두었던 소망, 그리고 마음속에 품어왔던 비전을 실현하기 위해 달려나갈 것이다. 그리고 영화와 같은 생생한 이미지가 비전의 지평으로 펼쳐질 것이다.

이제 우리는 자신이 원하는 것, 혹은 원하도록 교육받은 모든 것을 떠올린다. 그리고 자신의 소망이 생각했던 것만큼 선명하지 않다는 사실을 깨닫게 된다. 또한 그 욕망들이 아주 다양한 원천에서 비롯되었다는 사실을 알게 된다. 그러한 원천으로는 사회가 중요하게 여기는 것, 가족이 가치 있게 생각하는 것, 친구와 주변 사람이 칭송하는 것, 자신의 상처와 고통을 치유하고 더 안전해지기 위해 필요한 것 등이 있다. 그러나 우리는 차분한 상태에서 마음의 정적을 뚫고 들어갈 때 가장 깊은 소망을 발견하게 된다. 우리는 다양한 욕망이 서로 경쟁한다는 인식을 바탕으로 자신이 무엇을 진정으로 원하고 있으며, 무엇이 추구할 만한 가치가 있는지 이해해야 한다. 그리고 이러한 이해를 통해 내면의 나침반을 분명히 확인할 수 있다.

복잡하게 얽힌 소망과 희망, 꿈, 야망의 덩어리를 이해하는 데 성공에 대한 비전을 떠올리는 일이 때로 도움이 된다. 성공은 자신에게 무엇을 의미하는가? 성공을 어떻게 보고 어떻게 느끼는가?

이제 다음 훈련을 통해서 자신이 추구하는 성공을 들여다보자.

마음 훈련: 내가 생각하는 성공은 어떤 모습인가?

1. 준비하기

A. 훈련에 앞서 방해받지 않을 시간과 장소를 선택한다.

B. 스트레스를 받고 있거나, 마음을 어지럽히는 다른 문제가 있거나, 혹은 24시간 이내에 술을 마셨거나 기분에 영향을 미치는 약물을 복용했다면 마음 훈련을 시작할 더 좋은 때를 찾는다.

C. 종이와 펜을 준비한다.

2. 자세 잡기

A. 편안한 자세로 앉아서 눈을 감고 심호흡을 세 번 한다.

3. 성공을 시각화하기

A. 내가 생각하는 성공의 이미지를 떠올려 본다. 한 가지 이미지나 생

각에 집착하지 말고 나의 성공에 대해, 그리고 성공이 내게 의미하는 바에 대해 몇 분간 자유롭게 생각해 본다.

4. 이완하기

A. 똑바른 자세로 앉아서 눈을 감은 채 천천히 코로 숨을 들이마시고 입으로 내쉬는 호흡을 세 번 반복한다. 이후 이 호흡법이 편안하고 자연스럽게 느껴질 때까지 반복하자.

B. 발끝에서 시작해서 머리끝에 이르기까지 몸을 이완한다. 점차 편안해질 것이다. 그리고 차분함이 자신을 감싸면서 안전하다는 느낌이 들 것이다. 천천히 숨을 들이쉬고 내쉬면서 나를 평가하고 내 꿈과 욕망을 비난하는 사람들에 대한 걱정을 내려놓는다.

C. 천천히 호흡하는 동안 마음은 편안해지고 몸은 이완된다.

5. 더욱 풍부한 시각화

A. 내가 생각하는 성공이 어떤 모습인지 다시 한번 떠올려 본다. 이번에는 성공을 더 구체적으로 그려본다. 마음의 눈으로 성공을 거둔 내 모습을 바라보자. 천천히 숨을 들이쉬고 내쉬면서 구체적인 모든 것을 떠올려 본다. 오감을 모두 동원하여 상상한다. 성공에서 어떤 이미지, 감촉, 소리, 냄새, 맛이 느껴지는가? 천천히 숨을 들이쉬고 내쉰다.

B. 구체적인 이미지를 모두 떠올렸다면 이제 천천히 눈을 뜨고 계속해서 천천히 숨을 들이쉬고 내쉰다.

C. 천천히 호흡하는 동안 마음은 평안해지고 몸은 이완된다.

6. 성공의 이미지 기록하기

A. 마음의 눈으로 보았던 성공의 장면을 자기만의 언어로 최소 5분간 종이에 적어본다. 최대한 구체적으로 기록한다. 문장이든 단어든 상관없다. 중요한 것은 내가 생각하는 성공을 묘사하는 것이다.

B. 앉아서 눈을 감은 채로 천천히 코로 숨을 들이쉬고 입으로 내쉬는 호흡을 3~5회 반복한다. 그리고 눈을 뜬다.

7. 글을 읽어보기

A. 자신이 쓴 글을 조용히 읽어본다.

B. 다음으로 소리 내어 읽어본다.

C. 눈을 감은 채로 몇 분간 그대로 앉아서 성공에 대해 생각한다.

8. 성공을 인식하기

A. 성공을 현실화했다는 만족감과 함께 이완되고 차분한 느낌에 집중한다.

성공에 관해 자신이 쓴 글을 쉽게 볼 수 있는 곳에 놓아두자. 냉장고나 책상 위에 테이프로 붙여놓아도 좋다. 혹은 종이를 접어 지갑이나 가방에 넣고 다니면서 오래 줄을 설 때나 누군가를 기다릴 때 꺼내서 읽어볼 수도 있다. 아니면 녹음해서 아침에 일어날 때나 잠자리에 들기 전에 들어보는 방법도 있다. 잡지 사진이나 이미지를 모아서 시각적인 작품을 만들어보는 것도 좋다. 지금 우리는 의식적인 마음속 이미지와 몸이 느끼는 강력한 긍정적 감정을 반복적으로 결합함으로써 잠재의식이 자신의 비전에 주목하도록 훈련시키고 있는 것이다.

성공의 비전은 계속해서 진화한다는 사실을 명심하자. 오늘 쓴 글이 자신이 진정으로 바라는 소망을 정확하게 묘사한 것일 수도 있고, 평생 다듬어나가야 할 이야기의 서막일 수도 있다. 지금 당장은 성공의 의미가 막연하고 모호하게 느껴질지 모른다. 내가 현실화 훈련을 처음 시작했을 때, 루스 할머니는 추운 겨울날 자동차 안에 있는 것처럼 습기로 뿌옇게 된 창문을 통해 세상을 바라보는 걸 상상해 보라고 했다. 그때 의사가 되겠다는 나의 꿈은 창문 저편에 있었다. 하지만 의도를 시각화하는 훈련을 계속해 나가는 동안 창문은 조금씩 투명해졌다.

*   *   *

가장 완벽했던 과거의 순간

가난에서 부를 거쳐 파산으로, 그리고 다시 부로 흘러갔던 내 인생의 경험을 통해서 나는 욕망이 제시하는 이미지를 꼼꼼히 살피는 법을 배웠다. 우리는 다양한 욕망을 구분하기 시작하면서 마음속 가장 깊은 소망에 주목하며, 원한다고 생각하는 것과 정말로 원하는 것의 차이를 구별하게 된다.

여기서 내가 제시하는 핵심 전략은 살아가는 동안 정말로 성공했다고 느꼈던 순간을 떠올려 보는 것이다. 우리가 현실화하려는 소망과 의도를 세우고 주의를 집중하는 방법에 대해 고민하기 시작할 때, 자신이 올바른 궤도를 달리고 있었다고 확신한 순간을 돌이켜 보는 시도는 많은 도움이 된다. 이를 통해 우리는 내면의 나침반을 따를 수 있다. 스스로 한번 물어보자. 무엇이 내면의 따뜻함을 오랫동안 느끼도록 만들어줬는가? 충만하고 온전하고 조화를 이루고 있다고 느낀 적은 언제인가?

그건 안전하고 따뜻한 분위기에서 사랑하는 사람들과 함께 있었던 순간이었을 수 있다. 혹은 자신의 존재마저 잊어버린 채 하루가 눈 깜빡하는 사이에 흘러가 버린 완전한 몰입 상태, 친절한 사람에게 도움과 보살핌을 받았던 경험, 누군가에게 먹을 것을 주거나 자주 가는 공원에서 쓰레기를 줍거나 죽어가는 사람의 침상에 앉아 손을 잡아주었던 자신의 친절한 행동, 아니면 높은 산이나 유유히 흐르는 강물을 바라보며 느꼈던 개인의 초라함과 상호연결성에 관한 장엄한 감정일 수도 있다. 마음의 눈으로 이러한 기억을 소환할 때, 구체적인 감각에 주목하자. 가령 물에 비친 빛의 모습이나 사랑하는 사람의 표정에서 드러난 미묘한 변화에 집중하자. 또한 몸으로 느낀 감각에도 주목하자. 그때의 따스함과 짜릿함, 가벼움, 공간감을 다시 느낄 수 있는가?

이러한 경험을 바라보는 관점과 생각을 바꿀 수 있다면, 우리는 부교감신경이 활성화될 때 일어나는 놀라움과 경외감, 상호연결성, 감사함, 영감 등의 감정을 다시 느낄 수 있다. 그리고 이러한 감정을 통해 최고의 자아와 목표, 그리고 내면의 힘을 인식할 수 있다. 긍정적인 기억에는 개인적인 차원에서 보상과 충만함을 느낀 경험뿐 아니라 가족과 친구, 혹은 더 큰 규모의 집단 등 다른 사람에게 도움을 줬던 경험도 포함된다. 우리는 이러한 긍정적인 감정을 떠올림으로써 마음속 다양한 욕망을 자세히 들여다보고 어느 욕망이 추구할 가치가 있는 것인지 판단할 수 있다.

이처럼 긍정적인 기억을 떠올리기가 쉽지 않다고 해도 포기하지 말자. 마음의 눈으로 비전을 그려보는 시도 역시 실질적인 효과가 있기 때문이다. 때로는 상상력을 동원해서 뭔가를 처음으로 경험해야 한다. 그리고 이 경험을 통해 그 상상을 현실에서 실현할 준비를 할 수 있다. 비록 우리가 창조한 이미지가 실제가 아니라고 해도, 구체적인 비전을 떠올리는 과정에서 경험한 감정은 실제 감정과 같다는 사실에서 상상력의 위력은 비롯된다. 앞서 언급했듯이 우리 두뇌는 실제의 경험과 강렬한 상상을 통한 경험을 구분하지 못한다. 그러므로 중요한 것은 경험의 특정한 요소나 상황이 긍정적인 감정을 일으킨다는 사실이 아니라, 우리가 스스로 그러한 감정을 창조하고 그에 따라 행복 호르몬을 만들어낼 수 있다는 사실이다.

여기서 우리가 가장 주목해야 할 대목은 '상상을 통해, 혹은 회상을 통해 촉발된 긍정적인 감정을 경험함으로써 잠재의식에 주의를 집중하도록 가르친다'라는 점이다. 그 과정에서 도파민이나 세로토닌과 같은 신경전달물질이 분비되어 두뇌가 주의를 집중하게 만든다. 그러면 우리의 잠재의식은 현실에서 유사한 경험을 위한 준비를 하면서 유연한 방식으로 그러한 경험을 추구하기 시작한다.

크리스티네 밤슬레르Christine Wamsler는 스웨덴 룬드대학교 교수다. 그녀는 지속 가능한 발전과 관련된 내적, 외적 변화의 과정을 연구한다. 기후 변화처럼 문화적으로 고착화된 주제를 통해 지속 가능성을 위협하는 위기의 뿌리를 추적하면서 명상이나 자신과 타인을 위한 연민을 통해 내적 변화의 잠재력을 확인하고 외적 연결을 강화함으로써 세상을 변화시킬 수 있다고 주장한다. 나는 '명상적인 지속 가능한 미래 프로그램Contemplative Sustainable Futures Program'에서 추진하는 다양한 프로젝트의 자문위원으로 활동하면서 크리스티네를 처음 알게 되었다.

그녀는 시각화와 명상을 통한 개인적 탐험을 통해서 긍정적인 감정을 창조하려는 시도의 중요성을 몸소 체험했다. 그녀의 오랜 동기와 목표는 우리 마음에 대한 과학적인 이해를 기반으로 고통을 덜어주고, 더욱 지속 가능하고 정당한 세상을 만드는 것이었다. 그러나 안타깝게도 그녀의 내적 변화는 기존의 제도적·정치적 시스템에 가로막혔고, 이는 다시 외적 변화를 창조하는 그녀의 역량을 위축시켰다.

예전에 크리스티네는 연구를 추진할 자금이 부족해 어려움을 겪었다. 그런데 사춘기 딸이 건넨 20유로에 영감을 받아 내면의 힘을 통해 목표를 추구하기로 결심했다. 그녀는 매일 밤, 잠들기 전에 동료가 사무실로 들어와서는 연구 지원금을 받게 되었다고 말하는 장면을 시각화했다. 그때 그녀는 동료들과 기쁨을 나누고 가족과 함께 축하하고 그들의 미소와 반짝이는 눈을 머릿속으로 떠올리며 긍정적인 감정에 집중했다. 그리고 몰입 상태로 들어가서 깊은 행복감과 충만함을 만끽했다.

크리스티네는 시각화를 통해 많은 행복감과 전율을 느꼈고, 급기야 이러한 감정으로 잠들기가 어려워지면서 시각화 훈련 시간을 아침으로 옮겨야 했다는 이야기를 들려줬다. 그러한 긍정적인 감정은 크리스티네의 잠재의식에 지원금을 받는 것은 대단히 의미 있는 일이라는 강력한 신호를 보냈다. 그것은 그녀의 연구가 사회에 큰 영향을 미치게 될 것이기 때문이었다. 몇 주 후 크리스티네는 실제로 여러 곳에서 연구 지원금을 받았고, 이후로 '명상적인 지속 가능한 미래 프로그램'을 위한 또 다른 지원금도 이어졌다.

긍정적인 감정을 떠올려 주의를 원하는 의도에 집중시킬수록 우리는 의도의 현저성을 더 깊은 잠재의식에 전할 수 있다. 그럴 때 잠재의식은 목표를 실현하는 과정에서 우리의 가장 든든한 동맹이 된다. 진정한 소망이 내면의 나침반이 가리키는 곳을 향해 있을 때, 우리는 긍정적인 감정을 더 쉽게 떠올릴 수 있다.

미래를 미리 경험하다

긍정적인 감정은 두뇌의 보상 시스템을 활성화해서 의도를 내면의 나침반이 가리키는 곳으로 향하게 한다. 그리고 주변 환경과 이전 행동으로 인해 만들어진 낡은 패턴의 감옥에서 우리를 해방시킨다. 의도를 잠재의식에 심는 가장 효과적인 방법은 의도를 지금 경험하는 강렬한 긍정적인 감정과 연결 짓는 것이다. 의도를 더 생생하게 시각화할수록 긍정적인 감정을 내적으로 더 뚜렷하게 경험하게 된다. 그리고 이를 뚜렷하게 경험할수록 우리 두뇌는 그 경험에 주의를 집중하고, 또한 앞으로도 그럴 것이다.

두뇌는 '가치 매기기value tagging'라는 과정을 통해 정보를 분류하는 방식을 결정한다. 가치 매기기는 현저성 신경망salience network(SN)의 한 가지 기능으로, 소속에 대한 만족감, 관계의 강도와 타인과의 연결, 삶의 의미, 그리고 생리적 기능 및 즉각적 생존 등 두뇌로 유입되는 모든 정보의 중요성을 판단한다. 강렬한 긍정적인 감정은 우리의 잠재의식에 특정한 의도가 대단히 의미 있으며, 그래서 행동을 통해 실현할 가치가 있다는 신호를 전한다. 이러한 점에서 시각화를 할 때 목표나 의도를 달성하는 실제 상황을 구체적으로 상상하면서, 지금 이 순간 자신의 몸으로 기쁨과 축하, 만족, 연결의 감정을 경험하는 것이 중요하다.

말하자면 감정의 농도를 높인다는 것은 우리 두뇌에 하드웨어를 변형시켜 현재와 유사한 긍정적인 감정을 촉발하는 미래의 경험에 우선적으로 주목하라는 메시지를 보낸다는 의미다. 사실 감정의 원천은 우리가 그 감정을 유도하고, 중요성을 인식하고, 만끽할 수 있다면 별로 중요하지 않다. 긍정적인 감정을 경험할 때, 우리는 두뇌에 진정한 행복의 감정을 느끼고 새로운 신경 회로를 만들라는 지시를 내리게 된다. 긍정적인 감정은 경험의 현저성을 높여서 두뇌에 그 경험이 대단히 중요하며 추구할 가치가 있다고 가르친다. 그리고 나침반이나 북극성으로서 역할을 하며 우리가 의도를 어느 방향으로 이끌어야 할지 결정하는 데 도움을 준다.

이러한 상상력의 위력은 우리가 부교감신경계를 활성화할 때 얻을 수 있는 중요한 이익 중 하나다. 부교감신경계가 활성화되면 두뇌의 실행 통제 영역은 자동 모드에서 벗어나 과거의 모든 경험을 의식 내부의 전체적인 그림으로 통합하는 선택의 권한을 갖게 된다. 그럴 때 우리는 창조적으로 사고한다. 다시 말해 우리의 마음은 과거의 기억과 현재의 경험, 그리고 가능성으로 구성된 풍요로운 원재료를 자유롭게 조합하여 새로운 이미지와 따라야 할 순서, 혹은 패턴을 만들어낸다.

반면 과거와 잠재적 위험에 머물러 있을 때, 교감신경계는 긍정적인 상상을 중단한다. 그러면 우리는 삶을 개선하고 관계를 넓히고 충만함과 행복을 경험할 기회를 잃어버린다. 상상력이 사라지고 비전을 추구하는 호기심 넘치는 열린 마음이 없는 상태에서 우리는 부정적 경험과 부정적 정체성의 악순환에서 자신을 구원할 힘을 잃어버린다.

주변 환경이나 조건화된 습관으로 형성된 과거의 패턴에서 벗어나기 위해서는 자신을 옭아매는 감정적 중독에서 벗어나게 해줄 끝없는 내적 경험이 필요하다. 우리가 할 수 있다거나 할 수 없다고 말하는 다른 이들의 판단에 더 이상 휘둘려서는 안 된다. 우리를 해방시키는 것은 마음의 나침반과 조화를 이룬, 강렬하게 상상된 긍정적인 경험이 촉발하는 긍정적인 감정의 힘과 마법이다. 이를 통해 우리는 이러한 경험을 현실로 만들어낼 수 있다.

우리가 바라는 결과를 반복적으로 시각화하는 훈련을 할 때, 우리의 의도는 주의(그리고 잠재의식)를 통해 결과에 영향을 미치게 된다. 실제로 시각화 훈련은 수많은 엘리트 운동선수가 오랫동안 사용해 온 검증된 방법이다. 그들은 중요한 경기나 시합을 앞두고 마음의 눈으로 기술을 성공적으로 수행하는 훈련을 한다. 연구 결과에 따르면 근력 운동을 떠올리는 것만으로 근육량을 측정 가능한 수준으로 늘릴 수 있으며, 피아노를 연주하는 상상만으로 기량을 개선할 수 있다고 한다.

여기서 한 가지 아이러니한 점은 심리적인 훈련과 시각화는 우리에게 미래 경험에서 비롯된 긍정적인 결과가 어떤 느낌을 줄 것인지 미리 '상기'시켜 준다는 사실이다. 말 그대로 우리의 마음은 미래를 미리 경험하는 것이다.

마음 훈련: 가장 좋았던 순간을 떠올리기

1. 준비하기

A. 훈련에 앞서 방해받지 않을 시간과 장소를 선택한다.

B. 스트레스를 받고 있거나, 마음을 어지럽히는 다른 문제가 있거나,

혹은 24시간 이내에 술을 마셨거나 기분에 영향을 미치는 약물을 복용했다면 마음 훈련을 시작할 더 좋은 때를 찾는다.

C. 종이와 펜을 준비한다.

2. 좋은 느낌 떠올리기

A. 시작에 앞서 편안한 자세로 앉아 눈을 감고 만족감과 행복감, 충만감을 느꼈던 때를 떠올려 본다.

B. 한 가지 이미지나 생각에 집착하지 말고, 안전하고 보호받은 경험을 통해 편안함과 차분함, 행복감, 충만감을 느꼈던 순간을 자유롭게 떠올린다.

C. 그 느낌을 그대로 유지하면서 몇 분간 앉아 있는다. 만약 그런 경험을 떠올리기 어렵다면, 좋은 느낌을 주는 상황을 상상해 보자.

3. 몸 이완하기

A. 바른 자세로 앉아서 눈을 감은 채로 코로 숨을 들이쉬고 입으로 내뱉는 호흡을 천천히 세 번 반복한다. 이 호흡법이 편안하게 느껴질 때까지 반복한다.

B. 발가락에서 시작하여 정수리에 이르기까지 몸을 이완한다. 몸을 이완하면 점차 편안한 느낌이 들 것이다. 그리고 차분함이 자신을 감

싸면서 안전하다는 느낌이 들 것이다. 천천히 숨을 들이쉬고 내쉬면서 나를 평가하고 내 꿈과 욕망을 비난하는 사람들에 대한 걱정을 내려놓는다.

C. 천천히 호흡하는 동안 마음은 편안해지고 몸은 이완된다. 부정적인 생각이 떠오르면 거기에 집착하지 말고 이를 자연스럽게 인식하면서 집중하는 대상으로 다시 돌아가자.

4. 안전하다는 느낌 떠올리기

A. 안전하다는 느낌이 어떤 것인지 다시 한번 떠올려 본다. 여기서 우리는 종종 어머니나 자신을 보살펴 주고 인정해 주는 사랑하는 이를 생각하게 된다. 보호와 관심을 받는다는 느낌으로부터 따스함과 자유로움을 느껴보자.

B. 기억 속에서 그런 경험을 찾을 수 없다고 해도 걱정하지 말자. 상상력을 동원해서 얼마든지 따스함과 안전함, 절대적인 보호의 느낌을 주는 이미지를 떠올릴 수 있다. 가령 영적인 인물이나 동물, 혹은 생명의 맥박으로 위안을 받는 자기 모습을 떠올려 보자.

5. 긍정적인 느낌 떠올리기

A. 이제 자기 자신에 대한 긍정적인 인식과 내가 좋아하는 나만의 특

성, 혹은 다른 이에게 사랑과 관심, 보살핌을 베풀었던 경험을 구체적으로 떠올려 본다.

B. 천천히 호흡을 이어나가면서 깊은 만족감과 함께 긍정적인 감정으로 충만해지는 것을 느낀다. 그리고 도움과 보살핌을 받을 때뿐만이 아니라 내가 남에게 똑같이 베풀 때도 좋은 느낌이 나를 감싸면서 만족감과 충족감을 얻을 수 있다는 사실에 주목한다.

C. 행복과 충만함, 따스함, 사랑을 만끽하면서 마음의 눈으로 나를 바라본다. 아낌없이 베푸는 사랑에 대해 생각해 본다. 천천히 숨을 들이쉬고 내쉬면서 구체적인 이미지를 모두 떠올린다.

6. 긍정적인 느낌 심화하기

A. 천천히 숨을 들이쉬고 내쉬면서 사랑을 받고 베푸는 내 모습을 떠올린다. 행복과 만족, 충만의 느낌이 내 몸에 어떤 영향을 주는지 느껴본다. 심박수가 낮아지고 호흡이 느려지는 자연스러운 과정을 지켜본다. 부정적인 감정이 사라지면서 나와 세상 속 나의 자리, 그리고 타인에게 사랑을 베푸는 스스로에 대한 긍정적인 생각과 느낌이 그 공간을 차지하는 과정을 지켜본다.

B. 그대로 앉아서 구체적인 이미지를 떠올린다. 계속해서 천천히 호흡하며 그 느낌에 자신을 내맡긴다.

C. 편안함과 차분함을 느낀다.

7. 경험을 적어보기

A. 내가 누구인지, 무엇을 할 수 있는지, 그리고 타인에게 어떻게 긍정적인 영향을 미칠 수 있는지에 관해 마음의 눈으로 들여다본 장면을 자기만의 언어로 최소 5분간 종이에 적어본다.

B. 좋은 감정으로부터 안전함과 따스함을 느끼면서 무엇이든 할 수 있다는 자신감을 마음속 깊은 곳에서 발견해 본다.

C. 최대한 구체적으로 쓰자. 문장이든 단어든 상관없다. 중요한 것은 관심과 보살핌의 힘, 그리고 그러한 힘이 자기 몸에 어떤 영향을 미치는지 구체적으로 묘사해 보는 것이다.

D. 이제 다시 앉아서 눈을 감고 코로 숨을 들이쉬고 입으로 내뱉는 호흡을 3~5회 반복한다.

8. 글을 읽어보기

A. 먼저 내가 쓴 글을 조용히 읽어보자.

B. 다음으로 소리 내어 읽어본다. 앉아서 눈을 감고 관심과 보살핌의 힘에 대해 생각해 본다.

C. 이제 관심과 보살핌이 어떻게 안전하다는 느낌을 주는지 생각해

본다.

9. 경험을 심어 넣기

A. 사랑을 주고 베푸는 과정에서 나에 대한 깊은 긍정적인 인식을 만들어낼 수 있다는 충족감과 함께 내가 얼마나 편안하고 차분해졌는지 느껴본다. 이 느낌을 내면의 나침반에 대한 인식과 이어본다.

B. 우리의 잠재의식에 무엇이 중요한지 가르치고 가장 소중한 욕망과 소망을 현실화하기 위한 내적 환경을 조성해 주는 것은 평화로운 상태에 있는 내면의 나침반이라는 사실을 상기한다.

행복의 두 종류

철학자와 영적 스승, 그리고 과학자들은 행복에 두 가지 형태가 있다고 말한다. 바로 쾌락적$_{hedonic}$ 행복과 자기실현적$_{eudaimonic}$ 행복이다. 우리가 일반적으로 '행복'이라고 말하는 쾌락적 행복은 일시적이며, 쾌락을 추구하고 고통을 회피하는 태도를 특징으로 한다. 반면, 자기실현적 행복은 의미와 잠재력에 대한 인식, 공동체에 대한 기여에 주목하며, 그래서 더 오래 지속된다. 이 두 가지 행복 중 어느 것이 진정한 행복인지에 관한 논의는 수 세기에 걸쳐 이어졌다. 고대 그리스 철학자 아리스티포스는 삶의 목표가 쾌락을 최대한 많이 누리는 것이며, 행복이란 그러한 쾌락을 경험한 모든 순간의 합이라고 가르쳤다. 반면 아리스토텔레스는 행복이란 진정으로 가치 있는 일을 하는 과정에서 발견하게 되는 것이라고 말했다. 이 두 가지 행복은 서로 이어져 있고 종종 중첩되기도 하지만, 분명히 다른 모습으로 드러날 수 있다. 그리고 그 차이는 우리의 행동과 관계, 신체적 건강과 장수에 큰 영향을 미친다.

2013년 한 심리학자 그룹은 400명에 달하는 성인을 대상으로 설문 조사를 했다. 그들은 설문을 통해 행동과 감정, 인간관계, 행복, 스트레스 정도, 일, 창조성 추구 등 삶의 다양한 차원에서 행복의 수준과 있는 의미 사이의 상관관계를 조사했다. 그들은 행복한 삶과 의미 있는 삶이 서로 연관돼 있기는 하지만 반드시 함께 가는 것은 아니라는 사실을 발견했고, 통계적 분석을 통해 두 가지 행복을 구분했다. 그들은 의미(행복과는 다른)는 편안함이나 부와 같은 사회적 기준과 본질적으로 연결되어 있지 않지만, 행복(의미와는 다른)은 연결되어 있다는 사실을 발견했다. 그리고 쾌락으로 가득한 삶과 의미로 가득한 삶 사이의 핵심적인 차이를 확인했다.

행복은 현재에 집중하는 경향이 뚜렷하지만, 의미는 과거와 현재, 미래 사이의 변화하는 관계에 대한 성찰에서 비롯된다. 앞서 언급했듯이 행복은 일반적으로 일시적인 경험으로 흘러가지만,

의미에 대한 만족감은 오래 지속된다. 그리고 좋은 느낌에서 비롯되는 행복은 주로 자기중심적인 행동의 '실행'과 관련 있지만, 의미에 대한 인식은 주로 '베푸는' 이타적인 행동과 관련 있다. 행복이 편안함이나 편리함에 대한 인식에서 비롯된다면, 의미에는 놀랍게도 많은 어려움과 스트레스, 걱정 및 불안까지 담겨 있다. 자기 존재를 창조적인 방식으로 드러내고 개인적·문화적·공동체적 정체성에 관심을 기울이는 태도는 행복이 아닌 의미 있는 삶과 관련 있다.

오늘날 많은 이들은 쾌락적 행복의 차원에서 물질주의 문화의 '행복' 이미지를 추구하고 모든 욕망을 충족시키려 한다. 그러나 이러한 접근 방식은 대부분 장기적인 차원에서 좋은 삶에 대한 인식으로 이어지지 못한다. 물론 우리는 의미와 목적을 추구하기에 앞서 신체적인 욕구를 먼저 충족시켜야 한다. 그러나 신체적 쾌락에 따른 만족은 어느 시점이 지나면 떨어진다. 그래서 건강과 경제적 성공, 삶의 편안함 모두 쾌락적 행복은 높여주지만, 삶의 의미를 가져다주지는 못한다. 대부분의 경우에서 의미와 목적, 그리고 자신보다 더 큰 존재에 대한 기여를 요구하는 자기실현적 행복이야말로 진정하고 장기적인 행복의 형태다.

두 가지 행복의 차이는 우리 세포에도 각인되어 있다. 과학자 바버라 프레드릭슨Barbara Fredrickson과 스티븐 콜Steven Cole은 한 실험에서 피실험자 84명이 직접 보고한 행복과 의미의 수준을 살펴봤다.

두 사람은 행복의 수준을 평가하기 위해 이런 질문을 던졌다. "얼마나 자주 행복하다고 느낍니까?" "얼마나 자주 만족감을 느낍니까?" "얼마나 자주 삶에 흥미를 느낍니까?" 이처럼 쾌락적 행복에 해당하는 항목에서 점수가 높을수록 전반적인 행복 점수도 더 높았다. 다음으로 의미에 대한 인식을 평가하기 위해 더 큰 존재를 추구하려는 성향을 나타내는 질문을 던졌다. "자기 삶이 의미 있다고 느낍니까?" "성장하고 더 나은 사람이 되는 경험을 얼마나 자주 합니까?" "자신에게 사회에 기여할 역량이 있다고 얼마나 자주 느낍니까?"

두 사람은 피실험자들이 보고한 행복과 의미의 수준을 확인하고 난 뒤, 특정 유전자가 신체적으로 어떻게 모습을 드러내는지 살펴봤다. 유전학자인 콜은 예전에 다양한 형태의 만성적인 고통과 관련된 특정 유전자의 발현에 관해 연구한 적이 있었다. 사랑하는 사람을 잃은 슬픔과 경제적 어려움, 외로움, 혹은 군사적 충돌 상황을 경험할 때, 우리 몸은 투쟁과 도주, 경직 모드에 들어간다. 이는 위협과 고립, 단절의 상황에서 모습을 드러내는 신경계 패턴이다. 우리 몸이 위협에 대한 인식에 사로잡혀 있을 때, 두 가지 특이한 유전자 패턴이 나타난다. 염증을 담당하는 유전자의 기능은 활성화되는 반면 바이러스에 저항하는 유전자의 기능은 저하된다. 다시 말해 앞으로 고난이나 고립 상황을 겪게 될 것을 예상할 때, 우리 몸은 박테리아 감염에 대비한다. 반대로 생리 작용이 활발하기 이뤄지면서 사회적으로 연결되어 있다고 느낄 때, 우리 몸은 바이러스 감염에 대비한다.

이러한 유전적 패턴은 인류 역사의 흔적을 보여준다. 외로움과 고립의 부정적인 영향으로 어려움을 겪었던 초기 인류는 상처로 인한 박테리아 감염에 더 쉽게 걸렸다. 반면 부족이나 집단의 사회적 그물망 안에 있을 때, 그들은 많은 이들과 접촉하는 과정에서 바이러스에 더 많이 노출되었다. 이러한 패턴은 오늘날 유전적 산물로 그대로 이어져 내려오고 있으며, 또한 행복과 관련해서 분명한 이야기를 들려준다.

두 과학자는 피실험자들의 유전자를 분석하며 또 하나의 흥미로운 발견을 했다. 행복 수준이 높다고 보고했지만 의미에 대한 인식은 낮았던 이들은 슬픔이나 외로움과 같은 만성적 어려움을 겪는 사람들이 보이는 유전자 패턴을 똑같이 드러냈다. 그들은 신체적 쾌락의 경험을 자주 누렸지만, 유전자 차원에서 염증에 취약한 상태였다. 진화적 관점으로 볼 때, 쾌락적 경험, 술과 약물의 남용, 무분별한 섹스, 온라인 쇼핑 사이트에서 '구매하기' 버튼을 누르는 것과 같은 행동은 우리 몸이 만성적인 어려움을 겪고 있는 것처럼 느끼게 만든다. 오늘날 염증은 심장 질환과 다양한 암처럼 심각한 건강 문제와 깊은 관련이 있는 것으로 나타나고 있다. 위 연구에서 피실험자 중 75퍼센트가 높은 행복 점수와 낮은 의미 점수를 보였다. 반면 '자기실현적 우세', 다시 말해 삶에서 행복보다 의미를 더 많이 인식한다고 보고한 이들은 25퍼센트에 불과했다.

오늘날 물질적 행복을 무엇보다 중시하는 문화가 널리 퍼져 있지만, 의미 있는 삶이 우리에게 선사하는 건강 이익은 절대 무시할 수 없다. 쾌락적 행복 점수가 높지 않았지만 목적의식이 높은 피실험자들은 스트레스 반응과 염증 반응을 낮추는 유전자 패턴을 보여줬다. 혼자서 상처를 치료해야 했던 선조들은 박테리아 감염에 대비해야 했던 반면, 집단 속에서 다른 이들과 함께 살았던 선조들의 면역체계는 폭넓은 사회적 관계에서 비롯되는 바이러스 감염에 맞서 싸우는 쪽으로 진화했다. 그들의 몸은 이러한 차이를 보였다. 이와 같은 맥락에서 우리는 심박 변이도와 관련해서도 유사한 내용을 확인할 수 있다. 다시 말해 다른 사람과의 관계에 대한 인식에 따른 반응으로 역동적으로 뛰는 심장은 신체적, 정신적 행복을 크게 높여주는 유연성을 보이지만, 각각의 심장 박동이 단절된 리듬에 따라 기계적으로 일어나는 심장은 심혈관 및 호흡기 질환과 여러 다양한 질병에 취약한 것으로 드러났다.

우리는 자신의 성공한 모습을 떠올리면서 이러한 과학적 발견의 의미를 생각해 볼 수 있다. 욕망을 발견할 때, 스스로에게 이런 질문을 해볼 수 있다. "욕망 아래에 있는 진정한 소망은 무엇인가? 이 욕망은 내면의 근본적인 행복과 이어져 있는가? 이 욕망은 주변 사람의 삶에 도움을 주고 나를 다른 사람과의 관계로 이끌어주는가? 이 욕망은 나의 세포 안에서 어떻게 존재하는가? 신체적·정신적·감정적 행복에 장기적으로 어떤 영향을 미칠 것인가?"

의도를 현실화하기 시작할 때, 우리는 자기 의심과 두려움에 직면하게 된다. 이는 미지의 세상과 만날 때마다 우리 마음이 보이는 자연스러운 반응이다. 자신에게 상황을 바꿀 힘이 없다고 생각할 때, 우리는 두려움에서 비롯된 무의식적인 마음의 습관에서 벗어나지 못한다. 자신과 세상에 대한 부정적인 선입견은 우리가 바라보는 미래의 가능성을 제약한다. 그리고 자신에 대한 비전을 위축시켜 욕망을 선택하는 과정에서 부정적인 영향을 미치고 스스로 진정성을 느끼지 못하는 선택에 안주하게 만든다. 뭔가를 누릴만한 가치가 없다고 느낀다면, 우리는 그 욕망이 남아 있는 한 계속해서 고통을 느낄 것이다. 이 문제를 해결하기 위해 우리는 마음에서 장애물을 제거하는 세 번째 단계로 넘어가야 한다. 이제 현실화 과정에서 등장하는 일반적인 장애물과 잘못된 믿음, 그리고 연민을 활용해 이들을 다루는 방법을 자세히 살펴보자.

마음은 오랜 습관과 편견, 제한적인 사고방식,

심지어 평범한 생각으로부터도 자유로워야 한다.

- 이소룡

4장

세 번째 단계 :

마음속 장애물을 제거하기

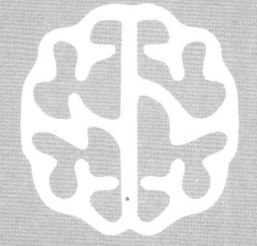

＊ ＊ ＊

나는 열두 살에 대기권을 넘어서 우주여행을 떠났다.

그것도 침대에서 출발해서.

나는 매주 형과 함께 아파트를 빠져나와 철길을 따라 2~3킬로
미터를 걸어서 공공 도서관으로 갔다. 남부 캘리포니아의 뜨거
운 아지랑이가 철로 위로 피어올랐고 걸을 때마다 자갈길은 우두
둑 소리를 냈다. 우리는 도서관에 설치된 에어컨에 감사해하며 서
가를 헤집고 돌아다녔다. 그리고 각자 1인당 대출 한도인 열 권을
골라 두 팔로 가득 안고서 다시 철길을 따라 집으로 돌아와 함께
쓰던 방에서 책을 읽었다. 읽는 책은 서로 달랐지만,(그 무렵 형은
시각 예술가로서 재능을 확인하고 10대 동성애자로서 정체성을 모색하고 있

었다) 그래도 나는 도서관 여행을 형과 함께할 수 있어서 좋았다. 품에 보물을 가득 안고서 형을 따라 철길을 걸었던 기쁨을 아직도 잊지 못한다.

어느 여름날 하디 보이즈와 셜록 홈스가 등장하는 책들을 모조리 읽고 난 뒤, 나는 영성 서가를 둘러봤다. 그리고 거기서 투시력이 있다는 에드거 케이시Edgar Cayce, 위대한 요가 수행자인 요가난다Yogananda와 스와미 비베카난다Swami Vivekananda, 그리고 몸을 떠나 영혼을 경험할 수 있다고 설파한 종교 운동 에칸카르Eckankar의 창시자 트위첼Paul Twitchell이 쓴 신비주의 관련 책들을 읽기 시작했다. 그러다가 신비주의 대가인 페루계 미국인 카를로스 카스타네다Carlos Castaneda를 알게 되면서 그의 첫 번째 책인 『돈 후앙의 가르침The Teachings of Don Juan: A Yaqui Way of Knowledge』을 읽었다.

그 시절 어려운 가정 형편에서 어떻게든 벗어나고 싶었던 나는 인생을 옥죄는 고통스러운 상황을 초월할 수 있다는 카스타네다의 비전에 매혹되었다. 그래서 나는 아무런 도움도 받지 않은 채 홀로 '영혼의 여행'과 유체 이탈 훈련을 시작했다. 그러던 어느 날 밤, 침대에 누워 호흡 명상을 하다가 문득 영혼을 따라 다른 행성으로 여행하고 싶다는 소망에 집중하기 시작했다. 처음에는 아무 일도 일어나지 않았다. 그러다가 환희와 불안이 내 몸을 휘감더니 미묘한 자각이 느껴졌다. 내 영혼은 초록색 플라스틱 지아이조 장난감 대대를 넘어 창틀로 올라갔고 그대로 창문으로 빠져나와 가로수 가지 위에 앉았다. 침대에 누워 있는 내 모습이 내려다보였다. 두 자아로 두 곳에 동시에 존재하는 경험은 무서우면서도 짜릿했고, 그토록 갈망했던 자유와 독립의 길을 발견한 듯했다. 그로부터 16년 후, CIA는 유체 이탈을 통해 소련으로 날아가 최고 군사 비밀 프로젝트를 염탐하는 안보 요원을 양성하기 위한 실험을 수행한 적이 있다고 공식 보고서를 통해 밝혔다. 그러나 어릴 적 나는 내가 유체 이탈을 할 수 있는 유일한 인간이라고 믿었다.

우리의 자아는 어릴 적부터 성년기 초반에 이르기까지 발달한다. 이제 나는 그 시절에 내가 더 넓은 세상을 돌아다니기 위해 내면의 힘과 자원을 들여다보고 있었다는 사실을 이해한다. 나는 영혼과 상상력을 동원한 유체 이탈 경험을 통해 현실화의 힘을 처음으로 엿볼 수 있었다.

유체 이탈 경험에 흥분한 나는 더 나아가 '유체투사astral projection'(영혼이 육체를 벗어나 영적 세계를 여행하는 것—옮긴이)를 통해 존재의 다른 차원을 여행하기 시작했다. 나는 형은 물론 다른 누구에게도 이런 얘기를 하지 않았다. 그래서 나를 이끌어주거나 천천히 시도해 보라고 조언하는 스승을 만나지 못했다. 이후로 나는 창밖의 나무나 랜드마크 건축물을 넘어서서 침대에 누워 있는 내 모습이 완전히 보이지 않을 때까지 대기권을 뚫고 높이 올라갔다. 그때 내 눈에 들어온 것은 완전한 암흑이었다. 아래 세상이 전혀 보이지 않는 암흑 속에서 나는 자유롭게 움직이며 먼 곳으로 나아갈 수 있었다. 그러다가 안개로 둘러싸인 공간으로 들어섰다. 어떤 곳에서는 믿을 수 없는 사랑과 관계의 감정을 느꼈고, 다른 곳에서는 정반대의 감정을 느꼈다. 그리고 여러 다양한 위협과 떠돌아다니는 사악한 영혼을 마주했다. 마치 연기로 가득한 방에서 돌아다니는 느낌이었다. 구체적인 형체는 볼 수 없었지만 악한 존재가 나를 향해 다가오는 것을 직감할 수 있었다.

나는 무슨 일이 벌어지는 것인지 이해할 수 없었기에 유체 이탈 여행에서 종종 두려움을 느꼈다. 다시 내 몸으로 돌아왔을 때는 한동안 몽롱한 느낌이 들었고 가슴이 답답해서 숨 쉬기조차 힘들었다. 나는 악한 영혼이 내 영혼을 납치해 갈까 봐 걱정하곤 했다. 어떤 때는 너무 놀라 비명을 지르는 바람에 자고 있던 형을 깨우기도 했다. 그러나 형은 그저 악몽이라고만 했다. 지금 돌이켜 보건대, 어릴 적 경험했던 유체 이탈은 어쩌면 깨어 있는 상태에서 수면 상태로 넘어가는 과정에서 순간적으로 일어나는 지각 경험인 '압연 환각hypnagogic hallucination'이 아니었을까 생각해 본다. 압연 환각을 경험할 때, 주변 환경에 대한 인지는 사라지지만 뇌간은 그대로 기능한다. 당시 알지 못했던 것은 내가 유체 이탈 경험을 통해 두뇌 변연계의 일부로 공포나 불안과 같은 감정을 제어하는 편도체를 의식적으로 활성화했다는 사실이었다. 현실화와 관련해서 편도체는 우리 두뇌의 첫 번째 문지기다.

나는 그 여행을 점차 두려워하게 되었고 결국 유체 이탈 훈련을 중단하기에 이르렀다. 나는 그 두려움을 어떻게든 이해하려고 했고 나의 어떤 부분이 그 모든 것을 두렵게 만들어버렸는지 알기 위해 노력했다. 그러자 다시 여행을 시작할 용기가 조금씩 생겨났고, 좀 더 나이가 들어 충분히 강해졌을 때 훈련을 시작했다. 그렇게 나는 다시 한번 대기권을 뚫고 올라가서 안개로 자욱한 상공을 날아다녔다. 여전히 '악한 영혼'의 존재를 느꼈지만 이번에는 다르게 반응했다. 나는 악한 영혼이 내 안에 존재하는 어둠에 대한 두려움으로부터, 그리고 미지의 세계에 대한 공포와 무력감으로부터 나를 지키고자 했던 공격성에서 비롯된 것이라는 사실을 본능적으로 깨달았다. 결국 나는 내면의 두려움을 두려워했던 것이다.

나는 위협적인 존재가 다가올 때 연민을 떠올리면서 융이 말했던 나의 '어두운' 자아를 바라봤다. 그리고 저항과 포용 중 하나를 선택할 수 있다는 사실을 깨달았다. 그 순간 안개로 가득한 방 안에서 나를 위협했던 악한 존재가 내 안으로 들어왔고 나는 그것을 그대로 받아들였다. 그러자 두려움이 사라졌다. 저항을 멈추자 두려움도 사라진 것이다. 나는 두려움이 나의 일부이기는 하지만, 그렇다고 해서 그것이 내 삶의 운전대를 잡도록 허용할 필요는 없다는 사실을 이해했다. 또한 어떤 면에서 두려움은 내 생존에 도움을 줬다는 사실도 이해했다.

지금 나는 그때 경험이 현실화를 위한 훈련 전반의 핵심이었다고 생각한다. 그때 편도체를 다루는 방법을 배웠기 때문이다. 우리는 훈련을 통해서 편도체와 함께 여행을 떠날 수 있다는 사실을 이해하게 된다. 편도체는 신체적 생존을 지키고 우리를 보살피는 역할을 한다. 하지만 그렇다고 해서 편도체가 우리를 대신해 판단을 내리도록 허용할 필요는 없다. 좀 더 구체적으로 말해서, 우리가 주의를 어디에 기울여야 할지 편도체가 결정하도록 내버려둘 필요가 없다는 뜻이다. 앞으로 계속해서 살펴보겠지만, 현실화는 우리가 주의를 의도하는 대상에 집중하고, 집중을 방해하는 대상과 경험으로부터 주의를 지키는(선택적 주의) 능력에 달려 있다. 우리가 선택한 대상으로 주의를 집중하는 능력은 내면의 힘의 핵심이다. 감정적인 집착에서 벗어나 경험을 바라보는 훈련을 할 때, 우리는 현실화하려는 목표에 주의를 집중하는 역량을 강화할 수 있다.

신체적인 것이든 감정적인 것이든 우리가 어떤 경험을 받아들이려 하지 않을 때, 편도체를 자극하게 된다. 편도체는 어떤 자극이 주목할 만한 가치가 있는지 판단하는 두뇌 속 영역의 집합인 현저성 신경망의 기능에 관여한다. 현저성 신경망은 감각을 통해 유입된 정보를 끊임없이 걸러내면서 어떤 정보를 우선적으로 처리하고 그에 따라 반응해야 할지 신속하게 판단을 내린다. 변연계의 일부인 편도체는 우리가 인지적 자원을 신체적 생존에 배타적으로 집중하도록 즉각적인 지시를 내릴 수 있는 권한을 갖고 있다. 우리가 어떤 경험을 두려워할 때, 그 경험의 현저성이 대단히 높으며 위협적이라는 이야기를 편도체에 들려주는 셈이다. 반대로 두려움을 느끼지 않을 때는 경험의 현저성이 낮아지면서 자신이 선택한 대상을 향해 주의를 마음대로 기울일 수 있다.

내면의 비판자와의 결투

간단하게 말해서, 성공적인 현실화를 원한다면 머릿속 비판자의 목소리를 낮춰야 한다. 그리고 이를 위해서는 먼저 내면의 비판자의 실체가 무엇인지, 그리고 머릿속에서 무슨 역할을 하는지 이해해야 한다.

교감신경계의 역할을 다시 떠올려 볼 때, 우리는 비판자의 역할을 쉽게 이해할 수 있다. 주로 뇌간에 기반을 두고 있는 교감신경계는 우리 두뇌에서 가장 오래된 부분으로, 수백만 년에 걸쳐 우리 선조들과 함께 살아왔다. 교감신경계의 역할은 핵심적으로 우리가 고유하고 적합한 환경에서 생존하도록 만드는 것이었다. 그래서 교감신경계는 하나의 종으로서 인류의 생존과 긴밀한 관계를 형성하면서 우리 내면에 깊숙이 뿌리를 내렸다. 인류의 생존을 도모하는 태곳적 열쇠였던 교감신경계는 오늘날 우리에게 여전히 강력한 힘으로 남아 생존에 유리하다고 판단하는 행동을 무의식을 통해 지시하고 있다. 결론적으로 인류의 진화는 전반적인 차원에서 교감신경계를 버리지 않고 그대로 끌어안았다. 그런데 아프리카 대초원에서 살았던 인류의 생존에 기여했던 교감신경계가 이제는 현대 사회를 살아가는 우리의 머릿속에서 부정적인 이야기를 끊임없이 들려주고 있다. 이러한 부정성은 인류의 모국어라고 볼 수 있다. 그래서 우리는 새로운 언어를 천천히, 힘들게 배워야 한다.

문제는 급박한 신체적 위협으로부터 우리를 보호했던 교감신경계가 오늘날에는 사회적 교류의 과정에서 등장하는 수많은 사소한 공격으로부터 우리를 보호하려고 애쓰고 있다는 사실이다. 투쟁 반응은 우리가 먹잇감을 노리는 호랑이에 맞서 싸우도록 힘을 실어줬다. 하지만 지금은 우리가 기대에 미치지 못하는 자신에 맞서 싸우게 하면서 과장된 수치심과 스스로 충분하지 않다는 느낌을 강요하고 있다. '인간관계에서 비롯되는' 위협에 대한 인식("남들이 뭐라고 생각할까? 대체 나를 어떤 사람이라고 생각하는 걸까?")은 이제 만성적인 부적응 상태에 있다. 안타깝게도 이러한 인식은 이제 우리 모두가 아는 내면의 비판자로 모습을 바꿨다. 현실화의 주체인 우리를 힘들게 만드는 것은 '부정성 편향negativity bias'이라는 것이다. 부정성 편향이란 일종의 가치 평가 시스템으로서 위험을 알리는 경고를 마음속에서 가장 중요한 것으로 만들어 우리가 주의를 기울이도록 강요한다. 교감신경계의 관점에서 볼 때, 긍정성은 생존에 별 도움이 되지 않기 때문에 위험 요인과 똑같이 주의를 기울일 가치가 없다. 그래서 언론 매체도 대부분 긍정적인 사건이 아니라 부정적인 사건에 초점을 맞춘다.

진화에 따른 한 가지 부작용은 인류가 하나의 종으로서 지금에 이르는 과정에서 우리 마음이 부정적인 자기비판을 실질적인 위험과 똑같은 범주로 인식하게 되었다는 사실이다. 우리의 분류 시스템에 사소한 문제가 발생했을 때도 부정적인 자기비판은 우리 마음속에서 부당하게도 거대한 존재감을 드러낸다. 그리고 인류의 지능이 높아지면서 부정성 편향은 우리의 사고하는 마음을 장악해서 전혀 적절하지 않은 대상과 비교하는 작업을 시작했다. 우리가 자신에게 "이 일은 할 수 없어" "그게 걱정이야" 혹은 "맙소사. 이 문제를 해결해도 또 다른 문제가 계속 이어질 거야"라고 말할 때, 이러한 이야기는 어떤 면에서 우리 자신을 보호하기 위한 것이다. 그런데 부정성 편향은 이 이야기를 또 다른 차원으로 확장해서 이렇게 말하기 시작한다. "나는 아무것도 할 수 없어. 나는 쓸모 있는 인간이 아냐."

기본적인 생존 메커니즘에서 시작했던 것이 이제 개인의 정체성으로 바뀌어 버렸다. 즉, 개별적인 실패의 경험이 우리가 어떻게 해볼 수 없는 타고난 본성이 되어버렸다. 우리의 몸과 마음은 과거에 우리를 지켜줬던 공포와 불안, 절망과 같은 강력한 부정적인 감정에 이미 중독되고 말았다. 그리고 공포에 대한 중독과 제약적인 자기 인식에 대한 중독이 하나로 합쳐지면서 이제 우리는 두 가지 중독을 전혀 구분할 수 없는 상태가 되었다. 그 결과 우리가 만든 감옥에 자기주도성을 가두고 말았다.

내면의 비판자가 들려주는 부정적인 이야기를 받아들일 때마다, 우리는 자기가 만든 감옥의 벽에 벽돌을 쌓게 되는 셈이다. 부정적인 이야기를 더 많이 만들어낼수록 벽은 높아지고 감옥은 더 어두워진다. 그리고 자신에 대한 모든 부정적인 이야기를 받아들이면서 벽은 우리를 향해 점점 다가온다. 결국 우리는 변화를 이끌 자기주도성을 포기하고 만다. 우리는 아무것도 없는데도 뭔가 중요한 의미가 있으리라 추측하면서 비판자의 목소리에 모든 걸 넘겨주고 말았다. 자신의 힘을 내면의 비판자에게 모두 내어준 것이다.

한 가지 예로, 나는 의료 산업 분야의 경영자들에게 가면 증후군impostor syndrome을 주제로 강연한 적이 있다. 그때 한 50대 여성이 자리에서 일어났다. 그녀는 눈물을 흘리며 떨리는 목소리로 이렇게 말했다. "제 아버지는 제가 아무것도 될 수 없다고 말씀하셨고 전 아버지가 틀렸다는 걸 증명해야만 했습니다." 간호사이자 간호학 박사인 그녀는 당시 기업을 경영하고 있었다. 그런데도 아버지의 말을 떨쳐버리지 못했다. 그러한 부정적인 어린 시절의 경험은 행동의 강력한 동기가 되기도 하지만, 대개는 건강하지 못한 고통스러운 동기로 작용한다. 그녀의 사례는 머릿속에 자리 잡은 부정적인 이야기의 힘을 말해준다. 얼마나 많은 이들이 그런 말로 상처를 받아서 자신의 잠재력을 실현하지 못했을까? 어떤 이들은 성공적인 경력을 일구어냈음에도 평생 그러한 부정적인 이야기를 안고 살아가면서 항상 공허함과 결핍을 느낀다. 부정적인 내면의 대화에서 벗어나지 못하기 때문이다.

이 여성의 아버지와 "널 사랑한단다. 넌 내가 아는 가장 똑똑한 사람이야. 용기와 끈기, 지혜로 모든 걸 이룰 수 있어. 네가 자랑스럽다. 네가 원하는 모든 일을 할 수 있을 거라고 믿어 의심치 않는다. 무슨 일이 있어도 나는 언제나 네 편이라는 사실을 잊지 말렴"이라고 말하는 또 다른 아버지를 비교해 보자. 후자의 자녀는 목표를 추구하는 과정에서 난관에 봉착하더라도 그의 머릿속에는 부정적인 목소리가 없을 것이다. 대신에 아이는 어려움에 직면해서 이렇게 생각할 것이다. "부모님은 날 믿고 있어. 친구들도 나를 믿고 있어. 그들은 내 곁에 있을 거야. 그러니 난 해낼 수 있어."

내 안의 가장 강력한 악당

내면의 비판자를 떠올릴 때, 우리는 그 목소리가 얼마나 자신의 '감정'을 나쁘게 만드는지, 얼마나 좌절하고 위축되게 만드는지 주목하게 된다. 하지만 내면의 비판자가 가하는 가장 심각한 피해는 주의를 흐트러뜨린다는 사실이다. 그는 우리의 주의를 앗아가서 의도에 집중하지 못하게 만든다. 내면의 비판자가 들려주는 이야기는 우리에게서 내면의 자원을 앗아가고 긍정적이고 건강한 삶의 목표에서 멀어지게 만들어 우리를 좌절시킨다. 내면의 비판자는 투쟁과 도주, 경직 모드에서 에너지를 얻어 현저성 신경망을 장악한다. 우리 두뇌의 일부인 현저성 신경망은 우리가 주의를 기울일 가치가 있는지 없는지 판단하는 역할을 한다. 우리가 주의를 집중하지 못해서 목표 달성에 실패할 때, 내면의 비판자는 즐거운 표정으로 우리를 비난한다. 그렇게 악순환이 시작된다.

우리는 개방적이고 유연한, 그리고 오랜 습관으로 '조건화되지 않은' 상태로 세상에 태어난다. 그러나 우리가 세상을 경험하기 시작하면서 부정적인 생각과 경험이 쌓여간다. 하나의 생각이 이렇게 말한다. "나는 충분하지 않아." 그러자 다른 생각이 말한다. "나는 아주 똑똑하지는 않아." 또 다른 생각이 이런 이야기를 들려준다. "아버지는 나를 싫어해. 나는 사랑받을 가치가 없어." 이러한 생각들은 우리의 경험에서 비롯된다. 그런데 발달 초기에는 모든 것을 너무나 쉽게 받아들이기 때문에 우리는 그러한 감정적인 메시지를 영구적인 정보로 마음속에 새겨 넣는다. 우리는 투쟁과 도주, 경직 모드에서 비롯된 부정적인 자극에 지나치게 주의를 집중하면서 이러한 메시지가 감정적인 차원에서 생존의 핵심이라고 믿는다. 일반적으로 우연한 사건에서 시작된 이러한 생각은 접착력이 대단히 강력하며, 뉴런에 각인되어 습관의 토대를 형성하며 자아를 인식하는 근간이 된다.

우리는 어딜 가나 부정적인 생각을 가지고 다니면서 점점 더 많은 상황에 적용한다. 우리의 비전을 점점 더 흐릿하게 만드는 그 생각이 진실이라고 믿는다. 마음에 귀를 기울이면 부정적인 생각의 이야기밖에 들리지 않는다. 그리고 이면에 있는 호기심 왕성하고 개방적이고 유연한 생각의 이야기는 더 이상 들을 수 없다. 안타깝게도 이러한 수많은 거짓말은 스스로를 바라보는 관점, 세상을 바라보는 관점, 그리고 궁극적으로 원하는 것을 얼마든지 누릴 수 있는 우리의 자격을 바라보는 관점을 정의한다. 그렇게 부정적인 생각은 우리를 가두는 감옥의 벽이 된다.

우리는 부정적인 생각의 이야기와 믿음을 내면화하고 이를 부지런히 실행에 옮긴다. 그래서 잠재의식 속에 자리 잡은 그러한 이야기와 믿음은 우리가 깨닫지 못한 상태에서 우리의 행동을 이끈다. 또한 우리는 주변 환경과 교류하는 과정에서 부정적인 생각에 따라 행동한다. 그래서 다른 이들이 개입할 여지가 없다. 사실 그들도 마찬가지로 부정적인 생각에 속고 있다.

안타깝게도 부정적인 생각은 우리 내면의 강렬한 빛을 가린다. 그 빛은 다른 사람을 사랑하고 보살피는 우리의 일부이자 이미 완성된 일부다. 우리가 진정한 자아를 보지 못하고 그 관계를 잃어버릴 때, 자신이 진정으로 원하는 것을 깨닫고 그것을 향해 달려가게 해주는 내면의 나침반도 잃어버린다. 우리가 부정적인 생각에 사로잡힐 때, 고유한 상태로 빛을 발하는 자아를 발견하지 못하고, 또한 무엇이 자신이 내뿜는 빛을 가로막고 현실화를 방해하는지 알지 못한다.

가장 깊은 소망을 현실화하기 위한 여정을 떠날 때, 강력한 부정적인 생각이 고개를 들면서 우리 자신에 대해 들려줬던 옛날이야기, 다시 말해 자기 의심과 충분하지 않다는 생각, 사기꾼이라는 의심으로 앞길을 가로막는다. 우리 내면의 경험 속에서 부정적인 생각은 악명 높은 비판자로서 우리 내면의 경험에서 잔인하고 무시무시하고 위협적인 악당으로 모습을 드러낸다. 그 위압적인 목소리는 꿈을 좇는 우리의 힘과 의지를 위축시킨다. 많은 경우에서 현실화를 위한 내면의 힘을 가로막는 가장 큰 장애물은 부정적인 내면의 목소리와 그 목소리가 일깨우는 두려움이다. 내면의 비판자는 우리가 만성적인 스트레스라는 기차에서 뛰어내릴 자격이 없다고 말한다. 우리를 치유하는 긍정적이고 자유로운, 궁극적으로 우리를 목적지로 데려다줄 미지의 세상으로 여행을 떠날 충분한 자격이 없다고 끝없이 주장한다.

자기 연민이 거두는 승리

어릴 적 형성되는 부정적인 믿음은 잠재의식을 통해 성인기로 이어진다. 다시 말해, 우리가 그러한 믿음을 의식적으로 받아들이는 것은 아니다. 비록 부정적인 믿음이 진화에서 비롯된 자연적인 기능이기는 하지만, 그렇다고 해서 그 믿음이 우리를 마음대로 조종하도록 내버려둘 필요는 없다. 우리의 삶이 힘든 이유는 대부분의 습관이 우리가 인식하기 전에 형성되기 때문이다. 보통 삶이 원하는 대로 흘러가지 않을 때 우리는 이러한 사실을 깨닫게 된다. 그때 비로소 우리는 잠재의식의 차원에서 조건화된 패턴이 형성되어 작동하고 있으며, 그 패턴이 우리의 행동을 실질적으로 지배한다는 것을 발견한다.

부정적인 감정들이 어디서 비롯되는지 알지 못하면, 우리는 그 함정에 계속 빠지게 된다. 그 이유는 몸과 마음이 어린 시절의 경험으로 돌아가려 하기 때문이다. 어릴 적 편안하고 안전하다고 느꼈던 경험, 혹은 그러한 경험의 부재는 우리가 세상과 교류하는 방식의 근간을 형성하고, 우리가 알든 모르든 우리의 생각에 강력한 영향을 미친다. 트라우마와 관련된 경험을 떠올리게 만드는 일상적인 신호나 감각 정보는 여전히 해소되지 않은 어릴 적 감정의 소용돌이로 우리를 던져 넣는다. 연구 결과에 따르면 우리 두뇌에서 오직 고차원적 영역만이 시간의 흐름을 인식할 수 있다고 한다. 다시 말해 체온이나 심박수 같은 기능을 관장하는 뇌간에는 시간의 흐름을 인식하는 신경계가 전혀 존재하지 않는다는 뜻이다. 이 말은 외부 자극이 우리 몸의 트라우마를 자극할 때, 트라우마에 따른 감정이 영원히 지속되지는 않을 거라는 사실을 우리가 알지 못한다는 의미다. 우리는 아기들이 그러는 것처럼 그러한 감정이 영원히 지속될 것처럼 느끼게 된다. 그리고 그러한 감정은 생존 본능과 직결되어 있기 때문에 우리는 원시적 본성에 따라 행동하고, 때로는 폭력적이고 비이성적인 방식으로 움직인다.

그러므로 우리가 현실화하려는 의도에 주의를 집중하기 위해서는 원시적인 신경계를 진정시켜야 한다. 그리고 우리를 성장시키는 유익한 위험을 기꺼이 감수할 정도로 안전함을 느껴야 한다.

부정적인 믿음은 주로 중요한 초기 발달 단계에서 각인되기 때문에 우리는 그 단계와 동일한 생물학적 차원에서 부정적인 믿음을 다뤄야 한다. 다행스럽게도 우리는 더욱 최근에 일어난 진화적 혁신을 통해 습관적인 부정성에서 빠져나올 수 있는 포유류 보육 시스템mammalian caregiving system의 존재를 발견했다. 앞서 현실화의 생리에 관해 언급한 것처럼, 파충류에서 포유류로 넘어가는 진화적 변이 과정에서 특별한 생물학적 변화가 필요했다. 그중 하나는 등외측 미주 신경의 진화다. 이는 내장 기관을 두뇌 속 중앙 통제 시스템으로 연결하는 휴식과 소화 반응의 근간인 미주 신경에서 큰 부분을 차지한다. 포유류 부모는 등외측 미주 신경을 통해 새끼를 보호하고 영양을 공급하고, 성장 과정에서 필요한 안전한 안식처를 제공하는 등 출산 후 중요한 보육을 할 수 있게 되었다.

지금 안전하다고 느낄 때, 우리는 자기 연민의 감정을 느낄 수 있다. 자기 연민은 내면의 비판자에게서 힘을 뺏는다. 신경가소성이라는 기적 덕분에, 혹은 스스로 변화하는 두뇌의 능력 덕분에 우리는 자기 연민을 통해 보육 시스템을 의식적으로 활성화하고 우리가 가장 취약했던 시기에 충분히 받지 못했을 사랑과 관심을 자신에게 의식적으로 제공할 수 있다. 우리는 끈질기고 강력한 부정적인 생각에 직접적으로 접근해서 부드럽게 포용할 수 있으며, 무조건적인 사랑과 관심을 느끼기 위해 필요한 안식처를 자신에게 제공할 수 있다. 그리고 이를 통해 부정적인 생각과 비판자의 목소리를 약화시킬 수 있다.

다음 훈련을 통해서 우리는 부모가 자녀에게 갖는 감정을 의식적으로 느끼면서 생명을 키우는 경로를 자신의 생리 활동에서 활성화하여 이를 우리 자신에게 적용할 수 있다. 자기 연민에는 안전함과 사랑을 안정적으로 느끼지 못한 우리의 내면을 치유하고, 이를 지혜와 연민의 주요 원천으로 전환하여 다른 이들과 함께 나누도록 만드는 힘이 있다. 우리는 타인과 관계를 맺고 그들의 어려움을 공유함으로써 목표를 정의하고 유연한 방식으로 추구하는 과정에서 많은 이들의 도움을 받을 수 있다.

왜곡된 세계관에서 벗어나기

습관적 부정성은 우리를 제약하는 믿음의 힘으로 우리 삶을 초라하게 만든다. 어릴 적 우리는 세상을 경험하면서 이러한 믿음을 형성한다. 그 믿음은 힘들고 고통스러운 상황에 잘 대처하도록 도움을 주지만, 그 안에는 자신을 비난하고 상황의 진실을 들여다보지 않으려는 어릴 적 성향이 만들어낸 왜곡의 흔적이 남아 있다. 이러한 부정적인 믿음은 주변 세상에 대한("세상은 차갑고 비정한 곳이다", "세상은 불공정한데 왜 노력해야 한단 말인가?"), 혹은 더 고통스럽게도 우리 자신에 대한 믿음이다. 오랫동안 지속된 잘못된 믿음의 정체를 확인하려면 많은 노력과 관심이 필요하다. 그러나 왜곡된 세계관에서 벗어날 때, 우리는 현실화에 힘을 실어주는 긍정적인 믿음을 받아들일 수 있다.

나는 스탠퍼드대학교에서 시작했던 연민 훈련 프로그램에서 샹카르 헤마디Shankar Hemmady를 만났다. 그는 내게 자신이 살아온 이야기를 들려줬다. 그는 뭄바이 교외 지역에서 자랐다. 아버지는 집배원으로 일했고 어머니는 집안 살림을 했다. 가정에서 학대를 받으며 자란 샹카르의 어머니는 외상 후 스트레스 증후군과 만성 우울증으로 많은 어려움을 겪었다. 샹카르는 자신의 어릴 적 환경이 경제적으로는 물론, 사회적으로도 가난했다고 말했다. 친척들은 그가 좋은 학교에 들어가거나 훌륭한 선생님을 만나면 잘할 거라고 말했지만, 그러한 기회는 쉽게 찾아오지 않았다. 어릴 적 샹카르는 '충분하지 않다'라는 핵심 믿음을 형성하기 시작했고, 이는 고통스럽게도 '나는 충분하지 않다'라는 믿음으로 이어졌다.

샹카르는 이렇게 말했다. "멋지고 긍정적인 미래를 상상하기는 힘든 상황이었죠."

그래도 그는 학교에서 친절하고 관대한 행동을 경험할 수 있었다. 1학년 때 어머니의 건강이 점점 나빠지면서 그는 학교에 도시락을 싸 오기가 힘들어졌다. 그래서 어머니는 미국 돈으로 1센트 정도인 10파이사를 샹카르에게 주고 점심을 사 먹게 했다. 샹카르는 학교 경비원에게 부탁해서 그 돈으로 먹을 걸 샀다. 경비원은 샹카르의 선생님에게 그 돈으로는 도시락은 고사하고 기껏해야 사탕이나 쿠키밖에 살 수 없다고 말했다. 그 말을 들은 선생님은 호주머니에 있는 돈을 보태서 건포도나 견과류, 과일을 샹카르에게 사주도록 했다. 나중에 샹카르의 어머니가 학교를 방문했을 때, 그녀는 아들이 건강한 음식을 먹는 모습을 봤고 선생님이 아들을 위해 자기 돈을 쓰고 있다는 사실도 알게 되었다. 샹카르는 그때 처음으로 다른 사람의 친절과 선의를 경험했다. 하지만 그러한 경험의 진정한 의미를 깨달은 것은 성인이 된 이후였다.

샹카르의 영민함을 알았던 몇몇 마을 주민은 그에게 호흡법과 같은 집중력 훈련을 가르쳐주면서 그가 성공할 수 있도록 용기를 불어넣어 줬다. 그들은 샹카르에게 마을 공동체에 기여할 수 있는 재능이 있다고 믿었다. 샹카르는 부정적인 내면의 대화 대신에 의도에 집중함으로써 많은 힘을 얻었다. 결국 그는 인도 공과대학에 합격했고, 공학 분야에서 경제적으로 성공적인 경력을 밟아 나가기 시작했다. 그리고 베이 에어리어Bay Area로 이주해서 사업을 시작했다. 처음에는 전자 산업 분야에서 일을 시작했지만, 나중에는 바이오 제약 분야로 넘어가서 더욱 안전한 암 치료제를 개발하는 일에 전념했다.

샹카르는 경제적으로 안정을 찾으면서 자신과 자기 가족을 위해 충분한 자원을 아직 마련하지 못했기에 다른 사람에게 베풀 여력이 없다는 내면의 목소리를 인식했다. 아직 '충분하지 않다'라는 옛날이야기에 여전히 사로잡혀 있었던 것이다. 그는 침묵 명상을 시작했다. 한번은 오래전 학교 선생님에 대한 기억이 떠올랐고, 성인의 관점에서 그때 일을 다시 생각해 봤다. 그는 당시 선생님의 월급이 80루피였다는 사실을 알았다. 이는 10달러 정도에 불과했다. 선생님이 샹카르의 점심을 위해 보탠 돈은 그에게 결코 적은 돈이 아니었다.

선생님이 가진 게 별로 없는데도 남을 도왔다는 사실을 깨달았을 때, 샹카르는 선생님의 관대한 이타심에 감사의 눈물을 흘렸다. 그건 불충분함과 부족에 대한 자신의 핵심 믿음에서 벗어나는 중요한 경험이었다. 이후로 샹카르는 전 세계 가난한 오지 마을을 대상으로 기술적·감정적 학습을 주제로 한 워크숍을 제안하기 시작했다. 어릴 적 환경에 의해 마음속에 형성된 제약적인 믿음에서 해방되었을 때, 샹카르는 비로소 사랑과 관심을 갈망하는 아이들을 위해 자신의 재능을 발휘해서 아이들 스스로 잠재력을 깨닫게 해주고 싶다는 첫 번째 의도에 온전히 주목할 수 있게 되었다.

마음 훈련: 부정적인 믿음 몰아내기

자신에 대한 부정적인 믿음은 버섯처럼 어두운 곳에서 자란다. 머릿속 어두운 곳에서 자라는 그러한 믿음을 솎아 내서 그 정체를 분명히 들여다볼 수 있는 밝은 곳으로 옮기는 시도는 많은 도움이 된다. 다음 훈련을 통해 우리의 발목을 잡는 믿음과 이야기를 확인하고, 이를 우리에게 도움이 되는 형태로 의식적으로 바꿀 수 있다.

1. 준비하기

A. 혼자 있을 수 있는 시간을 정한다.

B. 종이와 펜을 준비한다.

C. 종이에 세로로 선을 그어 '믿음'과 '반대'의 두 영역으로 구분한다.

2. 이완하기

A. 똑바로 앉거나 누워서 편안한 자세를 취한다.

B. 눈을 감은 채 천천히 코로 숨을 들이마시고 입으로 내쉬는 호흡을 세 번 반복한다. 이 호흡법이 편안하고 자연스럽게 느껴질 때까지 반복한다.

C. 발가락에서 시작하여 정수리에 이르기까지 몸을 이완한다. 몸을 이완하면 점차 편안하고 안전한 느낌이 들 것이다.

3. 좋은 느낌 떠올리기

A. 보살핌이나 무조건적인 관심을 받았던 기억이나 이미지를 떠올려 본다. 긍정적인 느낌이 심장에서부터 손끝과 발끝까지 흘러가게 하자.

4. 부정적인 믿음 떠올리기

A. 나를 힘들게 하는 부정적인 믿음을 천천히 떠올린다.

B. 내가 나무 꼭대기나 높은 절벽, 발코니에 안전하게 앉아 있고 그 아래에 부정적인 믿음들이 모여 있다고 상상해 본다.

C. "나는 충분하지 않아", "부당한 대우를 받았어", "심한 상처를 받았어"처럼 일반적인 부정적 믿음이 아래에 있는지 확인해 본다.

D. 부정적인 믿음을 판단하려 하지 말고 그저 분명하게 바라본다. 마음의 눈으로 인식한다. 이러한 믿음 때문에 고통이 느껴진다면 그대로 느껴본다.

5. 기록하기

A. 이제 준비가 되었다면 천천히 눈을 뜨고 '믿음' 영역에다가 부정적

인 믿음들을 적는다. 스스로 검열하지 말고 자유롭게 쓴다. 맞춤법이나 문장이 올바른지 신경 쓰지 말고 적어본다.

6. 글을 읽어보기

A. 부정적인 믿음의 목록을 소리 내어 읽는다. 읽는 동안 떠오르는 감정과 신체적 감각에 집중한다.

B. 가슴이 조이거나, 목이 메거나, 혹은 실망감이나 분노가 떠오르는가?

7. 좋은 느낌으로 돌아가기

A. 좋은 느낌을 다시 떠올려야 한다고 생각되면 그렇게 한다.

8. 반대를 기록하기

A. 준비가 됐다면 '반대' 영역으로 넘어가자. "나는 충분하다", "주변 상황을 바꿀 내면의 힘이 있다", "나는 사랑과 지원을 언제든 얻을 수 있는 사람이다"처럼 각각의 부정적인 믿음에 반대되는 내용을 적는다.

B. 어떤 표현이 적합한지, 또 가장 생생하게 느껴지는지 생각해 본다.

9. 훈련에 대한 성찰

A. 이번 훈련에 대해 2분간 생각해 본다. 두 영역의 내용이 어떻게 연

결되어 있는지 살펴본다.

B. 부정적인 믿음을 단지 인식하는 것만으로도 반대의 내용으로 바꿀 수 있다는 사실을 이해한다.

타인의 연민이 필요한 이유

함께 있을 때 편안하고 우리를 판단하지 않으며, 깊은 연민을 지닌 사람을 만날 때, 우리는 그와 똑같은 방식으로 자기 자신과 관계를 맺을 힘을 얻는다. 루스 할머니를 만났을 때, 나는 오늘날 우리가 '심리적 안전감sense of psychological safety'이라고 부르는 것을 경험했다. 그때 이런 생각이 들었다. "와, 내가 가게에 들어갔을 때 루스 할머니는 나를 환한 미소로 맞이해 줬어. 그러자 내 마음이 갑자기 차분해지는 느낌이 들었어. 할머니가 나를 판단한다는 느낌은 전혀 들지 않았어. 조건 없는 사랑을 느꼈고 그게 모든 걸 바꿔놨어."

이러한 긍정적인 느낌은 비교적 최근의 진화적 혁신이라고 할 수 있는 부교감신경계를 통해 우리가 습관적인 부정성으로부터 빠져나올 수 있는 길을 열어준다.

마음속에서 부정적인 이야기를 끊임없이 만들어내는 내면의 깊은 상처는 어릴 적에 자신을 보살펴 준 사람과의 초기 관계에서 만들어진다. 가령 우리는 자신을 돌보았던 그 사람이 주는 사랑과 주의, 관심으로부터 안전함을 느끼지 못했고, 그는 우리가 마음 놓고 돌아다닐 안전한 기반이나 피난처를 제공하지 않을 수 있다. 이러한 어릴 적 경험에 따른 좌절과 트라우마는 우리가 목표를 현실화하지 못하도록 가로막는 부정적인 믿음의 근간이다. 이 장애물을 원천적으로 해결하려면, 우리는 조건 없는 관심과 사랑, 보살핌을 느끼게 해줄 안전한 피난처를 자신에게 제공해야 한다. 우리는 부모가 자녀에게 느끼는 감정을 바탕으로 생명을 키워내는 자신의 생리적 활동을 자기 연민을 통해 우리 자신에게 적용해야 한다.

우리가 혼자 힘으로 마음속의 장애물을 제거할 수 없을 때가 있다. 그럴 때는 연민이 무엇인지 구체적으로 경험하게 해줄 다른 이의 연민이 필요하다.

사랑과 관심이 일으키는 변화

뉴기니섬 서부에 위치한 파푸아의 오지 밀림에 칠흑 같은 어둠이 찾아왔을 때, 실비아 바스케스-라바도는 길을 잃었다. 그녀는 다른 팀원들과 떨어져 원주민 가이드와 함께 낯선 지역을 몇 시간이나 걸었다. 그곳의 지형은 마치 두 사람에게 장난을 치는 것 같았다. 그들을 속여 희망을 품게 하고는 오도 가도 못하게 만들어버렸다. 해가 떨어지자 불안은 더 커졌다.

실비아는 말했다. "밀림에서 길을 잃는다는 건 죽음을 의미합니다. 드라큘라가 왜 한밤중에 나오는지 아시죠? 밤이 찾아오면 온갖 기괴한 동물이 모습을 드러냅니다. 생존은 장담할 수 없죠."

실비아는 그러한 상황에서 할 수 있는 최고의 선택을 했다. 그녀는 인도네시아 뉴기니섬에서 가장 높은 푼착자야산 정상에 올랐다. 푼착자야산은 높이가 4900미터로 일곱 대륙에서 가장 높은 산들을 일컫는 세븐 서미츠Seven Summits 중 하나였다. 그리고 탄자니아의 킬리만자로, 러시아의 엘브루스, 아르헨티나의 아콩카구아, 호주의 코지어스코에 이어 실비아가 2015년에 다섯 번째로 도전한 정상이기도 했다.

이번 여정은 그저 평범한 등반이 아니었다. 실비아에게는 중요한 상징적 의미가 있는 도전이었다. 페루 리마에서 자란 실비아는 어릴 적 성폭행을 당했다. 끔찍한 경험에 따른 트라우마와 가족의 침묵은 그녀에게 깊은 감정적·정신적 상처를 남겼다. 20대에는 심각한 우울증과 알코올 중독, 그리고 가족에게 성적 정체성을 숨긴 자신을 살아가게 만들어준 여성들과의 파탄의 소용돌이에서 헤어나지 못했다. 이후 실비아는 남성이 지배하는 실리콘밸리의 첨단 기술 세상에서 성공을 거뒀음에도 가슴 깊이 묻어놓은 과거의 상처가 자신을 집어삼키려 위협하고 있다는 사실을 깨달았다. 절망적인 상태의 실비아는 2005년에 페루로 돌아와서 아야와스카 의식에 참여하라는 어머니의 권고를 받아들였다. 실비아는 그 의식에 참여하는 동안 변화의 가능성을 봤다. 자신의 어린 자아가 그녀의 눈앞에 나타나 산으로 둘러싸인 계곡을 함께 걷자고 했다. 실비아는 이러한 환각과 재결합의 경험으로 새로운 목적을 발견했다. 그녀는 세상에서 가장 높은 산들을 오르면서 자신을 치유하기로 결심했다. 그리고 2014년에는 성적 학대를 당한 젊은 여성들에게 등반을 통해 용기를 북돋워 주고자 '용감한 소녀들Courageous Girls'이라는 비영리재단을 설립했다.

실비아는 이러한 사명감으로 여러 용감한 등반가들과 함께 푼착자야의 석회암 지대를 걷기 위해 뉴기니섬으로 향했다. 그들은 헬리콥터를 타고 산기슭에 도착해서 등반을 마친 후 산 아래 마을에 사는 원주민 부족들과 함께 7~8일에 걸쳐 밀림을 뚫고 되돌아오는 계획을 세웠다. 그 과정에서 부족의 남성들은 등반가의 포터로 일하면서 주방 텐트를 설치하고, 여성들은 야영지를 정하고 음식을 준비하는 역할을 맡았다. 이들 부족민은 오지 마을에서 돼지를 기르고 고구마를 재배하면서 수천 년에 걸친 선조들의 전통을 지키며 살았다. 등반을 하는 내내 남성들은 옷을 거의 입지 않았고 많은 여성은 맨발로 걸었다.

정상에 도착한 뒤 부족민들은 그날 밤을 지낼 다음 야영지를 찾기 위해 아침 일찍 떠났다. 그리고 실비아의 동료들은 야심 찬 등반가다운 선택을 내렸다. 기억에 남을 만한 새로운 경험을 하기 위해 서둘러 다음 목적지를 향해 떠난 것이다. 하지만 실비아는 등반에 지친 데다 그곳 지형에 잘 맞지 않는, 진흙투성이 등산화 때문에 발이 아파서 가이드 한 명과 함께 늦게 출발했다. 실비아는 동료들을 금방 따라잡을 생각이었지만, 어디서도 동료들의 흔적을 찾을 수 없었다. 실비아와 가이드는 한참을 걷다가 다시 돌아왔다. 발자국 하나 보이지 않는 곳에서 어떻게든 흔적을 발견하고자 헤맸지만 성과는 없었다. 마치 모든 사람이 홀연히 사라져 버린 듯했다. 그들은 길을 잃었다는 사실을 깨달았다. 특이하게 생긴 나무를 이정표로 삼았지만 다시 제자리로 돌아왔고, 그 일을 다섯 번이나 반복했다.

해가 저물고 있었다. 실비아는 밤중에 밀림에서 길을 잃어버려서는 안 된다는 오지 탐험의 가장 기본적인 규칙을 위험천만하게도 어기고 말았다. 그때 그녀의 머릿속 목소리는 그녀가 꿈을 이룰 수 있다고 말했을까? 아니면 지금까지 많은 산을 올랐지만 이제 무시무시한 밤 짐승들에게 잡아먹혀 흔적도 없이 사라지게 될 거라고 말했을까?

밤이 찾아왔다. 실비아와 가이드는 머리에 매단 플래시 불빛에 의존해서 간신히 앞을 볼 수 있었다. 그들은 주위 소리에 귀를 기울였다. 물이 흐르는 소리인가? 그렇다면 근처에 강이 있다는 말이었다. 하지만 소리가 들려오는 쪽으로 가면 갈수록 소리는 점점 더 멀어졌다. 실비아는 몸속에서 차오르기 시작한 두려움과 절망감을 어떻게든 떨쳐버리고 싶었다. 지금껏 이토록 깊은 어둠을 마주한 적이 없었다. 블랙홀 안에 들어와 있는 것 같았다. 아직 오르지 못한 정상들은 어쩐단 말인가? 그리고 도와주겠다고 약속한 많은 젊은 여성들은?

실비아와 가이드는 길이라고 생각되는 방향으로 걸으며 탈출구를 계속 찾아 헤맸다. 그러나 길은 나타나지 않았다. 많은 실수와 실망 끝에 두 사람은 그들의 본능을 더 이상 믿지 못하게 되었다. 그런데 그 순간 실비아의 눈에 하얗고 반짝이는 작은 물체가 들어왔다. 그녀는 가까이 다가가서 헤드램프로 비춰봤다. 담배꽁초였다! 그건 밀림의 이국적인 나무들 사이에서는 절대 어울리지 않을 작은 쓰레기 조각이었다. 그들이 올바른 길을 따라가고 있다는 신호였다. 두 사람은 5미터 뒤에 또 다른 꽁초가 있을 거라 기대했고 마치 이동 경로를 알려주는 표식처럼 담배꽁초를 쫓았다. 그건 그들이 그토록 갈망했던 지침이었다. 실비아와 가이드는 새로운 희망으로 부푼 채 다시 출발했다. 한편 실비아가 사라졌다는 사실을 깨달은 동료들은 수색팀을 꾸려 걸어온 길을 되돌아갔다. 마침내 실비아는 동료들의 플래시 불빛을 만났고 결국 무사히 캠프로 합류하게 되었다.

다음 날 아침, 전날 오랫동안 길을 헤맸던 실비아는 쉽게 일어나지 못했다. 그런데도 동료들은 재빠르게 짐을 꾸려 떠날 채비를 했다. 그리고 실비아를 안심시키기는커녕 다시 한번 그녀를 두고 떠났다. 실비아는 실망스러운 눈빛으로 동료들의 뒷모습을 바라봤다. 그런데 놀랍게도 부족 여성들이 자신을 향해 몰려들었다. 화려하게 수놓은 옷을 차려입은 여성 중 몇몇은 실비아의 앞에, 그리고 몇몇은 뒤에 섰다. 그러고는 미소를 보이며 다음 야영지까지 안내해 주겠다고 했다. 다시는 길을 잃지 않도록 도와주겠다는 것이었다.

사실 실비아는 처음에 트라우마에 따른 두뇌 손상을 치유하기 위해 나를 찾아왔었다. 나는 그녀에게 재활 방법에 관한 조언을 건넸다. 이후로 우리는 좋은 친구가 되었고 그녀는 내게 이 이야기를 들려줬다. 실비아는 빛나는 눈동자와 열린 마음을 보고 부족 여성들의 뜻을 이해할 수 있었다고 했다. 부족 여성들은 절박한 상황에 처한 그녀를 연민으로 대했다.

실비아는 말했다. "전혀 알지 못했던 사람들에게서 조건 없는, 진정한 보살핌과 연민을 느꼈어요. 그들은 제게 사랑이 무엇인지 가르쳐줬죠. 언어는 문제가 되지 않았어요."

부족 여성들은 밀림에서 빠져나오는 내내 실비아와 함께했다. 그리고 그녀가 목적지에 무사히 도착할 수 있게 해줬다. 실비아는 동성애자로서의 정체성을 공개적으로 밝힌 여성 중 최초로 세븐 서미츠를 모두 오른 인물이 되었다. 그리고 지금도 부족 여성들의 사랑과 관심을 고맙게 간직하고 있다. 그녀는 그들의 조건 없는 사랑으로부터 어려움에 부딪혔을 때 무엇보다 자신에게 연민을 베풀어야 한다는 사실을 배웠다.

마음 훈련: 자기 연민 활용하기

많은 사람이 자기 자신에 대한 최악의 비판자로 살아간다. 비판의 목소리는 성과를 높이고 목표를 이루도록 동기를 부여하기도 하지만, 자존감의 차원에서 우리가 치러야 하는 대가는 너무나 크다. 자신의 가치에 대한 부정적 인식은 언제나 우리를 따라다니며 신체적, 정신적 건강에 심각한 영향을 미친다. 우리가 스스로 무능하고 가치 없고 사랑받지 못했고 앞으로도 그럴 것이며 자신은 사기꾼에 불과하다고 말할 때, 부정적인 대화는 더 심각한 피해를 준다. 우리는 우리 자신의 가능성을 가로막는다. 우리 모두의 내면에는 특별한 힘이 있다. 그러나 부정적인 혼잣말 속에서 그 힘을 잃어가고 있다.

자기 연민은 안전하지 않고 사랑받지 못한다는 만성적인 아픔(우리 자신의 그림자이자 성공에 대한 저항의 근간인)을 치유하는 힘을 갖고 있다. 그리고 자기 연민은 이러한 아픔을 지혜의 원천이자 다른 사람에게 나눠줄 동정심으로 바꿔놓는다.

이 훈련의 목적은 스스로 가치 없다는 뿌리 깊은 믿음에 대처하는 데 있다.

1. 준비하기

A. 훈련에 앞서 방해받지 않을 시간과 장소를 선택한다.

B. 스트레스를 받고 있거나, 마음을 어지럽히는 다른 문제가 있거나, 혹은 24시간 이내에 술을 마셨거나 기분에 영향을 미치는 약물을 복용했다면 마음 훈련을 시작할 더 좋은 때를 찾는다.

C. 종이와 펜을 준비하자.

2. 자세 잡기

A. 시작하기 전에 편안한 자세로 앉아서 눈을 감는다. 마음이 자연스럽게 돌아다니게 하면서 잠시 머릿속에서 울려 퍼지는 모든 부정적인 생각에 귀를 기울여 본다. 특정한 이미지나 생각에 집착하지 말고 마음을 편안히 먹고 부정적인 혼잣말이 자신의 몸속에서 어떻게 존재하고 있는지 인식한다.

B. 몸의 특정 부위에서 감각이 느껴지는가? 어떤 느낌이 드는가?

3. 경험 떠올리기

A. 부정적인 혼잣말이 어떻게 자신을 위축시키고 제약하는지 생각해 본다. 부정적인 혼잣말과 현실을 어떻게 혼동하고 있는지 고민해 본다.

B. 어떤 느낌이 드는가? 슬픔이나 분노, 무력감, 불안이 느껴지는가?

4. 몸 이완하기

A. 똑바른 자세로 앉아서 눈을 감은 채로 코로 들이쉬고 입으로 내쉬는 호흡을 천천히 세 번 반복한다. 이 호흡법이 편안하게 느껴지고 신경이 쓰이지 않을 때까지 반복한다.

B. 발가락에서 시작하여 정수리에 이르기까지 몸을 이완한다. 몸을 이완하면 점차 편안한 느낌이 들 것이다. 그리고 차분함이 자신을 감싸면서 안전하다는 느낌이 들 것이다. 천천히 숨을 들이쉬고 내쉬면서 자신을 평가하거나 자신의 꿈과 욕망을 비난하는 사람들에 대한 걱정을 내려놓는다.

C. 천천히 호흡하는 동안 마음은 편안해지고 몸은 이완된다. 부정적인 혼잣말이 떠오르더라도 그대로 받아들이고 집착하지 않는다. 다시 호흡으로 돌아온다.

5. 안전하다는 느낌 떠올리기

A. 안전하다는 느낌이 어떤 것인지 떠올려 본다. 여기서 많은 이들은 어머니, 혹은 자신을 보살피고 포용해 주는 사랑하는 이를 떠올린다. 예전에 갔었던 외딴 개울가나 가족과 함께하는 따스한 저녁처럼 안전한 분위기 속에 있는 자기 모습을 떠올려도 좋다. 보호받고 있다는 생생한 느낌이면 뭐든지 괜찮다.

B. 관계 속에 있든, 고독 속에 있든 안전한 감각의 효과는 똑같다. 고독이 외로움과는 다르다는 사실에 유의하자. 안전한 느낌에 머물면서 그 밖의 다른 것에는 신경 쓰지 않는다.

6. 좋은 느낌을 심화하기

A. 이 상태에서 자신에 대한 긍정적인 생각, 자신이 좋아하는 자기만의 특성, 그리고 다른 사람에게 사랑과 관심, 보살핌을 베풀었던 삶의 순간을 구체적으로 떠올린다. 천천히 호흡하면서 깊은 만족감과 긍정적인 감정을 느껴본다.

B. 관심과 보살핌을 받을 때뿐만이 아니라 다른 사람에게 베풀 때도 만족감과 충만함을 똑같이 느낄 수 있다는 사실을 이해해 본다. 내면의 선함을 발견하고 느껴본다.

7. 좋은 느낌으로 목욕하기

A. 마음의 눈으로 행복과 충만함, 따스한 사랑을 경험하는 자기 모습을 바라본다. 다른 사람을 위해 조건 없는 사랑을 베푸는 자기 모습을 떠올린다. 천천히 호흡하면서 최대한 구체적으로 이미지를 상상해 본다.

B. 사랑을 주고받는 자기 모습을 바라본다. 그리고 행복과 만족감, 충만함이 자기 몸에 미치는 영향을 인식해 본다. 심박수가 느려지고 호흡이 편안해지는 흐름을 느껴본다. 부정적인 생각이 사라지고, 자기 자신, 자신이 세상에서 차지한 위치, 그리고 다른 사람에게 베푸는 사랑에 관한 긍정적인 생각과 느낌이 그 자리를 대신하는 것을 바라본다.

C. 그다로 앉아서 구체적인 이미지를 떠올린다. 이러한 느낌으로 목욕을 하는 상상을 하며 천천히 호흡을 이어나간다.

D. 부정적인 혼잣말이 자신의 진짜 모습과는 다르다는 사실을 명심한다. 부정적인 생각은 수천 년에 걸친 진화의 과정에서 우리를 보호하기 위해 존재하지만, 오늘날 세상에서는 그저 우리를 제한하고 고통을 유발할 뿐이라는 사실을 이해한다.

8. 자신의 인간성을 인식하자

A. 자신에 관한 긍정적인 생각을 구체적으로 떠올린다. 자신이 극복한 모든 어려움과 성취한 모든 것을 돌아본다. 그리고 삶에는 성공과 실패가 있기 마련이지만 어느 것도 자신을 정의하지는 못한다는 사실을 이해한다. 인간으로서 우리가 살아가는 삶의 본질이 그러하다는 사실을 받아들인다. 나는 사랑받을 가치가 있고 무엇이라도 이룰 수 있으며 성공할 자격이 있고 사기꾼이 아니라는 이야기를 계속해서 스스로에게 들려준다.

B. 어쩌면 자신에게 들려주는 이야기를 스스로 믿지 못할 수도 있다. 그건 자연스러운 현상이다. 다만 지금으로서는 그렇게 믿는 것처럼 행동하는 것만으로 충분하다. 끈기만 있다면 그 믿음은 점점 더 깊어질 것이다. 이러한 사실을 받아들이면서 천천히 호흡을 이어가는 가운데 차분함과 만족감을 느껴본다.

C. 차분함과 만족감을 느끼면서 사랑이 자신을 감싸는 상상을 한다. 사랑은 생명을 키워내고 자신의 힘과 잠재력을 바라보게 만드는 힘이 있다는 사실을 이해한다. 이러한 생각을 하면서 계속해서 천천히 호흡을 이어간다. 숨을 들이쉬고 내쉰다.

D. 이완과 차분함을 느낀다.

9. 기록하기

A. 자신이 누구인지, 무엇을 할 수 있는지, 어떻게 다른 이들에게 긍정적인 영향을 미칠 수 있는지에 대한 긍정적인 느낌을 떠올린 후, 그 내용을 자기만의 언어로 종이에 적어본다. 마음 깊은 곳에서 안전함과 따스함, 그리고 뭐든 할 수 있다는 자신감이 언제, 어떻게 떠오르는지 바라본다.

B. 최대한 구체적으로 쓴다. 문장이든 단어든 상관없다. 중요한 것은 내면의 힘과 보살피고 양육하는 힘, 그리고 그러한 활동이 자기 몸에 미치는 영향을 구체적으로 묘사하는 것이다. 마음과 생각의 틀을 새롭게 함으로써 스스로 부여한 제약에서 벗어날 수 있다.

C. 그대로 눈을 감고 앉아서 천천히 코로 들이쉬고 입으로 내쉬는 호흡을 3~5회 반복한다. 이제 눈을 뜬다.

10. 검토하기

A. 먼저 자신이 쓴 글을 눈으로 읽어본다. 그리고 소리 내어 읽는다.

B. 앉아서 내면의 힘, 그리고 자신을 보살피고 양육하는 행동이 자기 몸과 마음에 어떤 영향을 미치는지 생각해 본다. 잠시 눈을 감고 그 느낌에 주목한다.

C. 이제 보살피고 양육하는 행동이 어떻게 안전하다는 느낌을 주고

내면의 힘을 키우는지, 그리고 현실화하게 만드는지 생각해 본다.

11. 경험을 이해하기

A. 우리는 사랑을 받고, 스스로와 타인에게 사랑을 베풀 수 있으며 이를 통해 긍정적인 자기 인식을 만들어낼 수 있다는 만족감과 함께 편안함과 차분함을 느껴본다.

B. 이러한 느낌과 태도로 자신에게 가장 소중한 욕망과 소망을 현실화하기 위한 기반을 마련할 수 있다.

주의를 흩트리는 내면의 비판자의 힘을 억제하고 마음의 상처에 의식적으로 관심을 기울였다면, 이제 우리는 자신의 현저성 신경망에 무엇이 중요한지 가르칠 수 있게 되었다. 지금까지 내면의 나침반에 분명하고 일관적으로 접근하는 방법을 살펴봤다. 꿈을 자유롭게 시각화하고 예행연습을 할 때, 우리는 상상력의 힘을 발휘하여 그 꿈을 생생하게 느끼고, 또한 잠재의식이 우리의 목표와 꿈을 추구하도록 가르치기 위해 필요한 긍정적인 감정에 쉽게 접근할 수 있다.

네 번째 단계인 다음 장에서는 우리의 잠재의식 속에서 살아가

는 '문서 관리원과 블러드하운드'에 접근해서 이들이 우리의 의도
를 최선을 다해 추구하게 만드는 방법을 알아보자.

지금 하는 일에 모든 생각을 집중하자.
태양광도 초점이 흐려지면 아무것도 태우지 못한다.

– 알렉산더 그레이엄 벨

5장

네 번째 단계 :
의도를 잠재의식에 새기기

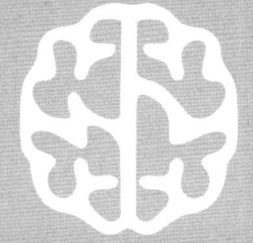

✴ ✴ ✴

짐 캐리의 1000만 달러짜리 수표는 대중문화에서 현실화의 힘을 보여주는 유명한 사례다. 그런데 그 자세한 이야기는 잘 알려져 있지 않다.

캐리가 〈마크 마론에게 무슨 일이WTF with Marc Maron〉라는 팟캐스트에 출연해서 이야기했듯 토론토에서 자랐던 그의 어린 시절은 그리 순탄하지 않았다. 그의 어머니 캐슬린은 류머티즘 관절염과 대장염 등의 질환과 심각한 우울증으로 많은 어려움을 겪었다. 알코올 중독자 부모 밑에서 자란 캐슬린은 진통제에 중독되었고, 캐리가 보기에 감정적인 차원에서 자녀들을 저버렸다. 캐리의 아버지 퍼시는 재능 있는 재즈 뮤지션이었지만 아내의 병원비를 대느라 색소폰까지 팔아야 했다. 캐리는 아버지에 대해 이렇게 설명했다. "미친 듯이 유쾌하고 믿을 수 없을 만큼 재미있는 캐릭터였습니다. 아버지는 단지 이야기를 들려주는 사람이 아니라 캐릭터 그 자체였습니다. 제가 코미디를 하면서 시도했던 모든 건 다 아버지에게서 나온 겁니다. 전 아버지를 너무나 사랑했습니다."

2014년 마하리시국제대학교 졸업식 연설에서 캐리는 자신의 아버지는 유명한 코미디언이 될 수 있었지만 확신이 없어서 되지 못했다고 말했다. 대신 아버지는 회계원으로 취직하여 안전한 길을 택했다. 그러나 캐리가 열두 살 되던 해에 해고를 당하자 가족 모두는 살아남기 위해 싸워야 했다. 캐리는 말했다. "아버지로부터 많은 교훈을 배웠습니다. 그중에서 가장 중요한 것은 원치 않는 일을 해도 얼마든지 실패할 수 있으니 차라리 좋아하는 일을 선택하는 게 낫다는 깨달음이었습니다."

아버지가 쉰한 살에 해고된 이후로, 캐리의 가족은 폭스바겐 자동차에서 잠을 자거나 고모 집 마당 한편에 텐트를 치고 살았다. 이후 아버지는 스카버러에 있는 타이탄휠 타이어 공장에 수위로 취직했다. 그런데 그곳 직원들은 서로 갈등을 빚을 때면 일부러 싱크대에 용변을 보는 등 아버지를 힘들게 하곤 했다. 그 시절 캐리는 예전처럼 좋은 성적을 유지하지 못했고, 본격적으로 생활 전선에 뛰어들기 위해 결국 열여섯 살에 학교를 그만뒀다. 그는 어릴 적 겪은 어려움으로 세상에 개인적인 복수심을 품었고 가족의 경제적·정서적 어려움 때문에 세상을 원망했다. 그는 세상이 불공평하고 냉혹한 곳이라고 믿었다.

캐리는 초등학교 3학년 때부터 거울 앞에 서서 재미있는 표정을 짓거나 웃긴 목소리로 혼잣말을 했다. 또 이웃 사람이나 TV 유명인을 흉내 내서 가족들을 즐겁게 했다. 한번은 어머니가 아팠을 때 속옷 차림으로 침대에 올라가 기도하는 사마귀 흉내를 내서 배가 아플 때까지 어머니를 웃기기도 했다. 또한 저녁 식사에 초대한 손님들 앞에서 별난 쇼를 선보이기도 했다. 퍼시는 열다섯 살의 캐리를 토론토에 있는 유크유크스Yuk Yuk's라는 유명 코미디 클럽으로 데려가 무대 위에 올렸다. 그때 캐리는 공연을 완전히 망쳤지만, 어쨌든 이를 계기로 코미디 스타가 되기로 결심했다. 그리고 로스앤젤레스로 넘어가서 재능을 본격적으로 키우기 시작했다.

캐리의 꿈은 컸다. 1994년《무비라인》잡지와의 인터뷰에서 그는 이렇게 말했다. "언제나 마법을 믿었습니다." 그는 유명해지기 전에 멀홀랜드 드라이브 도로를 따라 운전하는 의식을 매일 수행했다. 그는 도시가 한눈에 내려다보이는 곳에 차를 세우고는 두 팔을 벌리고 자신에게 이렇게 외쳤다. "모두가 나와 함께 일하기를 원한다. 나는 훌륭한 배우다. 온갖 멋진 영화에 출연해달라는 요청이 밀려든다." 그는 이러한 이야기를 반복하고 그 이야기가 실현되는 장면을 시각화함으로써 영화 작품들이 자신을 기다리고 있다고 스스로 설득했다. 그리고 다시 차를 몰고 언덕을 내려오면서 이렇게 다짐했다. "영화 작품들이 나를 기다리고 있다. 다만 아직 소식을 듣지 못했을 뿐이다." 그렇게 언덕을 내려왔을 때, 그의 마음은 행복과 가능성, 기쁨으로 가득했고 상상 속에서 수많은 축하와 성공을 경험했다. 캐리는 이러한 자기 확신이 어릴 적 가정 환경에서 비롯된 부정적인 믿음에 맞서 싸우기 위한 자신만의 처방이었다고 설명했다.

유명해지기 몇 년 전, 캐리는 '출연료' 명목으로 1000만 달러짜리 수표를 자신에게 쓰면서, 그 날짜를 '1995년 추수감사일'로 적었다. 그는 수표를 지갑에 넣고 다녔고 그러는 동안 많이 해졌다. 지갑을 열 때마다 캐리는 수표를 보며 자신의 의도를 상기하고 이야기를 계속해서 떠올리면서 자신이 바라던 모든 꿈을 이미 성취했다는 확신을 잠재의식 속에 집어넣었다. 그리고 이후로 3년 동안 캐리는 〈에이스 벤츄라〉와 〈마스크〉, 〈덤 앤 더머〉에 출연했다. 이 세 편의 영화 모두 전 세계 박스오피스 기록을 갈아치우며 캐리를 세계 최고의 투비스타로 만들어줬다.

캐리가 자신의 의도를 현실화할 수 있었던 것은 세 편의 영화를 찍기 전에 자신에게 발행했던 수표 덕분이었다. 그는 수표를 보며 은행에 1000만 달러가 있다고 상상했다. 그런데 안타깝게도 그의 아버지 퍼시 캐리가 〈마스크〉 개봉 직후에 세상을 떠났다. 캐리는 10년 전에 썼던 1000만 달러 수표를 아버지의 주머니에 넣어서 그와 함께 묻었다.

캐리의 자기 확신이 어떻게 효과를 발휘했는지 이해하려면 몰입 상태의 집중력에서 최면과 플라세보에 이르기까지 의도를 잠재의식에 심어 넣는 두뇌 속 과정을 자세히 들여다볼 필요가 있다. 캐리의 사례는 특별한 경우처럼 보일 수도 있지만, 앞으로 살펴볼 신경망 렌즈를 통해 이 이야기를 들여다보면 캐리의 경험을 온전히 이해할 수 있다.

우리 두뇌가 목표를 무시할 때

기업가들 사이에서 종종 회자되는 격언이 있다. 사람들은 그들이 알고 좋아하고 신뢰하는 사람과 비즈니스를 한다는 것이다. 그런데 이 말은 소기업 사장과 야심 찬 기업가, 대기업 CEO는 물론, 우리 두뇌에도 해당된다.

두뇌는 외부 자극을 끊임없이 차단하고 대부분의 경험을 의도적으로 걸러낸다. 마치 파티에 가지 않고 온종일 소파에 틀어박혀 지내는 사람처럼, 우리 두뇌는 건강하든 아니든 복잡한 회로를 변경하도록 강요하는 새로운 경험에 끊임없이 저항한다. 그것은 인간의 두뇌가 에너지를 극단적으로 절약하도록 만들어졌기 때문이다.

두뇌가 생각하고, 상상하고, 추상적인 추론을 할 때마다 엄청난 에너지를 소비한다. 성인 인간의 경우, 두뇌는 체중의 약 2퍼센트에 불과하지만 산소 소비량, 즉 전체 소비 칼로리에서 차지하는 비중은 무려 20퍼센트에 이른다. 즉, 두뇌는 우리 몸의 어느 장기보다 더 많은 에너지를 소비한다. 해면체 코일이 교차하는 회색질 안에는 1000억 개가 넘는 두뇌 세포가 있으며, 각각의 세포는 거대한 신경망 안에서 1만개가 넘는 연결고리로 이어져 있다. 이러한 그물망은 1000조 개의 시냅스 연결로 이뤄져 있으며, 그 수는 우주의 별보다 더 많다. 두뇌는 에너지 예산의 약 2/3를 뉴런끼리 신호를 주고받는 과정에 사용하며, 나머지 1/3은 '집안 살림', 즉 세포 건강을 유지하는 일에 쓴다.

두뇌의 인색함은 인류의 진화에 뿌리를 두고 있다. 고차원적인 사고를 위해 세포를 연결하는 두뇌 활동에 들어가는 높은 에너지 비용은 인류에게 중대한 문제였다. 이 거대한 에너지 예산을 감당하기 위해 사바나에 살았던 우리의 선조들은 엄청난 연료를 공급해야 했다. 이와 관련해서 요리의 발명, 특히 육류 요리법의 발명은 그처럼 복잡한 두뇌를 만들어내는 과정에서 우리 선조들이 필요로 했던 엄청난 칼로리와 직접적인 연관이 있다는 가설까지 나와 있다.

그러나 동물을 사냥하기 위해서는 엄청난 에너지가 필요했다. 그리고 두뇌는 근육이 지방을 축적하는 것처럼 잉여 에너지를 저장할 수 없었다. 두뇌는 에너지가 필요한 순간에 재빨리 구할 수 있는 연료를 끌어다 써야만 했다. 즉, 혈당이 필요했다. 두뇌가 더 많은 일을 할수록 혈당 수치는 더 높아야 했다. 혈당은 우리 몸의 고급 무연 휘발유와 같다. 하지만 이처럼 귀중한 연료는 충분히 공급되지 않으며, 우리 몸은 그 연료를 아주 인색한 방식으로 두 뇌에 양보한다.

우리 두뇌는 이러한 진화적 유산과 더불어 최선을 다해 에너지를 아끼려고 노력한다. 또 아주 다양한 방식으로 그렇게 한다. 어릴 적 좋아했던 TV 프로그램에 나왔던 용감한 꼬마의 이름이 기억나지 않아 안타까웠던 경험이 있는가? 그건 두뇌가 학습 메커니즘과 함께 망각 메커니즘도 개발했기 때문이다. 우리가 어떤 정보를 떠올리려고 더 이상 애쓰지 않을 때, 두뇌의 망각 메커니즘은 그 정보를 삭제해 버린다. 또한 두뇌는 다양한 지름길 기술로 정보를 암호화해서 처리한다. 예를 들어 '빙산 현상iceberg phenomenon' 이라는 것이 있다. 이 개념에 따르면 두뇌는 핵심적인 정보(빙산의 일각)만을 받아들이고 수면 아래의 얼음덩어리는 그냥 흘려 보낸다. 이러한 두뇌 기능은 체계적인 조건화를 기반으로 기존 관점을 지지하는 정보를 추구하는 성향에서 특정 유형의 사람을 무의식적으로 선택하는 성향에 이르기까지 모든 편향의 출발점이 되었다. 즉, 우리 두뇌는 정보를 처리하는 기계라기보다 지름길을 이용해서 효율적으로 에너지를 아끼는 예측 기계라 하겠다.

이러한 사실이 현실화와 관련해서 우리에게 의미하는 바는 두뇌가 목표에 익숙하지 않으면 기본적으로 그 목표를 무시하게 된다는 것이다. 새로운 정보를 받아들이려면 많은 에너지가 필요하다. 어떤 욕망이 두뇌에 너무 생소한 것이라 이를 실현하려면 엄청난 에너지가 필요하다고 판단을 내릴 때, 두뇌는 다른 방법으로 시선을 돌린다. 그 주된 방식은 기회를 외면하는 것이다. 새로운 동료나 더 나은 일자리, 혹은 거주지를 찾는 데 계속 실패와 좌절을 반복한다면, 그건 두뇌가 말 그대로 우리가 찾고 있는 대상을 우리에게 보여주지 않기 때문이다. 두뇌가 그렇게 하는 이유는 우리가 그 대상에 관심이 있다는 사실을 모르기 때문이다. 두뇌는 단지 시스템이 원활하게 돌아가도록 자신의 임무를 수행하면서 현저성이 낮다고 분류한 모든 정보를 삭제한다. 혹은 우리가 찾고 있던 대상을 마주했을 때, 두뇌는 두려움을 느끼고 그것을 외면하기도 한다. 두뇌의 이러한 모습은 예외적인 상황이 아니다. 두려움은 욕망을 경험하는 낯선 과정에서 두뇌가 우리를 보호하는 수단이기 때문이다.

시각화 훈련은 곧 두뇌가 우리의 욕망과 친숙해져서 그 욕망을 즉각 알아볼 수 있도록 가르치는 활동이다. 두뇌가 우리의 욕망에 친숙해지려면 시각화 훈련을 아주 많이 반복해야 한다. 우리는 두뇌가 욕망을 받아들이는 과정에서 에너지를 가급적 적게 소비하도록 만들어야 한다. 다시 말해 우리의 욕망이 꼭 맞는 편안한 슬리퍼처럼 두뇌 속으로 미끄러져 들어가도록 만들어야 한다. 그럴 때 두뇌는 아무런 저항 없이 자연스럽게 욕망을 받아들일 것이다.

이러한 현상을 일컬어 '인지적 편안함cognitive ease'이라고 한다. 두뇌가 우리의 욕망을 구석구석 이해할 때, 그 욕망을 우리의 삶으로 받아들이는 데는 많은 에너지가 필요하지 않다. 두뇌가 우리의 목표를 익숙하게 여기도록 미리 에너지를 투자해 둔다면, 두뇌는 그 목표를 실제로 맞닥뜨린 순간에 지불해야 할 엄청난 비용에 놀라서 주춤하지는 않을 것이다. 우리의 욕망이 두뇌와 거래하기 위해 모습을 드러낼 때, 두뇌는 이미 우리의 욕망을 잘 알고, 좋아하고, 신뢰하고 있을 것이다.

하지만 두뇌가 욕망을 의식적인 차원에서 이해하도록 가르치는 것만으로는 충분하지 않다. 우리는 욕망을 두뇌가 자동으로 처리하는 정보의 형태로 만들어놓아야 한다. 두뇌는 마음 깊은 곳으로부터, 즉 잠재의식의 차원에서 욕망을 알아야 한다. 그래야만 의식적인 마음이 다른 곳에 집중하고 있을 때도 욕망을 알아보고 쫓을 것이다.

잠재의식을 길들이는 방법

일반적으로 우리의 마음에는 의식과 잠재의식(혹은 전의식 preconscious), 그리고 무의식이 존재한다고 말한다. 여기서 잠재의식과 무의식으로 구성된 신경계의 자동적인 부분은 의식 아래에 있는 마음의 영역에 해당한다.* 앞서 우리는 마음의 구조를 빙산에 비유했다. 의식적인 마음(일반적으로 깨어 있는 상태에서 인식하는)은 수면 위로 솟은 부분으로 전체 마음에서 10퍼센트 미만을 차지한다. 반면 잠재의식과 무의식은 수면 아래에 잠겨 있는 나머지 부분으로 90퍼센트 이상을 차지한다. 간단히 말해, 의식적인 마음이란 내적·외적 존재에 대한 인식을 뜻한다. 그리고 이러한 인식

---

* 의식에 대한 현대적인 개념의 기원은 존 로크로 거슬러 올라간다. 로크는 1689년 『인간 지성론Essay Concerning Human Understanding』에서 의식을 '인간의 마음속에서 흘러가는 것에 대한 지각'이라고 정의했다. 그러나 이와 비슷한 맥락에서 의식에 관한 기록은 기원전 4세기 아리스토텔레스나 그 이전으로 거슬러 올라간다. 18세기 독일 철학자 프리드리히 셸링Friedrich Schelling은 '무의식적인 마음unconscious mind'이라는 용어를 처음으로 사용하면서 이를 의식적인 마음의 표면 아래에 존재하는 기능으로 정의했다. 파라켈수스Paracelsus는 1567년 저서, 『질병으로부터Von den Krankheiten』를 통해 인식의 무의식적 측면을 처음으로 다룬 것으로 인정받는다. 하지만 인식의 무의식적 측면은 사실 인도의 베다를 비롯한 다양한 경전에서 이미 언급되었고, 그 시기는 적어도 기원전 2500년에 이른다. 무의식이라는 개념의 발견은 널리 알려져 있듯이 지그문트 프로이트에서 이뤄졌지만, 윌리엄 제임스William James는 1890년 논문 『심리학 원리The Principles of Psychology』에서 유럽 철학자들이 전통적으로 어떻게 '무의식unconsciousness'이라는 용어를 사용해 왔는지 이미 폭넓게 고찰했다. 정신 의학 역사가인 마크 알트슐Mark Altschule은 이렇게 지적했다. "19세기 심리학자, 혹은 정신과 의사 중에서 무의식적 대뇌 작용을 실질적이면서 가장 중요하다고 인식하지 않았던 이를 발견하기는 어렵거나 아마도 불가능할 것이다." 오늘날 '의식적인' 마음에 대한 정의는 모든 형태의 감정과 경험, 인식과 지각을 포함한다. 그리고 잠재의식이나 무의식적 마음이 의식적인 행동에 영향을 미친다는 사실을 부인하지 않는다. 그런데 이러한 논의는 종종 의식적인 마음이 의사결정에 미치는 영향이 뚜렷하지 않다는 차원에서는 물론, 모든 행동은 분자와 원자, 입자의 상호작용을 바탕으로 예측할 수 있으며, 그래서 모든 사건인 이미 결정되어 있다는 심오한 믿음의 차원에서 자유의지에 관한 논의로 흘러가곤 한다. 하지만 이 논의는 이 책의 주제 범위를 넘어서는 것으로, 관련된 저서가 이미 많이 나와 있다.

은 오감과 감각질qualia(감각에 대한 주관적 해석), 기억과 과거 경험에 대한 의식적인 접근에 기반을 둔다. 오늘날 의식에 대한 이러한 정의는 일반적으로 모든 형태의 감각과 인지, 지각을 포함한다.

우리는 의식적인 차원에서 주변에서 일어나는 사건과 다른 사람과의 관계, 생존을 위한 과정, 생존에 필요한 감각 정보, 그리고 지금 여기서 일어나는 사건을 인식한다. 그러나 일반적으로 자동으로 이뤄지는 다양한 기능은 인식하지 못한다. 예를 들어 체온과 심박수 조절, 호르몬 분비, 신체 항상성 유지(자율적인 과정)에 필요한 다양한 요인이 여기에 해당한다. 이러한 신체 메커니즘은 수백만 년에 걸쳐 진화해 왔다.

우리는 인식하지 못하지만, 수면 아래에 잠긴 거대한 90퍼센트의 빙산은 우리 행동에 중대한 영향을 미친다. 잠재의식은 쉼 없이 일하고 우리를 보살피며 많은 결정을 자율적으로 내린다. 우리는 수면 아래에서 거대하고 복잡한 과정이 활발하게 이뤄지고 있다는 사실을 의식적으로 이해하지만, 그래도 그 기능에 종종 놀라곤 한다. 잠재의식은 생소하고 마술적이며 심지어 위협적으로 보이기까지 한다. 그건 어떻게 작동하는지, 혹은 무슨 일을 하는지 눈으로 볼 수 없기 때문이다. 우리는 잠재의식을 무대 뒤에서 생명의 끈을 잡아당기는 어둠의 조종자처럼 느끼기도 한다. 특정한 사람과 장소, 사물에 대한 우리의 반응은 대부분 잠재의식의 차원에서, 즉 수면 아래에서 이뤄지며, 우리에게는 그 과정에 개입할 권한이 없다고 느낀다. 그래서 우리는 잠재의식의 존재를 외면한다. 그리고 잠재의식은 우리가 의식하지 못하는 상태에서 우리의 행동을 조종한다.

우리는 현실화의 과정을 통해 잠재의식과 친구가 된다. 비록 잠재의식이 어떻게 작동하는지 정확히 알지 못한다고 해도, 그 지혜와 힘을 인식하고 훈련하는 과정을 통해 잠재의식이 우리를 위해 일하도록 만들 수 있다. 우리는 자신의 의식이 잠재의식에 의존한다는 사실을 겸손한 자세로 받아들여야 한다. 궁극적으로 우리는 잠재의식이 직관과 내면의 지침, 창조성, 회복탄력성의 원천이라는 사실을 깨달아야 한다. 실제로 우리가 길을 잃지 않고 목표를 추구할 수 있도록 만들어주는 것 역시 잠재의식이다. 그건 잠재의식이 자의식에 의해 위축되거나 흐트러지지 않고 자율성을 발휘할 수 있기 때문이다.

잠재의식 시스템은 우리의 진정한 의도와 주의를 계속해서 앗아가는 끊임없는 저잘거림을 구분하는 능력을 갖고 있다. 그래서 잠재의식은 마음속 재잘거림에 방해받지 않고서 의도를 확고하게 붙잡을 수 있다. 잠재의식은 주의 분산에서 벗어나 과제에 온전히 집중할 수 있다. 이러한 점에서 잠재의식은 주의가 기회를 포착할 가능성을 극대화한다.

이러한 잠재의식과 협력하기 위해서는 우리가 무엇을 중요하게 여기는지 잠재의식에 가르쳐야 한다. 이를 위해서는 우리가 주의를 두는 곳과 주의를 집중하기로 선택한 대상을 느끼는 방식을 바꿔야 한다. 이를 통해 잠재의식을 내면의 나침반이 가리키는 곳으로 향하게 할 수 있다. 업무와 해야 할 일, 다른 사람의 생각, 오늘 있었던 일에 대해 계속 생각하면서 주의가 흐트러질 때, 우리는 잠재의식이 내면의 안내자가 되도록 의도를 의식적으로 주입하는 과제에 집중하지 못한다.

우리는 반복적인 훈련과 긍정적인 감정을 통해 잠재의식에 무엇이 중요한지 가르쳐야 한다. 우리는 의식儀式과 시각화 훈련을 반복함으로써 몰입 상태로 들어설 수 있다. 즉, 내면의 활동에 온전히 몰입할 수 있다. 실제 경험에서 비롯되었든, 아니면 상상에서 비롯되었든 긍정적인 감정을 생생하게 경험함으로써 우리는 잠재의식이 우리 몸의 생물학적인 보상 시스템과 협력하여 우리가 추구하는 목표에 집중하도록 가르쳐야 한다. 그럴 때 자의식은 힘을 잃고, 우리는 정신적인 습관에서 비롯된 제약적인 믿음을 뛰어넘어 연민에 대한 인식이나 상상력과 같은 심오한 원천으로부터 도움을 받을 수 있다. 내면의 비전에 몰입한 상태에서 우리는 창조성에 접근하고 잠재의식 속에서 의도를 분명히 밝힐 수 있다. 여기서 마법은 우리가 일상생활 속에서 내면의 의도를 의식적으로 생각하지 않을 때도 잠재의식은 끊임없이 내면의 의도를 실현하는 방향으로 우리를 나아가게 만든다는 사실이다.

문서 관리원과 블러드하운드

잠재의식을 문서 관리원과 블러드하운드bloodhound(뛰어난 후각으로 사냥과 수색에 쓰이는 초대형 견종—옮긴이)에 비유해 볼 수 있다. 문서 관리원은 두뇌의 에너지를 절약하고 우리의 요구를 바탕으로 협소한 공간의 문서 보관함을 관리한다. 문서 관리원이 문서를 문서 보관함에 넣으면 블러드하운드는 그 냄새를 맡고 주변에 비슷한 냄새를 풍기는 게 있는지 끊임없이 탐색한다. 그러고는 잠재의식의 차원에서 모든 힘과 집중력, 기회를 활용해 의도의 현실화에 주의를 기울인다. 이는 '공시성synchronicity(인과관계로 설명할 수는 없지만 개인적으로 중요한 의미를 지니는 우연의 일치—옮긴이)의 경험'을 뜻한다. 그렇게 우리의 욕망을 실현해 줄 특정한 연결고리가 예상치 못하게 모습을 드러낸다. 이러한 현상은 현실화의 핵심 요소다.

앞서 살펴봤듯이 잠재의식은 중요한 공간이며 우리의 운명을 실현하는 힘을 갖고 있다. 의식적인 마음은 잠재의식이 추구하는 것을 발견한다. 우리가 위협을 받거나 잠재의식의 차원에서 피해를 볼 수 있는 위험한 세상에서 살고 있다고 느낄 때, 우리의 블러드하운드는 위험 요인을 탐색하기 시작한다. 그리고 우리는 그에 따라 외부 환경에서 점점 더 많은 위험 요인을 발견하게 된다. 반면 잠재의식에 관계와 기쁨, 충만, 성공을 추구하도록 가르칠 때, 우리는 이러한 긍정적인 감정을 현실에서 경험할 수 있는 더 많은 기회를 자연스럽게 발견하게 된다. 그렇다면 우리가 던져야 할 질문은 이것이다. 문서 보관함에 어떻게 접근할 수 있을까?

왜 생각한 대로 행동하지 않을까

비단 잠재의식 안에 있는 문서 보관함만 제한적인 것은 아니다. 의식적인 주의도 대단히 제한적이다. 인간이라고 하는 시스템은 1초에 약 1000만 비트에 달하는 데이터 폭격을 맞고 있으며, 이는 HD 화질의 영화 열 편에 해당하는 용량이다. 하지만 우리의 시스템이 1초에 처리할 수 있는 용량은 약 50비트에 불과하다. 다시 말해 우리의 의식적인 마음은 두뇌가 받아들이는 정보량의 약 99.9995퍼센트를 처리하지 못하고 흘려보낸다는 뜻이다.

이로 인해 우리 두뇌는 주의와 선택보다 부주의와 관성에 더 익숙하다. 우리가 내리는 선택의 대부분은 제대로 이해하지 못하는 습관이나 위협에 따른 반사적인 반응에서 비롯된다. 그래서 우리는 선택의 순간에 멈춰 서서 자신이 정말로 무엇을 원하는지 자신에게 물어보지 않는다. 대신 잠재의식이 결정하도록 맡겨버린다. 그 결과 우리가 진정으로 바라는 것과 우리가 실제로 행동하는 것 사이에 단절이 발생한다. 그래서 우리는 건강한 주의 습관을 의식적으로 만들어내야 한다. 특정한 의도에 주의를 더 많이 기울일 때, 우리는 문서 관리원에게 그 의도를 우선시하라고 적극적으로 가르치게 된다. 이는 '주의가 향하는 곳으로 에너지가 흘러간다'라는 의미다. 이러한 이유로 두뇌 피질은 현실화 과정에서 중요한 역할을 담당한다. 피질은 초당 50비트 용량에 달하는 우리의 주의를 자신이 선택하는 곳으로 집중하게 만드는 힘을 갖고 있다.

잠재의식과 관련해서 우리가 알아야 할 중요한 사실은 잠재의식이 반복에 반응한다는 점이다. 특정 결과에 집중하고, 시각화하고, 오감을 동원해서 풍부하게 상상하고, 욕망을 자기 자신과 세상에 반복적으로 드러낼수록 문서 관리원은 욕망의 현저성을 인식하고 블러드하운드는 우리의 의식이 의도를 현실화하도록 더 힘차게 뛰어다닐 것이다.

우리는 몰입과 최면, 그리고 플라세보 효과와 같은 여러 비슷한 방법을 통해서 의도를 어떻게 잠재의식 속으로 집어넣을 수 있는지 이해하게 된다.

잠재의식의 작동법

부정성과 위협에 대한 인식이 잠재의식에 강력한 힘을 발휘할 수 있는 이유는 우리 두뇌의 진화적 구조로 인해 교감신경계가 신경 처리 과정을 거치지 않고서도 잠재의식에 직접 접근할 수 있기 때문이다. 다시 말해 위협 인식에 따른 투쟁과 도주, 경직 반응은 의식적인 마음의 감시를 거의 받지 않거나 심지어는 전혀 받지 않고도 활성화될 수 있다. 앞서 살펴봤듯이 문제는 교감신경계가 자기 역할을 수행하기 위해 반사적으로 작동하면서 다른 모든 것을 장악한다는 것이다. 이러한 일이 가능한 이유는 교감신경계의 임무(적어도 수천 년 전에 위협에 대응하기 위해 주어진)가 우리를 보호하고 생명을 유지하는 것이기 때문이다. 그러나 안타깝게도 교감신경계가 하는 많은 일은 우리의 생존 유지에 별 도움이 되지 않으며, 사회적 성공에 그리 긍정적인 영향을 미치지 못한다. 교감신경계가 잠재의식에 영향력을 행사하는 동안, 우리의 문서 보관함은 두려움과 공포, 불안, 그리고 삶의 경험을 부정적이고 위협적이며 제한적인 것으로 왜곡하는 습관적인 믿음으로 넘쳐난다. 잠재의식을 이해하기에 앞서 우리는 생존과 관련된 두려움과 욕망이 진화적 유산의 산물이라는 점을 먼저 알아야 한다.

그러므로 잠재의식의 힘을 활용하려면 교감신경계의 모든 변덕과 욕망을 올바른 방향으로 돌려야 한다. 다시 말해 스트레스를 받고 불안을 느끼는 우리의 성향이 잠재의식 속에 심어진, 그리고 기본적인 소프트웨어가 되어버린 진화적 전임자들의 경험에서 비롯되었다는 사실을 이해해야 한다. 잠재의식이 어떻게 작동하는지 이해할 때, 우리는 비로소 정보를 잠재의식 시스템에 집어넣을 수 있다. 자신이 '선택한' 정보를 잠재의식에 집어넣음으로써, 잠재의식이 교감신경계로부터 얻는 기본적인 정보를 대체할 수 있다. 즉, 자기주도권을 행사할 수 있다.

이를 위해 우리가 해야 할 일은 두뇌의 고차원적 통제 시스템인 피질을 활용해서 미주 신경이 우리의 의도에 반응하도록 만드는 것이다. 이를 통해 우리는 잠재의식에 영향을 미칠 수 있는 직접적인 신경 경로를 형성하게 된다. 자신이 바라는 결과에 대해 강력한 긍정적인 감정을 불러일으키는 시각화 훈련을 반복적으로 수행하고 의식을 단련함으로써 우리는 부교감신경계를 강화하고 교감신경계를 제어할 수 있다.

잠재의식은 팽창하고 수축하는 특성을 보인다. 교감신경계는 잠재의식에 무의식적으로 영향을 미치는 반면, 두뇌 피질은 잠재의식에 '의식적으로' 영향을 미친다. 우리가 피질의 힘을 활용할 때, 교감신경계가 잠재의식에서 차지하고 있는 부당한 독점권을 빼앗아 올 수 있다. 이를 통해 우리를 중요한 의도에서 멀어지게 하는, 외면하기 힘든 생존에 관한 두려움의 손아귀에서 빠져나올 수 있다. 우리는 암시와 의식적인 반복 훈련을 통해 교감신경계가 잠재의식에 접근하는 경로를 차단하고 잠재의식을 긍정적인 이야기로 채워 넣을 수 있다.

이러한 선택의 힘의 중요성은 아무리 강조해도 지나치지 않다. 대부분의 사람들이 자동으로 이뤄지는 행동에 긍정적인 영향을 미칠 수 없으므로 자신의 미래를 결정하는 과정에 아무런 선택권이 없다는 믿음으로 살아간다. 이 말은 교감신경계가 우리의 행동과 생각의 기본 동인이 되도록 허용한다는 뜻이다. 그리고 그러한 행동과 생각은 두려움으로 이어진다. 이러한 행동과 생각을 우리의 관리 통제 영역인 부교감신경계가 의식적인 차원에서는 물론, 잠재의식적인 차원에서도 우리가 세상에 반응하는 방식을 바꿀 수 있다는 믿음에 따른 행동 및 생각과 비교해 보자. 대부분 이해하지 못하지만, 우리는 분명히 잠재의식에 접근할 권한을 갖고 있으며, 이를 통해 미래를 바꿀 수 있다.

몰입의 비밀

심리학자 미하이 칙센트미하이Mihaly Csikszentmihalyi에 의해 대중화된 용어인 '몰입flow'은 일반적으로 자기참조적 사고self-referential thinking를 억제하는 과제에 온전히 몰두한 상태를 뜻한다. 우리는 행동을 요구하는 뚜렷한 목표가 있을 때, 그리고 자신의 역량이 직면한 도전 과제에 부합할 때 몰입 상태에 들어서게 된다.

우리는 몰입 상태에서 자신을 초월하는 경험을 한다. 내면의 비판자의 가시 돋친 목소리가 사그라들고 습관적인 걱정과 자의식이 희미해지면서 자신과 주변 환경이 하나가 되는 걸 느낀다. 그리고 혼란스러운 상황에서도 자신에게 통제력이 있음을 느낀다.

또한 시간은 빨리 흘러가면서 공간은 마음대로 변형된다. 투명한 방향 감각이 우리의 행동을 이끈다. 몰입이라고 하면 대부분 뜨거운 창조적 열정을 발휘하는 예술가나 경기에 온전히 몰입하는 운동선수, 혹은 혁신을 발견하는 과학자의 모습을 떠올린다. 하지만 사실 우리는 업무를 처리하고 여가를 즐기고 정원에서 잔디를 깎는 일상적인 활동을 하면서도 종종 몰입 상태를 경험한다. 몰입 상태에 있을 때, 우리는 과제에 몰입한 나머지 종일 아무것도 먹지 않았다는 사실을 깨닫지 못하거나 피곤함과 지루함도 느끼지 못한다. 실제로는 엄청나게 많은 노력을 하고 있는데도 일이 저절로 이뤄지는 것처럼 느낀다. 이러한 몰입의 경험은 건강한 성취와 의미에 대한 깊은 인식, 그리고 지속적인 즐거움이나 삶을 가치 있게 만드는 기쁨을 우리에게 선사한다.

오늘날 많은 과학자가 몰입의 신경적 상호관계를 연구하고 있다. 일반적으로 몰입 상태에서는 의식적인 통제에 대한 인식을 만들어내는 전두엽의 활동성이 저하되는 현상이 특징적으로 나타난다고 말한다. 몰입 상태에서 우리가 하는 많은 행동은 잠재의식으로부터 자동으로 촉발되는 상향식으로 이뤄지는 것으로 보인다. 우리는 성과를 결정하는 중요한 순간에 기술적인 것들은 모두 잊고서 그저 몰입하는 훈련을 오랫동안 수련해 온 최고 성과자들의 사례에서 이러한 사실을 확인할 수 있다.

몰입 상태는 집중에 대한 강한 인식을 특징으로 보인다. 두뇌의 중앙 통제 네트워크는 몰입 상태에 이르기 과정에서 해당 과제와 무관한 자극의 유입과 주의를 흐트러뜨리는 생각을 적극적으로 차단한다. 또한 외부의 인지 과제에 집중하지 않을 때, 이리저리 떠돌아다니면서 걱정하는 두뇌 영역인 디폴트 모드(DMN) 신경망의 활동성이 저하된다. 몰입 상태에서는 자기참조적 사고가 줄어들면서 의식적인 차원에서 자기 행동을 비판하지 않기 때문에 스트레스 수준이 감소한다. 또한 몰입은 도파민 기반의 두뇌 보상 시스템을 활용한다. 도파민이 분비될 때, 우리는 낙관적인 희망과 가능성, 강력한 동기 부여 동기를 느끼면서 피곤함과 불편함이 줄어드는 경험을 한다. 슬롯머신이나 휴대전화 알림이 도파민을 순간적으로 분비하도록 만드는 반면, 몰입 상태에서 우리는 도파민의 지속적인 분비를 경험한다. 몰입과 관련된 한 가지 역설은 우리는 몰입 상태에서 목표를 향해 달려가지만, 목표 그 자체는 별로 중요하지 않다는 사실이다. 우리는 보상을 얻기 위해 목표를 집요하게 추구하지만, 사실 그 과정에서 나타나는 고도의 집중력과 몰입감은 그 자체로 만족감을 준다.

우리는 몰입 상태에서 습관적으로 지고 다니는 짐을 내려놓고, 주의를 분산하는 외부 요인으로부터 방해받지 않는다. 신경학적 관점으로 볼 때, 두뇌 피질은 정체성에 대한 인식을 담당하고 시간 정보를 처리하는, 두정엽에 위치한 회로인 감각 중추로부터 유입되는 정보의 양을 줄인다.

오감을 활용해 의도를 시각화하는 훈련을 할 때, 우리는 '상상 속에서' 몰입 상태로 진입하게 된다. 연구 결과에 따르면, 예행연습 하듯 우리 두뇌가 원하는 결과에 집중할 때, 시간과 공간에 대한 인식이 희미해진다고 한다. 물리적 환경이 우리의 의식에 미치는 영향력이 줄어들 때, 우리는 상상력을 통해 의도를 내적으로 온전하게 경험한다. 최고 성과자가 노련하고 정확하게 과제를 처리하는 것처럼 우리 마음이 내면의 비전에 머무르는 것은 주의를 의식적으로 집중하는 것과 같다.

한편 몰입 상태에서 의식과 잠재의식은 의도를 실현하기 위해 완벽하게 조화를 이룬다. 우리는 몰입 상태에서 잠재의식 깊이 존재하는 자원에 접근하는 특별 권한을 부여받으면서 그 자원을 직접 활용할 수 있다. 또한 이와 똑같은 두뇌 영역을 활용하는 최면 기술을 통해서도 이러한 VIP 특권을 누릴 수 있다.

최면에 빠진 두뇌

현실화의 기본 기술인 시각화 훈련을 반복할 때, 우리는 본질적으로 의도가 중요하다는 사실을 우리 마음이 받아들이도록 최면을 걸게 된다. 우리는 유튜브에서 청중들을 최면 상태에 빠트리는 최면사들의 공연 영상을 쉽게 확인할 수 있다. 그들은 사람들이 자기 이름을 잊어버리고, 발작적으로 웃음을 터뜨리고, 잠에 빠져들거나 맨정신인데도 술에 취한 것처럼 행동하게 만든다. 신경과학자들은 최면이 두뇌에 미치는 영향을 연구하는 과정에서 여러 가지 의미 있는 발견을 했다. 최면은 기본적으로 마음과 몸으로 지각을 통제하는 방식을 바꿔버리는 기술이다. 이를 통해 완전한 몰입 상태로 우리를 밀어 넣는다.

스탠퍼드대학교 연구원들은 혈류 변화를 통해 두뇌 활성도를 측정하는 기능적 자기공명영상functional magnetic imaging 장비를 이용해 최면 상태의 두뇌를 들여다보는 과정에서 여러 특이한 현상을 발견했다. 가장 먼저 현저성 신경망을 이루는 등측 전대상회의 활동성이 뚜렷하게 감소했다. 그 이유는 최면 상태에서 특정 과제에 온전히 몰입함으로써 추가적인 중요한 자극을 얻기 위해 내면 및 외부 환경을 탐색할 필요가 사라졌기 때문이다. 다음으로 두뇌의 서로 다른 두 영역인 배외측 전전두피질과 섬 사이의 연결이 증가했다. 두 영역의 상호 협력은 두뇌와 몸 사이에 형성된 연결을 강화하고, 몸이 전송하는 감각에 반응하면서 일부 감각을 통제하는 두뇌 능력을 높인다. 마지막으로 배측 전전두피질과 디폴트 모드 신경망default mode network(DMN) 사이의 연결이 약화되었다. 이는 피실험자의 행동과 행동에 대한 인식의 단절을 의미한다. 여기서 피실험자는 자기 행동에 더 이상 신경 쓰지 않는다. 즉, 걱정이나 자기의식적 비판을 넘어선 상태에서 그저 '행동'할 뿐이다.

최면 상태에서 행동과 인식의 이러한 단절 현상은 피실험자가 최면사의 지시나 자신의 지시(자기 최면의 경우)에 수용적으로 반응하게 만든다는 것을 의미한다. 그들은 많은 두뇌 에너지를 소모하는 자의식의 방해를 받지 않는 상태에서 일반적인 경우라면 방어적인 반응을 취했을 행동을 더 쉽게 수행한다. 다시 말해 우리는 최면 상태에서 주의의 대상에 완전하게 몰입하고, 몸과 감정에 대한 통제력이 높아지며, 기존의 행동 방식에서 벗어나 잠재의식이 자유롭게 힘을 발휘하도록 허용한다. 의도를 시각화하는 훈련을 반복적으로 실행함으로써 의도를 마음속에 의식적으로 심어 넣을 때, 우리는 최면과 똑같은 심리학적 과정을 활용하는 것이다.

현실화 과정에 대한 또 다른 비유는 플라세보 효과에서 찾아볼 수 있다. 만성 질환이나 통증으로 고통받던 환자들이 기적적인 효과를 약속하는 약을 처방받고 정말로 치유되는 믿기 힘든 이야기를 들어본 적 있을 것이다. 그 환자들은 고통을 이겨내고 완전히 나은 이후에 자신이 복용한 약이 설탕으로 만든 가짜 알약이라는 사실을 알게 된다. 그들은 가짜 약을 복용함으로써 자기 몸에 완전히 나을 수 있다는 믿음의 신호를 보냈다. 그리고 이러한 믿음은 다시 그들의 몸이 유전적인 차원에서 변화하여 질병을 물리치게 만들었다. 플라세보 효과가 나타나는 이유는 최면 과정과 유사하게도 환자의 의식이 잠재의식 및 자율신경계와 의사소통하도록 만들고, 또한 마음을 이용하여 세포 차원에서 몸을 새롭게 변형하기 때문이다. 치료 가능성에 대한 믿음으로 건강을 회복하려는 의도가 환자의 잠재의식 속에 자리 잡으면서 유전자가 세포를 생산하는 방식을 바꿔놓는다. 이제 환자의 몸과 마음은 이러한 믿음을 현실로 받아들여 질병을 극복함으로써 의도를 실현한다.

이 모든 방식의 공통점은 두뇌 피질이 외부 세상의 영향력을 낮춤으로써 감각의 유입에 따른 주의 분산을 막는다는 것이다. 피질은 치유와 현실화를 가로막는 잘못되거나 왜곡된 믿음도 막는다. 또한 우리가 하는 모든 일에 대한 자의식적 비판을 담당하는 디폴트 모드 신경망의 활동성이 줄어든다. 마지막으로, 우리가 주의를 집중할 때 몸에 흘러넘치는 긍정적 감정이 두뇌 속 보상 중추를 활성화함으로써 우리가 의도의 실현 가능성에 주목하고 불편함을 견디게 만든다. 그 결과, 우리의 의식은 육체와 시간을 초월한 상태에 머무르게 되고 내면의 의도는 더 현실적인 것이 된다.

반복적으로 떠올리고 행동하라

잠재의식은 특정 행동에 따른 강렬한 감정에 분명하게 반응하며, 이러한 사실은 다양한 현실화 훈련이 의식(儀式)을 기본적으로 활용하는 이유를 설명해 준다. 여기서 의식이란 일반적으로 특정 행동을 정확한 방식으로, 반복적으로 수행하는 절차를 말한다. 의식은 의식적인 마음과 잠재의식적인 마음을 초점을 향해 정렬함으로써 우리가 몰입 상태로 들어서게 만드는 효과적인 방법이다.

나는 내 친구인 작가 닐 로긴Neal Rogin을 통해 '소울 오브 머니 인스티튜트Soul of Money Institute'의 설립자이자 '파차마마 얼라이언스Pachamama Alliance'의 공동 설립자인 린 트위스트Lynne Twist를 알게 되었다. 린은 잠재적인 후원자를 만나기에 앞서 대화의 목적과 기대하는 결과를 적어보는 자신만의 의식에 관해 설명해 줬다. 그녀는 먼저 촛불을 켠다. 그리고 아마존의 신성한 상류를 보존하기 위한 파차마마 얼라이언스를 위한 것이든, 헝거 프로젝트Hunger Project나 노블 위민즈 이니셔티브Nobel Women's Initiative를 위한 것이든 '두려움에서 사랑으로, 파괴에서 공동체와 가족, 세상의 건설로 나아가기 위해 재정적 자원을 활발하고 새롭게 할당하기' 위한 자신의 근본적인 의도를 떠올린다. 그녀는 촛불을 계속 응시하며 다른 사람들에게 이야기를 들려주고, 그들을 어떤 방식으로든 이용하는 것이 아니라 그들이 자신의 정체성과 내면의 관대함에 주목하게 만들고, 또한 자신의 파트너가 되는 특권을 누리게 될 것이라는 생각을 분명하게 떠올린다. 이처럼 자기만의 성스러운 공간에서 잠재 후원자와 친해지고 마음의 렌즈를 통해 대화를 바라보면서 그들에게 그들의 돈이 사랑을 실천하는 통로가 되길 원하는지 묻는 장면을 떠올린다. 그리고 그들이 진심으로 그녀의 제안을 받아들이는 모습과 그 돈을 다른 목적에 쓰겠다며 그녀의 제안을 거절하는 모습을 모두 떠올린다. 또한 상대가 어떤 반응을 보이든 만족하고 수긍하는 자기 모습을 그려본다. 그래서 린은 후원자가 실제로 제 안을 거절하더라도 실망하지 않고 그들을 '축복하며 보내준다.'

우리는 자신의 의도를 마음의 깊은 곳으로 집어넣기 위해 아주 다양한 의식과 관습 및 훈련을 활용할 수 있다. 의식은 린의 경우 처럼 진지한 형태일 수도 있고, 아니면 보다 일상적인 형태가 될 수도 있다. 예를 들어 많은 이들은 자신의 의도를 종이에 적어서 화장실 거울이나 자동차 대시보드, 혹은 지갑처럼 매일 보는 곳에 다 놓아둔다. 혹은 자신에게 쓴 편지를 몸에 지니고 다니기도 한 다. 그리고 의도를 적은 종이를 볼 때마다 목표를 달성하는 시각 화 훈련을 반복하면서 마음과 몸을 통해 목표가 실현되었을 때 경 험하게 될 환상적인 감정을 느껴본다. 이렇게 원하는 결과를 계속 반복해서 떠올리는 훈련을 하는 동안, 욕망을 실현하려는 우리의 의도는 주의가 결과에 강력한 영향을 미치게 만든다.

짐 캐리의 1000만 달러짜리 수표

캐리에게는 어린 시절에 형성되어 욕망을 현실화하지 못하도 록 가로막았던 잠재의식 속의 부정적이고 자기 제약적인 믿음이 있었다. 캐리가 그 믿음을 인식했을 때, 그는 그 믿음을 바로잡아

줄 또 따른 믿음을 잠재의식에 의식적으로 보여줬다. 그리고 확언 및 시각화와 함께 멀홀랜드 드라이브를 하는 의식을 반복함으로써 그 믿음을 잠재의식에 심어 넣었다. 캐리는 자신의 의도를 지금 이 순간에 경험하는 강렬한 긍정적인 감정과 연결함으로써 자신의 잠재의식이 그가 원하는 결과에 주의를 기울이도록 만들었다. 또한 현저성 신경망이 목표를 실현하기 위한 기회를 탐색하도록 자극했다. 그러자 세상은 차갑고 무의미하고 부조리한 곳임을 말해주는 증거들은 마음속에서 힘을 잃었고, 대신에 성공과 꿈을 향해 달려가면서 어쩔 수 없는 실패에 직면해서도 끈기를 잃지 않는 희망적인 성공의 이미지가 그 자리를 차지했다.

캐리는 시각화를 통해 얻었던 능력과 감사함, 기쁨(그리고 강력한 긍정적인 감정으로 분비된 신경전달물질)을 코미디 클럽에서 재능을 갈고닦는 동안 보여줬던 치열한 직업의식과 연결 지었다. 그리고 정신적인 예행연습으로 긍정적인 감정을 경험함으로써 자신이 추구하는 목표가 주의를 집중할 가치가 있으며 이를 달성하기 위해 정신적인 자원을 집중해야 한다는 사실을 두뇌에 강조했다. 어떤 면에서 캐리는 자신을 옭아매던 고통스러운 어린 시절 경험에서 벗어나 미래의 성공이라는 새로운 현실로 나아가도록 자신에게 최면을 걸었던 셈이다. 그는 로스앤젤레스를 내려다보며 성공을 예행연습 하는 의식을 통해서 환자가 플라세보 약에서 도움을 얻는 것과 같은 방식으로 자기 두뇌에 영향을 미쳤다. 그 결과 성공이 실제로 이루어졌을 때 캐리의 의식적인 마음은 정신적인 예행연습으로 그 성공을 이미 경험한 상태였고, 저항의 두려움 없이 자연스럽게 받아들일 마음의 준비가 되어 있었다.

마음 훈련: 의도를 시각화하기

자신에게 현실화를 위한 능력과 주도권이 있다고 생각하기는 쉽지 않다. 대부분의 사람은 성공의 원동력이 자기 외부에 있다고 믿는다. 하지만 가능성을 꿈꾸고 시각화를 이루는 슈퍼파워는 사실 우리 모두의 내면에 존재한다. 내가 그 사실을 루스 할머니의 마술가게에서 처음 배웠을 때는 '시각화'라는 용어가 널리 쓰이거나 신경가소성의 개념을 이해하기 한참 전이었다. 이후로 나는 마음을 열고 훈련에 집중할 때, 시각화가 강력한 힘을 발휘한다는 사실을 깨닫게 되었다.

1. 준비하기

A. 훈련에 앞서 방해받지 않을 시간과 장소를 선택한다.

B. 스트레스를 받고 있거나, 마음을 어지럽히는 다른 문제가 있거나,

혹은 24시간 이내에 술을 마셨거나 기분에 영향을 미치는 약물을 복용했다면 마음 훈련을 시작할 더 좋은 때를 찾는다.

C. 종이와 펜을 준비한다.

2. 의도를 시각화하기

A. 편안한 자세로 앉아서 눈을 감고 생각이 자유롭게 떠오르도록 둔 채 내가 현실화하려는 목표를 생각해 본다. 부정적인 생각이나 이미지가 떠오르더라도 내가 현실화하려는 목표로 즉각 주의를 되돌린다.

B. 몇 분간 그렇게 하고 나서도 마음이 계속 떠돌아다닌다면(아마도 그러겠지만) 현실화하려는 목표에 다시 집중해 본다.

C. 생각에 집중하면서 목표를 현실화한 내 모습을 더욱 선명하게 떠올린다. 그 장면 속에서 나를 바라본다. 나는 어떤 모습인가? 몸에서 어떤 느낌이 드는가? 마음에서 무엇이 느껴지는가?

3. 이완을 심화하기

A. 똑바로 앉아서 눈을 감고 코로 숨을 들이쉬고 입으로 내쉬는 호흡을 천천히 세 번 반복한다.

B. 이 호흡법이 편안하게 느껴질 때까지 반복한다.

C. 발가락에서 시작해 정수리까지 온몸의 근육을 이완하면서 몸이 점

점 더 편안해지는 것을 느껴본다. 이제 차분한 기운이 나를 감싸면서 안전하다는 느낌이 들 것이다. 따스함과 포용의 감정을 느끼면서 나를 판단하고 내 꿈과 야망을 비판하는 이들에게 더 이상 신경 쓰지 말자. 천천히 호흡하면서 자신이 현실화하려는 목표가 무엇인지 더 분명히 이해한다.

D. 천천히 호흡하면서 편안함과 이완을 느껴본다. 산만함이 줄어들고 집중력이 높아진다.

4. 의도의 시각화로 돌아오기

A. 다시 한번 의도의 현실화에 대해 생각한다. 현실화하려는 목표를 성취한 자신의 이미지에 집중한다.

B. 천히 호흡하면서 만족감과 성취감을 느껴본다. 그 과정에서 성공 가능성이 더 높아진다는 느낌이 든다. 의도를 현실화한 자신의 모습을 더 선명하게 떠올린다.

C. 이완과 차분함을 느끼면서 무엇이든 성취할 수 있다는 자신감이 든다. 현실화를 향한 내면의 끝없는 가능성과 이어진 느낌이 든다.

D. 이러한 느낌을 마주하며 천천히 호흡한다. 숨을 들이쉬고 내쉰다. 이제 천천히 눈을 뜬다. 차분함이 느껴지고 두려움은 사라진다.

5. 기록하기

A. 현실화하려는 목표를 어떻게 시각화했는지 자기만의 언어로 최소 5분 동안 구체적으로 종이에 적어보자.

B. 목표가 업무와 관련된 것이라면 시간과 장소, 그리고 입고 있던 옷 등 구체적인 사항을 최대한 많이 포함한다. 목표를 깊이 있게 묘사하고 목표를 달성했을 때 느낌을 최대한 구체적으로 표현한다. 목표를 달성한 자신을 바라본다. 모든 것을 최대한 구체적으로 상상한다.

6. 검토하기

A. 자신이 쓴 글을 눈으로 읽어본다. 눈을 감고 다시 한번 현실화한 목표를 상상하고 어떤 느낌이 드는지 몇 분간 상상한다.

B. 눈을 뜨고 이번에는 소리 내어 읽는다.

C. 다시 눈을 감고 목표를 현실화한 자기 모습에서 어떤 느낌이 드는지 몇 분간 떠올린다.

7. 훈련을 반복하기

A. 어떤 이는 20분씩 하루에 한 번 훈련하면 충분하다고 여길 것이다. 혹은 하루에 여러 번 훈련이 필요하다고 느끼는 사람도 있을 것이다. 중요한 것은 시각화 훈련을 자주 할수록 꿈을 이룰 가능성이 커진

다는 사실이다.

B. 스스로에게 도움이 되는 목표를 시각화하고 현실화할 수도 있다. 하지만 내가 현실화하려는 목표가 나보다 더 큰 존재에 기여할 수 있다고 생각할 때, 현실화는 더 큰 힘을 발휘하고 성공 가능성은 더욱 커진다. 물론 그렇다고 해서 현실화가 절대적으로 이타적이어야 한다는 말은 아니다. 다만 목표를 실현함으로써 다른 사람에게 도움을 줄 수 있을 때, 현실화가 더 강한 힘을 발휘하게 된다는 뜻이다.

캐리의 사례에서 확인했듯이 현실화는 한 번으로 끝나는 훈련이 아니다. 현실화는 우리가 신중하고 부지런하게 실행해야 할 의식적인 훈련이다. 자신이 원하는 것을 곧바로 얻는 경우는 대단히 드물다. 우리는 좋을 때나 안 좋을 때나, 혹은 외부 상황(그리고 우리 자신의 마음)이 목표 달성을 방해하는 것처럼 보일 때도 계속해서 현실화해야 한다. 그리고 우리가 목표에 도달하게 도와줄 다른 이들의 도움을 구해야 한다. 다음 장에서는 휴식과 소화 반응이 어떻게 다른 이들과의 관계를 의식적으로 형성하는지, 그리고 어떻게 다른 이들이 적극적으로 도움을 주고 싶은 사람이 될 수 있는지 알아보자.

언제나 열정과 함께하라.

현실성이 있는지 의심하지 말라.

자기 내면에서 불가능이 존재하지 않는 곳을 발견하라.

– 디팩 초프라

6장

다섯 번째 단계 :
목표를 세상과 연결 짓기

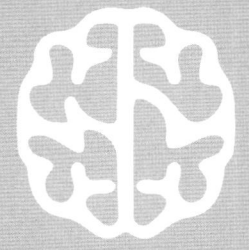

＊ ＊ ＊

세상에서 항해하기 가장 위험한 지역 중 하나로 손꼽히는 열대수렴대Intertropical Convergence Zone라는 곳이 있다. 이곳은 선원들 사이에서 '무풍지대the doldrums'라는 이름으로도 알려져 있다. 이 지역에서는 북동 무역풍과 남동 무역풍이 열적도 인근에서 만나 북동풍이 소멸하면서 평온한 날씨가 한동안 이어지다가 난기류에 의한 강한 스콜과 함께 변덕스러운 바람이 가볍게 불기 시작한다. 이 열대수렴대는 항해자들에게 그야말로 악몽이다. 해류가 어느 방향으로, 어느 정도의 속도로 흐를지, 또 스콜이 끝나면서 시작된 바람이 어느 쪽에서 불어올지 예측하기가 사실상 불가능하기 때문이다.

네이노아 톰슨은 타히티로 가는 여정에서 만나게 될 무풍지대 때문에 걱정에 빠졌다. 그는 이번 항해에 많은 기대를 걸고 있는 폴리네시아 주민들과 기자들 앞에서 자신 있는 표정을 지어 보였지만, 구름이 잔뜩 낀 날씨에 항해의 지침이 되어줄 하늘의 실마리를 전혀 확인할 수 없는 상황에서도 항해를 잘 이어나갈 수 있을지 걱정이 들었다. 그는 자신의 직감을 믿지 못했다. 본능에 의존해 항해해야 하는 상황이 두려웠다. 그리고 정확히 우려하던 일이 벌어지고 말았다.

톰슨이 예상했던 대로 무풍지대에 진입하자 하늘이 완전히 깜깜해졌다. 비는 선원들의 눈을 매섭게 때렸다. 바람은 약 25노트로 강했고 불어오는 방향도 계속 바뀌고 있었다.

톰슨은 당시를 떠올리며 이렇게 말했다. "최악의 상황이었습니다. 속도는 빨랐지만 어디로 가고 있는지 도무지 알 수 없었죠."

그는 선원들에게 방향을 지시하지 못했다. 그리고 쉴 여유가 없다는 사실을 알면서도 그의 몸은 계속된 긴장으로 지쳐갔다.

처음에 톰슨은 기상 조건에 맞서 싸우면서 자신이 책임져야 할 배와 선원을 위해 하늘에서 실마리를 찾아 어떻게든 방향을 결정하고자 했다. 그러나 결국 포기하고는 난간에 지친 몸을 기대어 쉬고 있었다. 그리고 날씨에 맞서는 정신적인 싸움을 잠시 멈추고 마음을 이완시켰다. 그런데 그때 뭔가 이상한 일이 일어났다.

"따스함이 저를 감싸안았습니다. 달을 볼 수는 없었지만, 어느 쪽에 있을지 감이 왔습니다. 따스한 기운과 달의 이미지를 느끼자

강한 확신이 들었고 어디로 가야 할지 알 수 있었습니다. 항해를 떠나기 전 걱정했던 것과는 달랐습니다. 배의 방향을 돌리고 주변 상황을 정리하는 동안 춥고, 습하고, 거친 상황 속에서도 편안함을 느낄 수 있었습니다. 그리고 그때 구름이 갈라지면서 달이 모습을 드러냈습니다. 제가 예상했던 바로 그 지점이었죠. 말로 온전히 설명할 수는 없지만, 제 항해 인생에서 너무나 소중한 순간이었습니다. 제 능력, 그리고 분석과 시야를 넘어서는 본능 사이에 깊은 연결이 자리 잡고 있다는 사실을 깨닫게 되었습니다."

우리는 현실화 과정에서 필연적으로 장애물과 난관, 좌절에 직면하게 된다. 그리고 자기 의심에 사로잡혀 의도를 실현할 수 있다는 확신을 잃어버리고, 네이노아 톰슨이 그랬던 것처럼 여정을 안내하는 지침과 실마리를 보지 못한다. 내면의 어두운 밤을 맞닥뜨릴 때, 그리고 무능하고 가치 없다는 자괴감과 두려움에 사로잡힐 때, 우리는 주의를 가장 근본적인 의도로 돌리고, 마음의 나침반을 발견하기 위해 실천해 왔던 쉬우면서도 효과적인 훈련을 통해 피난처를 찾을 수 있다. 또한 실비아 바스케스-라바도처럼 칠흑같이 어두운 정글에서 길을 헤맬 때, 우리는 그 길을 잘 알고 자신을 구원해 줄 친절한 이들에게 도움을 받을 수 있다.

자기 연민을 위한 훈련에 시간을 더 투자해도 좋다. 혹은 목표를 달성하는 자기 모습을 시각화는 새로운 훈련을 시작할 수도 있다. 아니면 새로운 의식을 통해 기존 삶의 방식에서(그리고 자신의 머릿속에서) 벗어남으로써 몰입 상태로 들어설 수 있다. 또한 삶이 자연스럽게 흘러가도록 내버려둠으로써 의식적인 마음으로는 할 수 없는 일을 해낼 수 있다. 우리는 다양한 전략을 통해 의도를 현실화하는 과정에서 필연적으로 모습을 드러내는 힘든 고비를 헤쳐 나가야 한다. 이를 위해 우리는 작게 시작하고, 핵심 훈련으로 돌아가고, 이타주의의 사회적 힘을 발휘하고, 공시성에 주목해야 한다.

작은 일에서 시작하기

현실화는 의도를 잠재의식에 심어 놓는 과제를 실행하고, 그리고 그 과정을 이해하는 훈련이다. 이를 위해 많은 반복이 필요하다. 모든 훈련이 그렇듯 처음에는 쉽게 도달할 수 있는 작고 관리 가능한 목표로 시작하는 것이 현명한 선택이다. 한 번에 100만 걸음을 걷고 놀라운 결과를 곧장 얻길 원한다면, 당연히 좌절하게 될 것이다. 더 나쁘게는 자신을 지나치게 비난하고 자기 모습에 실망할 것이다. 그러나 작은 목표를 성취할 때, 우리는 자신에 대해, 그리고 과정 자체에 확신을 얻게 된다. 그리고 목표 달성에 따른 긍정적인 감정은 우리를 끌어올려 다음 목표로 넘어가게 만든다. 이것이 바로 작은 시작, 혹은 걸음마 훈련의 장점이다. 작은 시작은 우리를 압박하지 않고 강하게 만든다.

현실화는 일회성 훈련이 아니다. 그리고 마법의 지팡이도 아니다. 현실화를 한다고 해서 우리가 물리학의 법칙이나 인간 발달의 자연스러운 단계를 초월할 수 있는 것은 아니다. 우리의 꿈에는 한계가 없다. 그러나 야심 찬 꿈도 한 번에 하나씩 실현해 나가야 한다. 성공이 빨리 실현되는 경우도 있지만, 현실화는 하룻밤 새 마법처럼 이뤄지지 않는다. 0에서 100으로 순식간에 도약하지 않는다. 우리는 현실화가 수동적인 과정이 아니라는 사실을 명심해야 한다. 현실화는 최종 목표를 향해 한 걸음씩 나아가는 적극적인 과정이다. 학문적인 성과를 추구하는 것이든, 아니면 180킬로그램의 벤치프레스에 도전하는 것이든 우리는 현실화를 위해 필요한 과제를 수행해야 한다. 다시 말해 소중한 목표를 실현하려면 먼저 그 목표를 잠재의식에 심어야 한다. 그리고 계속해서 기회를 발견해 나가고 거기에 대응하는 과정에서 궁극적으로 의도를 실현하게 된다.

이러한 작은 과정을 통해 얻은 교훈으로부터 우리는 현실화의 과정에서 필연적으로 직면하게 되는 장애물을 넘어 계속 나아갈 지혜를 얻는다. 나아가 각각의 작은 성취 후에 곧바로 다음 목표로 넘어가는 것이 아니라, 성공을 축하하고 기쁨을 만끽하는 여유를 누리게 된다. 습관 형성에 필요한 것은 반복만이 아니다. 과제를 훌륭하게 수행하고 완수하며 긍정적인 감정을 느끼는 것도 습관 형성에 대단히 중요하다.

기꺼이 도와주고 싶은 사람

흔히들 난관에서 빠져나오려면 부지런히 움직이고 자신을 거세게 밀어붙이면서 목표를 향해 흔들리지 않고 달려 나가야 한다고 생각한다. 그러나 나는 여기서 일반적인 통념에 반하는 또 다른 전략을 제시하고자 한다. 그것은 자신이 세상을 바라보는 시선을 인식하고, 자신이 차지한 자리와 역할에 대한 확신을 얻고, 우리가 만나는 모든 이들에게 미치는 영향력에 대해 생각해 보라는 것이다. 주변 사람과의 관계를 의식적으로 개선함으로써 우리는 현실화를 가로막는 장애물을 극복하는 열쇠를 발견할 수 있다. 그리고 이를 통해 자신을 도와줄 연합 팀을 꾸릴 수 있다.

우리의 신경계는 주변 사람과 환경에 끊임없이 반응하면서 위협과 기회를 탐색한다. 스티븐 포지스Stephen Porges가 '신경지neuroception'라는 용어를 통해 설명했듯이, 우리는 위협과 안전을 추적하는 잠재의식 시스템을 통해서 다른 사람과의 만남을 안전하거나 위험한 것으로 분류하고, 이에 따라 무의식적으로 접근이나 외면을 선택하게 된다. 우리가 휴식과 소화 모드에 있을 때, 우리 몸은 '사회 참여 시스템social engagement system'이라는 것을 활성화한다. 그럴 때 심박수는 느려지고 타액 분비와 소화 기능은 활성화되며 얼굴 근육은 긍정적인 심리 상태를 드러낸다. 또한 목소리의 표현력과 다른 사람과 지속적으로 눈 맞춤을 하려는 의지가 강해진다. 이러한 변화는 우리가 자극에 반응하는 방식, 표정을 짓는 방식, 그리고 무엇보다 우리의 현실화에 다른 이들이 반응하는 방식에 중대한 영향을 미친다. 다른 방식으로 세상을 바라볼 때, 우리는 다른 방식으로 행동한다. 그리고 세상도 우리를 다른 방식으로 바라본다.

한 가지 특이한 현상은 우리 귀에 있는 중거리 근육이 활성화된다는 것이다. 중거리 근육은 인간의 목소리에서 미묘한 차이를 구분하는 기능을 한다. 다중 미주 신경 이론을 연구하는 과학자들이 밝혀냈듯이 우리가 안전하다고 느낄 때, 다른 사람의 목소리는 우리 귀에 특별하게 들린다. 반면 투쟁과 도주, 경직 모드에 있을 때, 우리 귀는 높거나 낮은 주파수에만 주목한다. 이러한 주파수가 대개 포식자의 접근을 알려주기 때문이다. 다시 말해 안전하고 보호받고 있다고 느낄 때만 우리는 진정으로 다른 사람의 말을 들을 수 있다.

나의 경우에는 '듣기'가 평생의 훈련 과제였다. 여기서 듣기란 내가 할 말을 생각하면서 수동적으로 상대방의 말을 듣는 것이 아니라, 그 사람이 의도하는 바에 진심으로 귀를 기울이는 행동을 말한다. 사람들은 종종 뇌신경외과 의사에 대해 "실수를 자주 하면서도 의심하지 않는다"라는 이야기를 한다. 나 역시 모든 관계에서 이처럼 오만한 태도를 오랫동안 고수했고, 그 때문에 장기적인 관계에서 많은 어려움을 겪었다. 하지만 명상 훈련을 통해 내가 충분히 좋은 사람이라는 믿음을 받아들이면서 다른 사람과 관계를 회복하고 그들의 말에 진정으로 귀 기울이게 되었다. 이러한 점에서 현실화는 주변 사람과 환경 및 상황과 연결되는 기술이다. 그리고 친절함과 열정은 그러한 연결을 만들어내는 직접적인 생리적 경로다. 우리가 휴식과 소화 반응이라는 친사회적인 생리 상태를 드러낼 때, 다른 이들은 우리가 목표를 성취하도록 본능적으로 돕는다. 우리의 목표가 더 큰 선과 전체를 위해 도움을 줄 것으로 생각하기 때문이다. 실제로 두뇌의 쾌락 및 보상 시스템은 음식과 돈, 섹스만이 아니라 스스로 관대한 행동을 하거나 다른 이의 관대한 행동을 경험할 때도 활성화된다.

우리가 그린존Green Zone(안전함을 느끼며 자신의 의도를 효과적으로 실현할 수 있는 심리 상태—옮긴이)에 머물러 있을 때, 다른 사람들은 우리를 좋아하고 함께 있기를 원한다. 포유류의 양육 시스템은 자신이 어려움을 겪거나 다른 사람이 어려움을 겪는 모습을 볼 때, 우리가 충분히 안전한 상태에 있다고 느낀다면 투쟁과 도주 반응이 아니라 자신이나 타인에 대한 연민을 선택하도록 만든다. 우리는 결국 주변 사람의 상태를 그대로 반영한다. 그러므로 우리의 그린존 상태는 다른 사람의 그린존 상태를 자극한다. 그것은 그들이 우리와 함께 있을 때 안전하고 이완되고 편안하다고 느끼기 때문이다. 조화의 상태에서 심장의 전자기장처럼 자기 연민 역시 전염성이 강하다. 안전한 느낌은 끈끈한 사회적 관계 형성에 꼭 필요하다. 우리는 안전함을 느낄 때, 신체적 접촉과 상호 관심을 통해서 친밀감을 형성한다. 긍정적인 신체 접촉은 옥시토신을 분비함으로써 사회적 유대감을 형성한다. 안전하다고 느낄 때, 우리는 다른 사람과 신체적으로 가까워지며 감정적으로도 친밀해진다.

시각화와 명상 훈련으로 관계와 소속감, 목적, 성공에 따른 긍정적인 감정을 예행연습 할 때, 우리는 긍정적인 감정에 더 익숙해지면서 생존에 대한 위협을 덜 느끼게 된다. 그리고 긍정적인 감정이 휴식과 소화 반응이라는 사회적 안전 본능을 활성화할 때, 다른 사람은 우리의 의도에서 선의와 기여를 더 많이 느끼고, 또한 우리의 의도가 그들에게도 도움이 된다고 믿기 때문에 의도를 실현하는 과정에 기꺼이 동참하고자 한다.

사람들은 뭘 원할까?

누군가 의사가 되기 위한 시험을 치르는 상황이라고 가정해 보자. 그는 높은 점수를 받으면 자신의 개인적 욕망을 이룰 수 있다고 시각화하지 않는다. 대신에 의사가 되면 미래의 환자들에게 도움을 주고 그들을 치유하는 모습을 상상했다. 이러한 새로운 열망으로 시험에 도전했던 그는 문제에 더 집중하고 공부한 내용을 더 효과적으로 떠올림으로써 첫 시험보다 훨씬 더 높은 점수를 받았다. 이는 개인적 욕망과 관계를 향해 열린 간절함이 만날 때 일어나는 연금술이다. 개인의 욕망을 떠올릴 때, 우리는 그 아래에서 세상에 기여하려는 깊은 소망을 발견하게 된다. 이는 현실화와 관련해서 마음을 훈훈하게 만들어주는 부가적인 효과일 뿐 아니라, 그 자체로 하나의 온전한 전략적 자산이다. 세상은 남을 치유하고 생명을 구하려는 목적에 호의적이고 관대하게 반응한다. 의도의 방향을 다른 이들에게 도움을 주는 쪽으로 돌릴 때, 우리는 이기적인 목표를 추구할 때는 기대하지 못했던 후원자와 조력자를 우리 편으로 만들 수 있다.

흥미롭게도 짐 캐리 역시 코미디언으로서 원대한 포부를 드러냈을 때 경력의 전환점을 맞이했다. 조니 카슨이 진행하는 〈투나잇쇼〉에 출연했던 캐리는 엘비스 프레슬리 흉내로 '천의 얼굴을 가진 사나이'로 이름을 널리 알리면서 코미디언으로 큰 성공을 거뒀다. 그런데도 그는 그저 군중을 웃기는 기존 캐릭터에서 멈추지 않고 매일 밤 무대에 올라 정해진 대화나 농담 없이 즉흥적인 연기를 펼쳐 보이기로 마음먹었다.

캐리는 다큐멘터리 작품인 〈짐 앤드 앤디Jim and Andy: The Great Beyond〉에 출연해서 이렇게 말했다. "무대를 마치고 집으로 돌아옵니다. 그리고 침대에 누워 머릿속에서 똑같은 질문을 반복하죠. '사람들은 뭘 원할까? 사람들은 뭘 원할까? 사람들은 뭘 원할까?' 그런데 그건 제가 원하는 것과는 달랐습니다. 저는 제가 뭘 원하는지 분명히 알고 있었죠. 성공하고 싶었고 유명한 배우가 되고 싶었습니다. 그런데도 계속 이렇게 물었습니다. 사람들은 뭘 원할까? 그러던 어느 날 잠을 자다 한밤중에 깼는데 이런 생각이 들었습니다. '사람들은 걱정을 떨쳐버리길 원한다.' 그렇게 전구에 불이 켜졌죠."

다음 날 밤 캐리는 코미디 스토어Comedy Store(캘리포니아 웨스트할리우드에 있는 코미디클럽—옮긴이) 무대에 올라 이렇게 이야기를 꺼냈다. "신사 숙녀 여러분, 안녕하십니까? 오늘 밤 기분은 좀 어떠신가요? 네, 그렇군요." 그날 밤 청중은 환호성을 질렀다. 이후 〈에이스 벤츄라〉에서 그를 스타의 반열에 올려놓은 특유의 거만한 캐릭터가 탄생했다. 캐리는 말했다. "사람들은 제가 아무것도 걱정하지 않는다는 사실을 느꼈습니다. 저는 걱정하지 않았습니다. 그날 밤 자다가 깼을 때 사람들이 정말로 원하는 것은 걱정에서 해방된 삶이라는 사실을 깨달았고, 그래서 저는 아무런 걱정 없는 캐릭터가 되기로 결심했습니다." 캐리는 자신의 재능으로 청중이 진정으로 바라는 욕망을 충족시킬 수 있다는 사실을 깨달았다. 그리고 자신에게 너그러우면서도 사람들의 마음을 어루만지고 위로할 수 있다는 사실을 이해했다. 캐리는 코미디언으로서 자기가 맡은 역할을 하나의 '직책'이라고 설명했다.

그로부터 몇 년이 흐른 2009년, 캐리는 영성 분야의 작가인 에크하르트 톨레Eckhart Tolle와의 인터뷰에서 성공한 이후의 삶에 관해 이야기했다. 그는 과거를 떠올릴 때면 자신이 두 명의 인간이었다는 사실을 깨닫게 된다고 했다. 먼저 그는 거실을 뛰어다니며 모두를 즐겁게 만들어주는 사람이었다. 다음으로 그는 어머니의 아픔을 달래주는 사람이었다. 그는 어머니가 자유를 느끼면서 '소중한 사람을 낳은 자기 삶도 소중하다'라고 생각하길 바랐다. 캐리는 어릴 적 방에 틀어박혀 종이를 무릎 위에 올려놓고는 자신에게 이런 질문을 던졌다, "우리는 왜 여기에 있을까? 그건 무슨 의미일까?" 그리고 얼마 후 캐리는 영성을 추구하는 이유는 고통을 덜어주기 위한 것이라는 부처의 가르침을 접하게 되었다. 그리고 갑작스럽게 깨달음을 얻었다. "그건 바로 내가 하는 일이야! 난 사람들의 고통을 덜어주고 있어, 내 일은 내 목적과 같은 방향을 향하고 있다고."

다시 말해 캐리는 코미디언으로서 자신의 재능을 통해 사람들을 걱정에서 해방시키고 고통을 덜어주겠다는 숭고한 목적을 세웠다. 그리고 멀홀랜드 드라이브에서 상상했듯이 모든 사람이 함께하고 싶어 하는 인물이 되었다. 그가 새롭게 발견한 자신의 역할에 주목하자 꿈은 놀랍게도 현실로 나타나기 시작했다. 캐리는 이렇게 떠올렸다. "모두를 걱정에서 해방시키겠다고 결심했기에 정상에 오를 수 있었습니다. 우리가 다른 사람에게 미치는 영향력이야말로 무엇보다 소중한 자산입니다. (중략) 저는 어디서든 사람들이 최고의 모습을 드러내도록 돕는 일을 했습니다."

마음 훈련: 나와 연결된 사람들 떠올리기

내면의 힘을 강화하기 위한 한 가지 중요한 과제는 자신의 의도를 주변 사람들의 목표와 일치시키는 것이다. 이번 훈련에서는 자신의 비전이 어떻게 자신보다 더 큰 존재의 일부가 될 수 있는지 생각해 보자.

1. 준비하기

A. 깊은 성찰을 위해 조용한 장소와 시간을 선택한다.

B. 몇 번의 심호흡으로 마음을 차분하게 가라앉히고, 이 순간 자기 몸의 상태에 주목한다.

2. 의도에 대한 성찰

A. 시각화하려는 의도를 떠올려 본다. 구체적인 감각과 긍정적인 감정을 모두 떠올려 본다.

B. 다시 돌아와 이렇게 물어보자. 어떤 상황에서 그 비전을 떠올렸는가? 그 상황이나 목표에 어떤 사람이 연관되어 있는가? 내 목표는 그들에게 무엇을 의미하는가?

3. 의도를 더 큰 존재와 연결하기

A. 나의 의도를 실현했을 때 다른 이들에게 어떤 영향을 미칠지 생각해 본다. 나는 목표를 달성함으로써 다른 이들도 그들 자신의 꿈을 좇도록 영감을 불어넣을 수 있다. 나의 의도가 실현되면 가족을 비롯한 다른 사람들에게 기쁨과 관심, 자원을 줄 것이다. 그리고 사회적·환경적 문제를 개선하여 많은 이들에게 도움을 줄 것이다.

4. 글쓰기

A. 나의 의도가 어떻게 주변 사람들에게 도움을 줄 수 있는지 떠올려 보고 의도 선언문을 작성해 본다. 자기 자신이나 사랑하는 사람, 혹은 세상에 보내는 편지 형식으로 써도 좋다. 아니면 입사지원서처럼 자기 자신을 설명하거나, 자기가 지키려는 원칙의 목록으로 정리해도 좋다.

B. 의심이나 저항감, 무력감이 고개를 들 때, 다시 한번 선언문을 읽어보고 용기와 영감을 얻자. 내가 현실화하는 의도가 나만을 위한 것이 아니라, 우리가 함께 살아가는 이 세상을 위한 것임을 명심하자. 자신의 선언문을 의도를 실현하는 과정에 도움을 줄 수 있는 사람들에게 들려주거나 함께 공유하는 것도 좋은 방법이다.

우연이 실은 우연이 아니라면

　현실화의 구성 요소에 접근하는 또 다른 방법은 주변 환경에서 실마리를 찾는 두뇌의 자연적인 기능을 활용하는 것이다. 앞 장에서는 잠재의식 속에서 활동하는 문서 관리원과 블러드하운드에 대해 살펴봤다. 문서 관리원이 우리의 의도를 중요한 것으로 분류하고 그 냄새를 블러드하운드에게 맡게 할 때, 그 사냥개는 우리의 의도를 실현하기 위한 기회의 존재를 알려주는 모든 흔적을 쫓기 시작한다. 이것이 바로 '공시성synchronicity'이라는 현상의 출발점이다. 예전에는 인식하지 못했던 의미 있는 사건이 우리 삶에서 갑작스럽게 일어나기 시작한다. 지금 현실화 훈련을 하고 있다면, 예전에 우연이라 생각했거나 중요하지 않다고 여겼던 미묘한 힌트와 예상치 못한 연결을 발견하게 된다. 이러한 새로운 현상은 불가사의한 방식으로 우리에게 길을 안내해 준다. 뒤를 돌아보면서 연결 고리를 신중하게 바라볼 때, 우리는 비로소 내면의 논리를 이해하게 된다.

　최근에 신기한 느낌이 들었던 경험을 떠올려 보자. 예를 들어 서로 모르는 세 사람이 자신에게 똑같은 책을 추천했을 수도 있다. 혹은 미묘한 상징으로 가득한 풍경을 바라보는 꿈을 반복해서 꿨을 수도 있다. 아니면 사무실이나 회식 자리에서 자신의 의도에 관한 이야기를 무심결에 꺼냈는데 동료가 중요한 도움을 줄 사람을 알고 있다며 연결해 줄 수도 있다. 또는 어떤 말이 계속해서 머릿속을 맴도는데 어디서 들었는지 기억이 나지 않거나, 아무런 이유 없이 어떤 거리가 친숙하게 느껴지고, 혹은 몇 년간 보지 못한 친구가 문득 그리워지기도 한다. 단기적인 목표에만 매달리는 우리의 의식적인 마음은 우리가 알고 있어야 하고 이해해야 할 것을 말해주는 신뢰 있는 재판관이 아니다. 그러므로 우리는 미묘하면서도 직관적인 잠재의식의 메시지를 받아들이기 위한 공간을 마련해 놓아야 한다. 이를 통해 다양한 사람과 환경, 사건, 사물 사이의 예상치 못한 연결 고리를 말해주는 이야기를 들어야 한다.

하나의 영혼이 다른 영혼과 연결될 때

아망딘 로슈Amandine Roche는 프랑스에서 로스쿨을 다니며 어려운 시기를 견디고 있었다. 어느 날 그녀는 친구에게서 보르도 도서 박람회에 오라는 초청을 받아 여행 계획을 짜게 되었다. 그리고 그 여행은 아망딘이 세상을 향해 나아간 긴 여정의 시작되었다.

나는 2014년에 아망딘을 처음 만났고, 그날 그녀는 내게 자신의 이야기를 들려줬다. 당시 나는 도서 박람회장에서 '포옹하는 성인'으로 알려진 영적 지도자인 암마를 초청한 행사를 이끌고 있었다. 아망딘을 초대한 친구에게는 엘라 마이야르Ella Maillart라는 친척이 있었는데 그녀 역시 도서 박람회에 함께 와 있었다. 스위스의 유명한 모험가인 마이야르는 아망딘이 그토록 가고 싶어 했던 세계 곳곳을 여행한 사진가이기도 했다. 특히 1935년에 런던 타임스 특파원 피터 플레밍Peter Fleming과 함께 5600킬로미터에 달하는 중국 대륙을 횡단한 것으로 유명했다. 그녀는 걷거나 기차와 트럭, 야크와 낙타를 타고서 황량한 사막과 험준한 히말라야를 넘었다. 그리고 1939년에는 자동차를 타고 제네바에서 카불까지 여행을 했고, 키르기스스탄에서는 유목민들과 함께 생활하기도 했다. 아망딘은 이런 생각을 했다. "이게 바로 내가 원하는 삶이야."

아망딘은 친구의 친척에게서 마이야르의 전화번호를 얻었다. 그런데 아망딘이 마이야르와의 인터뷰를 앞두고 그녀의 작품들을 살펴보는 동안에 그녀가 그만 94세의 나이로 세상을 뜨고 말았다. 아망딘은 마음이 아팠다. 그런데 그날 밤 아망딘의 꿈에 마이야르가 나타나 이렇게 말했다. "걱정하지 말거라. 다른 방식으로도 나를 만날 수 있단다. 내가 쓴 책을 모두 읽고 내가 찍은 사진을 모두 보고, 그리고 내가 여행했던 모든 나라를 돌아다니면서 70년의 세월 동안 무엇이 바뀌었는지 확인해 보려무나."

아망딘은 새로운 희망을 품고 마이야르의 발자취를 따라가는 프로젝트를 구상했다. 그리고 그 제안서를 보내서 여섯 군데로부터 후원을 받았다. 그렇게 아망딘은 18개월 동안 비행기는 한 번도 타지 않고서 중앙아시아와 인도, 네팔, 티베트, 중국, 러시아, 우크라이나를 여행했다. 그리고 여정에서 만난 사람들과 함께 생활했고 트럭에서 사이드카, 낙타에 이르기까지 온갖 이동 수단을 활용했다. 그렇게 아망딘은 마지막 여정으로 아프가니스탄의 수도인 카불만 남겨두게 되었다. 때는 2000년으로 아프가니스탄은 탈레반 치하에 있었다. 그 무렵 아망딘은 유니세프 타지키스탄 지부에서 일하고 있었다. 그녀는 상사에게서 아프간 난민들이 타지키스탄으로 들어왔다는 소식을 들었다. 타지키스탄 정부는 난민들 속에 탈레반 첩자가 끼어있을지 모른다는 우려로 난민들을 지뢰로 가득한 두 개의 작은 섬으로 몰아넣었다. 당시 아무다리야강에 있는 두 섬은 타지키스탄 땅도 아프가니스탄 땅도 아니었다. 난민들의 생명은 위태로웠다. 아망딘은 세 명의 동료와 함께 난민에게 구호품을 전달하고 상황을 파악하기 위해 그곳으로 향했다. 그 과정에서 그들은 한쪽에서는 타지키스탄 군인이 탄 러시아 탱크들의 위협을 받았고, 다른 한쪽에서는 칼라시니코프(자동 소총의 일종—옮긴이)를 든 탈레반 군인들의 위협을 받았다. 그래도 아망딘은 꿋꿋이 임무를 수행했다. 그리고 자신을 반갑게 맞이해 준 아프간 난민들과 사랑에 빠졌다. 이후 아망딘은 위험을 무릅쓰고 아프가니스탄 땅으로 들어가기로 결심했다. 그녀는 휴가를 냈고 UN 비행기를 타고 그곳으로 가고자 했다. 그러나 어느 조종사도 그녀를 태우고 아프가니스탄으로 들어가려고 하지 않았다. 그건 너무 위험한 일이었다.

아망딘은 러시아 조종사들을 찾아가 사정을 설명했지만, 그들은 탈레반이 이전에 그들의 비행기를 격추했기 때문에 다시는 아프가니스탄 영공으로 들어가지 않을 거라고 했다. 그다음에는 한 비정부기구와 함께 아프가니스탄에 들어가고자 했지만, 러시아 정부의 허가를 받지 못했다. 이후 아프간 사령관인 아마드 샤 마수드Ahmad Shah Massoud와 함께 헬리콥터를 타고 넘어가는 방법을 찾았지만, 아망딘의 상사는 헬리콥터로 전쟁 지역에 들어가는 것은 미친 짓이라며 극구 말렸다. 그렇게 아프가니스탄으로 들어가기 위한 세 번의 시도가 모두 실패로 끝나고 말았다. 마지막으로 아망딘은 엘라 마이야르의 영혼과 이야기를 나눴다. 그러고는 배낭을 메고서 걷거나 히치하이크로 아프가니스탄에 들어가기로 결심했다. 2001년 9월에 아망딘은 파키스탄의 이슬라마바드에 도착해서 그 지역을 관할하는 프랑스 연합군 사령관을 만났다. 그리고 엘라 마이야르의 발자취를 따라가는 이야기를 책으로 쓰기 위해 아프가니스탄에 들어가려는 자신의 소망에 관해 설명했다.

그러나 사령관은 미친 짓이라며 탈레반에게 살해되고 말 것이라고 경고했다. 다음 날 아망딘은 다시 한번 그를 찾아갔다. 사령관은 왜 아직도 돌아가지 않았느냐고 물었다. 아망딘은 자신의 꿈을 반복해서 말했다. 그녀의 의지에 강한 인상을 받은 사령관은 로훌라라는 학생을 소개해 줬다. 로훌라의 삼촌인 하비불라는 탈레반 정권에서 외무장관을 맡고 있던 인물이었다.

로훌라는 아망딘에게 여권을 달라고 했고 그녀가 보는 앞에서 삼촌에게 전화를 걸었다. 그리고 그녀가 타지키스탄에서 아프가니스탄으로 들어가려다 세 번이나 실패했고 지금은 파키스탄에서 들어갈 방법을 찾는 중이라고 설명하면서 도와줄 수 있는지 물었다. 삼촌은 도와주겠다고 답하며 그녀의 이름을 물었다. 로홀라는 아망딘의 이름을 페르시아어로 '아마누딘 로슈'라고 발음했다. 하비불라는 말했다. "그녀는 비자가 없어도 돼. 이미 아프간 사람이니까."

아망딘은 어리둥절했다. 로홀라는 말했다. "마침 삼촌이 내일 파키스탄으로 오실 겁니다. 당신이 비자 없이 들어갈 수 있도록 도와줄 수 있어서 대단히 기쁘다고 하십니다." 아망딘은 영문을 몰랐다. 그녀는 하비불라를 만났고 그에게서 자세한 설명을 들었다. "알라신께서 당신의 이름 때문에 당신을 아프가니스탄으로 보내시고자 합니다. '아만'은 평화를, '딘'은 '종교'를, 그리고 '로슈'는 '기쁨'을 의미합니다. 당신의 이름은 말 그대로 '행복한 평화의 수호자'라는 뜻입니다. 이는 알라신의 뜻이며 당신은 우리의 귀한 손님입니다." 그렇게 아망딘은 하비불라의 도움을 받아 아프가니스탄으로 넘어가 카불로 들어갈 수 있었다. 그리고 마침내 엘라 마이야르의 유산을 기리기 위한 여정을 마무리했다. 그날은 2001년 9월 10일이었다.

그런데 다음 날 세계무역센터 테러가 일어났다. 혼란 속에서 아망딘은 로홀라와 연락이 끊어졌다. 그녀는 언젠가 자신의 도전을 완성하도록 도와준 그를 만나 은혜를 갚을 수 있기를 바랐다. 그로부터 10년이 훌쩍 지난 2012년에 아망딘은 프랑스에 있는 한 친구에게서 전화를 받았다. 당시 아망딘은 여러 곳을 오가면서도 아프가니스탄에 계속 머물며 10년간 아프간 사람들을 위해 일하고 있었다. 그 친구는 한 유명한 파슈툰족Pashtun(아프가니스탄 남동부와 파키스탄 북서부에 거주하는 민족—옮긴이) 여성에 관한 책을 쓰고 있었는데, 아망딘에게 그녀를 만나서 계약과 관련된 일을 대신 처리해 줄 수 있는지 물었다. 아망딘은 그러겠노라고 했다. 이후 아망딘은 친구가 보낸 통역사를 만나게 됐다. 탈레반에서 통역사로 일하고 있던 그는 하비불라를 알고 있다고 했다. 아망딘은 물었다. "정말요? 하비불라를 아신다고요?" 그는 웃었다. 그녀는 물었다. "왜 웃으시죠?" 그는 설명했다. "그가 지금 당신이 사는 동네에 살고 있으니까요. 하비불라의 집은 그 거리의 한 모퉁이에 있답니다." 아망딘은 아프가니스탄에 10년 동안 살고 있었지만 하비불라의 생사는 알지 못했다. 그런데 그가 같은 동네에 살고 있었던 것이다. 통역사는 하비불라에게 전화를 걸어 이렇게 말했다. "하비불라, 살람 알레이쿰(아랍어 인사말로 '평화가 있기를'이라는 의미—옮긴이). 놀라운 소식이 있다네."

하비불라는 물었다. "아망딘이라고?"

하비불라는 무력 충돌이 일어난 이후로 아망딘을 계속 찾고 있었다고 했다. 아망딘은 곧장 하비불라의 집을 찾았고 그를 만나

로홀라의 소식을 물었다. 하비불라는 로홀라가 몇 년 전 노르웨이에서 평화 연구로 석사 학위를 받았으며, 얼마 전 부친상을 당하는 바람에 아프가니스탄에 들어와 있다고 했다. 하비불라는 로홀라에게 전화를 걸어서 이렇게 말했다. "놀라운 소식이 있어."

로홀라는 물었다. "아망딘이라고요?"

그렇게 두 사람은 다시 만났고 믿기 힘든 재회의 감격을 마음껏 누렸다. 로홀라는 탈레반 아이들을 위한 '횃불 학교'를 짓고 있었고, 아망딘은 평화와 비폭력을 위한 아마누딘 재단을 설립하기 위해 노력하면서 아프간 주민을 위해 요가와 명상 수업을 이끌고 있었다. 두 사람은 함께 힘을 모으기로 다짐했다.

그로부터 3년 후, 아이티에 머물고 있던 아망딘은 로홀라의 전화를 받았다. 그는 아망딘에게 이렇게 말했다. "도움이 필요해요." 당시 로홀라는 UN과 손을 잡고 여성의 권리를 위해 일하고 있었고, 이로 인해 탈레반에게 살해 위협을 받고 있다고 했다. 그는 이스탄불로 몸을 피했고 거기서 프랑스로 탈출할 계획을 세우고 있었다. 아망딘은 인맥을 총동원해서 그가 프랑스 비자를 발급받을 수 있게 도움을 줬다. 덕분에 로홀라는 지금도 프랑스 시민으로 살아가고 있다. 그렇게 아망딘은 로홀라가 베푼 은혜를 갚았다.

아망딘은 자신의 파란만장한 여정에 대해 이렇게 말했다. "마치 제 영혼과 온전히 연결된 느낌이었습니다. 모든 일이 우연하게도 의도와 조화를 이루며 일어났습니다. 우리는 에너지를 높이고 가고자 하는 방향으로 의도를 향하게 만들어야 합니다. 그리고 직관에 주목해야 합니다. 제 의도가 실현되었기에 로훌라와 하비불라를 만날 수 있었습니다. 제 운명에 큰 영향을 미쳤죠."

마음 훈련: 세상의 신호 포착하기

우리는 훈련을 통해 얼마든지 공시성을 만들어낼 수 있다. 잠재의식이 의도 실현을 위한 기회를 발견하기 위해 주위를 탐색하는 것은 마치 우리가 야간용 고글을 쓰는 것과 같다. 예전에는 아무것도 보이지 않는 깜깜한 한밤중에 돌아다녔지만, 이제 고글을 쓰면 그동안 볼 수 없었던 움직임이 드러나고 기회가 도처에 널려 있다는 사실을 갑작스럽게 발견하게 된다. 우리는 더 이상 어둠 속에 있지 않다. 생소한 관심과 욕망, 사건이 갑자기 연결되어 나타나는 것은 우리가 의도를 잠재의식에 심어 넣어서 세상과 상호작용하도록 만들 때 나타나는 현상이다. 이번 훈련을 통해서 세상이 자신에게 보내오는 신호를 감지하는 민감성을 높여보자.

1. 준비하기

A. 훈련에 앞서 방해받지 않을 시간과 장소를 선택한다.

B. 몇 차례 심호흡으로 마음을 가라앉히고 지금 이 순간 내 몸의 상태에 주목한다.

C. 종이와 펜을 준비한다.

2. 자세 잡기

A. 편안한 자세로 앉아서 눈을 감고 몇 분간 생각을 정리한다.

B. 눈을 감고 바른 자세로 앉아 코로 숨을 들이쉬고 입으로 내쉬는 호흡을 천천히 세 번 반복한다. 이 호흡법이 편안하게 느껴지고 무엇도 신경이 쓰이지 않을 때까지 계속한다.

3. 몸 이완하기

A. 몸을 천천히 살피고 신체 각 부분을 부드럽게 인지하면서 모든 근육을 이완한다,

B. 근육을 하나씩 풀어나가면서 마음을 열고 편안함을 느껴보자.

4. 공시성 인지하기

A. 삶에서 일어난 사건과 주변 상황을 천천히 떠올린다. 구체적인 내

용을 아무런 판단 없이 마음속으로 그려본다. 느낌과 미묘한 신호들 모두 중요하다. 신비로운 언어로 말하는 현자처럼 자기 삶에 귀를 기울여 보자.

B. 다음 질문의 답을 떠올려 본다. "특정한 패턴이나 놀랄 만한 우연을 발견했는가?" 최근에 나눴던 대화나 읽었던 기사와 게시글, 기억나는 꿈, 혹은 순간적인 직관을 돌이켜 본다. 어쩌면 세 사람으로부터 똑같은 책의 제목을 들었거나, 특정한 장소의 이미지가 떠오르는 것을 멈출 수 없었거나, 특별한 영감을 준 경험에 대한 기억이 오랫동안 잊혔다가 문득 떠오른 경험이 있을지 모른다.

5. 기록하기

A. 삶을 시각화하면서 봤던 것을 자기만의 언어로 최소 5분간 종이에 적어본다.

B. 최대한 구체적으로 묘사한다. 문장이든 단어든 상관없다. 중요한 것은 삶이 들려주는 이야기를 그대로 받아 적는 것이다.

6. 검토하기

A. 앉아서 눈을 감고 코로 숨을 들이쉬고 입으로 내쉬는 호흡을 3~5번 반복한다. 그리고 눈을 뜬다.

B. 자신이 쓴 글을 눈으로 읽어본다.

C. 다음으로 소리 내어 읽어본다. 삶의 이미지를 떠올리며 눈을 감고 몇 분간 앉아 있는다.

7. 다음 단계 성찰하기

A. 발견한 패턴이나 깨달음을 어떻게 활용할 수 있을지 잠시 생각해 본다. 어떻게 내면의 힘을 발휘하여 놀라운 관계의 그물망을 넓혀갈 수 있을까?

B. 시각화했던 이미지를 떠올리며 몇 분 더 앉아 있는다. 사소한 연결이라도 목적이나 비전과 조화를 이루는 기회가 될 수 있음을 명심한다.

자신이 쓴 글을 잘 보이는 곳에 놓아두고, 자기 삶을 계속 살펴봄으로써 뜻밖의 연결을 발견할 수 있다는 사실을 상기하자. 관심과 주의를 기울일 때, 공시성은 더 확장된다. 이번 훈련을 반복함으로써 비전을 가다듬고 삶이 선사하는 모든 기회를 극대화해서 목표를 실현하자.

아무리 힘들어도 언덕을 계속 오른다면

때로는 자신의 의도를 파악하기 위해 노력해야 한다. 이는 긍정적인 습관을 만드는 것과 같다. 한 가지 예를 들자면, 나는 지난 몇 년 동안 체중이 늘었고, 이로 인해 오래전 스키 사고로 입은 무릎 부상의 통증이 심해지면서 운동을 하려는 의지와 욕망을 잃어버렸다. 우리 집은 언덕에 자리 잡고 있다. 문밖을 나서면 곧바로 가파른 경사를 만나게 된다. 그렇게 한동안 운동을 하지 않았던 나는 어느 날 더 이상 운동을 미루면 안 되겠다는 생각이 들었다. 당시 재혼한 상태였던 나는 아내에게 도움을 요청했다. 다음 날 아침 일찍 우리는 언덕을 걸어 올라갔다. 그러나 나는 얼마 못 가 헉헉대며 이렇게 말했다. "이걸로는 안 될 거 같아. 못 하겠어. 너무 힘들어. 무릎이 아파 죽겠어."

언덕을 오를 만큼 충분한 혈액을 순환시키지 못했던 내 몸은 고통에 반기를 들었고, "못 하겠어. 너무 힘들어. 이걸로는 안 되겠어"라는 정신적인 신호를 보냈다. 그때 내 몸이 저항했던 것은 건강 상태가 너무 나빴기 때문이었다. 결국 나는 얼마 오르지 못한 채 포기했고 집으로 돌아와 통증을 치료해야 했다. 그러던 어느 날 나는 새벽 5시 30분에 눈을 뜨고는 이렇게 중얼거렸다. "젠장, 그래도 해야겠어." 그러고는 언덕을 오르면서 건강이 좋아진 내 모습을 상상했다. 실제로 그날 나는 숨이 차고 힘들었지만 한

번도 멈추지 않고 언덕을 올랐다. 그리고 이제 몇 주째 계속 운동을 이어가고 있다. 그런데 우습게도 나는 아직도 매일 아침 일어나 이렇게 말한다. "너무 하기 싫어. 이걸로는 안 될 거 같아." 그러나 그렇게 투덜거리면서도 옷을 챙겨 입고 밖으로 나간다. 그렇게 고통과 두려움을 이겨내고 있다. 그건 운동을 하면 장기적으로 더 건강해지고 오래 살 수 있을 거라는 믿음 때문이다. 그래서 나는 지금 당장은 하기 싫은 활동이 장기적으로 삶에 도움을 줄 것이라는 사실을 두뇌에 가르치고 있다. 그렇게 산책을 마치고 집으로 돌아오면 만족감과 고양감이 든다. 내가 그렇게 할 수 있었던 건 올바른 의지만 있다면 모든 것이 가능하기 때문이다. 또한 언덕 산책이 결국에는 내게 많은 도움을 주고, 행복한 인생으로 이끌 것이라는 사실을 떠올렸기 때문이다.

생각대로 일이 진행되지 않을 때

네이노아 톰슨이 무풍지대를 지날 때 지친 몸으로 난간에 기대어 쉰 것처럼 나 역시 신경외과 의사로서 내면의 이완을 통해 깨달음을 얻는 경험을 했다. 수술이 예상대로 진행되지 않는 급박한 순간에 모든 게 불확실해도 환자의 목숨을 살리기 위해 무엇이든 해야만 할 때가 있다. 그럴 때 사람들은 대개 패닉 상태에 빠진다.

하지만 나는 기본 훈련으로 돌아와 마음을 가라앉히고 몸을 이완하면서 마음을 연다. 그리고 환자의 생명을 살리기 위해 내가 해야 할 일을 구체적으로 시각화하면서 논리와 기술을 뛰어넘어 가능성에 따라 움직인다. 그때 나는 상황을 통제하고 합리적으로 예측하려는 의식적인 마음의 뜨거운 열망을 잠시 외면하고, 잠재의식의 놀라운 힘에 주도권을 맡긴 채 생명의 에너지가 내 몸을 타고 흐르게 한다.

현실화는 세상 만물과 마찬가지로 생명과 물리학, 그리고 현실 법칙의 지배를 받는다. 그러한 법칙에서 벗어날 때, 원하는 결과를 억지로 만들어낼 수는 없다. 이처럼 의도를 실현하기 위해 최선을 다하지만, 이후 상황에 아무런 개입을 할 수 없을 때가 있다. 그럴 때 우리가 할 수 있는 일이란 호흡을 통해 마음을 가라앉히고 가슴을 여는 것이다. 이제 여섯 번째 단계로 넘어가 그 이야기를 해보자.

중요한 일은 하룻밤 새 이뤄지지 않는다.
포도와 무화과도 익으려면 시간이 걸린다.
지금 당장 무화과를 원하는 사람이 있다면,
나는 기다리라고 말할 것이다.
먼저 나무가 꽃을 피워야 하고 열매를 맺어야 한다.
그리고 열매가 익을 때까지 기다려야 한다.

- 에픽테토스

7장

여섯 번째 단계 :
새로운 기회를 받아들이기

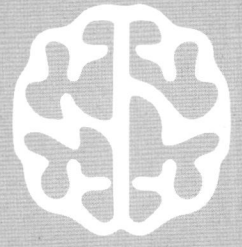

✳ ✳ ✳

비전을 추구하다 보면 정체되어 있거나 혼란에 빠져 있다는 느낌이 들 때가 있다. 그러나 마음을 열고 귀를 기울인다면 바로 그 '난관'이 우리를 상상하지 못한 새로운 기회로 안내한다는 사실을 이해하게 된다.

'소울 오브 머니 인스티튜트' 설립자인 린 트위스트는 헝거 프로젝트를 이끄는 동안에 '파차마마 얼라이언스'를 설립하라는 계시를 받았다. 당시 린은 아프리카 사하라 남부 지역과 인도 대륙에 걸친 기아와 빈곤 문제를 해결하기 위해 전 세계를 바삐 돌아다니면서 53개국에 흩어져 있는 조직을 운영하고 있었고, 게다가 세 명의 자녀도 키우고 있었다. 헝거 프로젝트는 린이 마더 테레

사를 만나 그녀가 이끄는 단체에 들어가겠다는 어릴 적 꿈을 실현한 것이었다. 헝거 프로젝트는 린에게 인생 최고의 사명이었다. 그리고 그 사명을 위해 언제나 바쁘고 긴장된 나날을 보냈다. 그러던 어느 날 린은 과테말라로 짧은 휴가를 떠나 친구가 추진하던 후원자들을 위한 여행에 함께하기로 했다. 린은 그 여행에서 산속의 주술사를 만나 아주 특이한 경험을 했다. 이상하게도 그날 이후로 그녀의 머릿속에서 오렌지색 물감으로 얼굴에 기하학 문양을 그리고 깃털로 만든 왕관을 쓴 부족민의 모습이 떠나질 않았다. 마치 그들이 자신을 쫓아오는 듯한 느낌이 들었다. 결국 린은 그 이미지가 자신의 인생 경로를 완전히 틀어서 새크리드 헤드워터스Sacred Headwaters를 기반으로 지역의 토착 부족민을 지키는 프로젝트에 모든 에너지를 쏟으라는 계시임을 깨달았다. 그러나 그녀는 아마존 우림과 그 부족민을 보호해야 한다는 생소한 사명에 당혹감을 느꼈다. 지금껏 남아메리카에서 활동한 적이 없었고 그곳 환경에 대해 아는 바도 없었다. 게다가 스페인어도 전혀 할 줄 몰랐다. 그래도 이런 생각이 들었다. "내 삶은 그곳을 향하고 있다. 그 방향으로 흘러가고 있다." 하지만 자신에게는 헝거 프로젝트가 있었다. 린은 그 사업에 막중한 책임과 뜨거운 열정을 느끼고 있었다. 헝거 프로젝트를 버리고 다른 일을 할 수는 없는 상황이었다. 그런데도 자신을 아마존으로 부르는 얼굴들의 형상이 밤낮으로 따라다녔다. 그런데 어느 날 뜻밖의 선물이 찾아왔다.

그녀는 당시를 회상하며 이렇게 말했다. "황당하게 들리겠지만 제가 우주로부터 받은 선물은 다름 아닌 말라리아였습니다."

사실 그 선물은 두 곳에서 동시에 찾아왔다. 하나는 인도에서, 그리고 다른 하나는 에티오피아에서 왔다.

그녀는 이렇게 설명했다. "두 종류의 말라리아에 동시에 걸렸어요. 도저히 일어날 수 없었습니다. 누군가의 요청을 처리할 수도, 화상통화를 할 수도 없었고, 아무 생각도 할 수 없었어요. 앉아 있기도 힘들었으니까요."

린은 처음에는 독감에 걸렸다고 생각했다. 병원에 갔지만 말라리아 진단은 받지 못했고, 그래서 제대로 된 치료를 받지 못했다. 결국 일곱 번째 검사에서야 말라리아 진단을 받았다. 그리고 무려 8개월 동안 병을 앓았다. 그녀가 없는 상태에서 헝거 프로젝트는 조직을 개편해야 했다. 그 전까지 린은 헝거 프로젝트의 핵심 직원과 함께 수십만 명에 달하는 자원봉사자를 관리해 왔다. 그런 그녀가 갑자기 사라진 것이다.

그녀는 당시를 이렇게 떠올렸다. "그건 축복이었죠. 일을 할 수도, 책을 읽을 수도, TV를 볼 수도 없었습니다. 면역력이 바닥나면서 제 몸은 완전히 무너졌고, 어쩔 수 없이 생각하고 성찰하면서 시간을 보낼 수밖에 없었죠. 그 사이에 사람들은 조직을 개편했어요. 8~9개월이 지나 '이제 돌아가야지'라는 생각이 들었을 무렵, 제가 돌아갈 필요는 사실상 없어져 버렸더군요."

린의 설명대로 신비로운 우림과 부족민의 목소리가 자신을 이끌었고, 그녀는 자연의 유혹에 매료되었다. 린은 말라리아를 앓는 동안 숲속 부족민들과 함께 석유 회사와 광산 기업을 몰아내고 지구에서 가장 원시적이고 다양한 생물 종이 살아가는 우림 지역을 영구적으로 보호하는 방안을 논의하는 자신의 모습을 떠올렸다. 린은 지금까지 사람들을 기아로부터 구하는 사업에 주력했지만, 이제 남미의 우림 지역이 아프리카나 인도의 우림 지역처럼 파괴되지 않도록 막기 위해 마법적인 해결책을 만드는 비전을 바라보고 있었다.

"그동안 해결하고자 했던 기아와 빈곤 문제가 사실은 200년간 이어진 거대한 삼림 파괴의 결과물이었다는 사실을 이해했습니다. 그래도 아마존은 아직 건재했고, 어떤 면에서 이제는 치료에서 예방으로 넘어갈 시점이라는 생각이 들었습니다. 말라리아에 걸리고 나서 곧바로 치료받지 못한 걸 너무나 감사하게 생각합니다. 그랬다면 금방 나았을 테니까요. 말라리아 덕분에 저는 인생의 전환점을 맞이했고 내가 누구이며 무엇을 해야 하는지 새로운 관점에서 생각하게 되었습니다. 그 병은 저를 쓰러뜨렸고 동시에 성찰의 시간을 가져다줬습니다. 저는 너무나 긴장된 삶을 살고 있었기에 새로운 사명을 받아들이기 위한 성찰의 시간을 혼자의 힘으로 마련할 수는 없었을 겁니다."

얼핏 직관에 반하는 말처럼 들리지만, 목표를 실현하는 과정에서 우리는 때로 기대를 버려야 한다. 우리가 쉽게 빠지는 한 가지 함정은 결과에 지나치게 집착하는 것이다. 이러한 집착에 따른 고통은 여러 가지 모습으로 우리 앞에 나타난다. 우리는 특정한 시점이나 특정한 방식, 그리고 특정한 목표에 집착한다. 하지만 우리는 목표를 실현하는 과정에서 예전에는 상상하지 못했던 뭔가를 인생이 우리를 위해 준비하고 있다는 사실을 깨닫기도 한다. 우리가 끊임없이 변화하는, 지금 우리 눈앞에 살아 있는 대상에 반응하기보다 자신이 원하는 결과에 계속 집착할 때, 경험을 통해 새로운 기회를 받아들이기는커녕 기회의 문을 완전히 닫아버리고 만다. 특정한 결과에 대한 기대의 끈을 끝까지 놓지 않는다면 결국 손에 화상을 입고 말 것이다. 우리에게는 줄을 놓는 연습도 필요하다.

이는 미묘한 훈련이다. 그 이유는 현실화가 대단히 구체적이고 감정적으로 풍부한 시각화에 기반을 두기 때문이다. 우리는 시각화의 구체성을 높이는 이유가 외부 세상에 영향력을 행사하려는 것이 아니라, 잠재의식이 우리의 의도를 중요한 것으로 판단하도록 만들려는 것임을 명심해야 한다. 다시 말해 우리는 강렬한 상상과 감정적 공명으로 의도를 실현하는 비전을 마음속에 떠올림으로써 잠재의식이 우리의 행동을 이끌도록 만들 수 있다. 그래도 행동의 결과는 주변 상황과 세상이 요구하는 것으로부터 큰 영향을 받는다. 우리는 여정의 오르막길과 내리막길을 내다볼 정도로 멀리 바라보지 못한다. 그래도 목표를 실현하는 과정에서 주변 상황과 다른 사람들이 보내오는 피드백에 신중하게 주의를 기울인다면, 예상했든 예상하지 못했든 내면의 나침반이 다음 단계를 가리키고 있다는 사실을 알게 된다. 다시 말해 우리는 자신의 의도를 어떻게 실현할 것인지, 그리고 어떻게 목적지에 도달할 것인지 정확하게 알 필요가 없다. 그저 바로 다음 단계를 바라볼 수 있으면 된다.

삶의 외피를 길들이기

다시 한번 강조한다. 현실화는 일회성 사건이 아니다. 현실화는 의도를 구체적이고 명료하게 다듬어나가는 과정이다. 의도를 시각화하는 훈련을 하고, 자신의 의도를 말과 행동으로 세상에 드러내고, 그리고 세상의 반응을 지켜보면서 우리는 내면의 나침반에 접근하게 해주는 피드백 선순환을 만들어낼 수 있다. 행동이 긍정적인 결과로 이어지면서 긍정적인 감정을 느낄 때, 우리의 현저성 신경망은 의도를 더 중요한 것으로 분류하고, 이를 실현하기 위한 노력에 박차를 가한다. 반면 행동이 실패와 좌절로 이어지거나 자신과 타인에게 피해를 줄 때, 우리는 잠시 멈춰 서서 자신의 의도가 실제로 자기에게 도움이 되는지, 열정과 회복탄력성으로 목표를 계속 추구할 것인지, 아니면 우리가 바라는 삶과 기여하려는 세상을 위해 목표를 바꿀 것인지 고민해야 한다.

자신과 타인과의 관계에 관한 흥미로운 역설이 있다. 그것은 내면의 비판자의 부정성을 받아들일 때, 우리는 더 자기중심적으로 되며, 여기서 벗어나기 위해서는 다른 사람에게 도움을 베풀어야 한다는 사실이다. 그 과정에서 우리는 다음과 같은 깨달음을 얻는다. "그래. 나 혼자 괴로운 건 아냐. 내 경험은 더 큰 전체의 일부이고, 세상의 고통을 덜기 위해 내가 할 수 있는 일이 있어." 마음속으로 그런 생각을 할 때, 우리는 자기 자신과 가능성을 긍정적이고 건강한 관점으로 바라보게 된다. 이는 주짓수 기술과 비슷하다. 우리는 다른 사람에게 도움을 줌으로써 자신에게서 벗어나 다른 시각으로 세상을 바라볼 수 있다. 그리고 자신의 도움으로 사람들이 어떻게 변하는지 확인하며 스스로 변할 수 있다. 또한 내면의 비판자에 관해, 그리고 그 비판자가 우리를 어떻게 억압하는지에 관해 생각해 보게 된다. 그 과정에는 숨을 들이쉬고 내쉬는 것과 같은 역동적인 리듬이 있으며, 그 리듬을 통해 우리는 역설을 헤쳐 나갈 수 있다. 그것은 직선적인 움직임이 아니라 앞뒤로, 안팎으로 오가는 움직임이다.

어릴 적 아버지는 내게 야구 글러브를 선물로 줬다. 그건 아버지가 내게 준 몇 안 되는 선물 중 하나였다. 나는 그 글러브를 지금도 갖고 있다. 처음 그 글러브를 손에 껴봤던 기억이 난다. 그때 글러브는 뻣뻣하면서 딱딱했고 내 손에 잘 맞지 않았다. 우리의 의도도 처음에는 그렇게 느껴진다. 우리의 마음이, 혹은 어떤 외부의 힘이 우리에게 부여한 의도는 뭔가 부자연스럽게 느껴진다. 그런데 그 글러브는 공놀이를 하는 동안 늘어나면서 길이 들었고, 어느새 부드럽게 내 손에 꼭 맞게 되었다. 현실화는 바로 이러한 방식으로 내게 완벽하게 들어맞을 때까지, 즉 내 손을 감싸는 제2의 피부처럼 느껴질 때까지 삶의 외피를 길들이는 과정이다. 나는 그렇게 삶의 외피가 나의 내면에 꼭 들어맞기를 바란다.

문은 언제나 열려 있다

우리는 목표가 거대할수록 그 안에 더 많은 요소가 있고, 그리고 목표를 실현하기 위해 거쳐야 할 관문도 더 많다는 사실을 겸손한 마음으로 받아들여야 한다. 우리는 체온과 심박수를 낮추거나 질병을 치료하기 위해서 자기 몸 안에 존재하는 관문을 통과해야 한다. 그러나 우리가 통제할 수 없는 수많은 요소가 상호작용하는 결과를 만들어내려면 다른 사람들의 도움이 꼭 필요하다.

과거의 성공을 되돌아보면, 의도를 실현하는 과정에서 얼마나 많은 요소가 관여했는지 깨닫게 된다. 짐 캐리의 경우도 마찬가지였다. 그는 엉뚱하면서도 사랑받는 코미디 캐릭터를 완성하는 과정에서도 성공을 위해 자신이 직접 통제할 수 없는 수많은 요소에 의존해야 했다. 캐리가 미국 코미디 TV 프로그램인 〈인 리빙 컬러In Living Color〉에서 그만의 존재감을 마음껏 드러냈을 때, 1990년 대 초 모건 크리크 엔터테인먼트Morgan Creek Entertainment라는 영화 제작사를 이끈 제임스 로빈슨James G. Robinson은 과장된 익살과 유치한 오만으로 가득한 새로운 유형의 코미디를 제작할 구상을 하고 있었다. 그는 자신의 꿈이 "내 나이대의 누구도 보지 못한 영화를 만 드는 것"이라고 밝힌 바 있다. 그 꿈은 영화 〈애들이 줄었어요Honey, I Shrunk the Kids〉에 출연했던 스타 배우인 릭 모라니스Rick Moranis가 〈에 이스 벤츄라〉의 주연 제안을 거절한 후에 이뤄졌다. 로빈슨은 결국 그 배역을 캐리에게 맡겼다. 그러나 많은 이들은 그 결정을 두고 제작사가 검증되지 않은 배우를 캐스팅하는 위험을 감수한 선택이라고 평가했다.

영화에 참여한 배우 중 누구도 그때 할리우드 코미디 문화가 새롭게 바뀌고 있으며, 대중은 그 변화를 이끌어갈 새로운 스타를 원하고 있다는 사실을 알지 못했다. 캐리는 재능과 노력 면에서 대단히 뛰어난 배우였다. 그러나 동시에 엔터테인먼트 산업의 거대한 흐름에 적응해야 했고 또 기여해야 했다. 나중에 캐리는 이렇게 말했다. "우리가 할 일은 무슨 일이 벌어지는지 이해하는 게 아니라 머릿속에서 그 문을 여는 겁니다. 그리고 현실에서 그 문이 열렸을 때, 그냥 걸어 들어가는 거죠. 기회를 놓쳤다고 해도 걱정할 필요는 없습니다. 문은 항상 열려 있기 때문이죠. 그래요. 문은 언제나 열려 있습니다."

마음을 여는 10가지 알파벳

우리는 여러 가지 전략을 활용해서 결과에 대한 집착으로부터 벗어날 수 있다. 첫 번째 전략은 달걀을 전부 한 바구니에 담지 않는 것이다. 그리고 두 번째 전략은 의도를 자신보다 더 큰 존재와 조화를 이루게 하는 것이다.

최근 나는 스탠퍼드대학교의 '연민과 이타심 연구 및 교육 센터'에서 친구와 동료들과 함께 연민을 주제로 한 내 연구와 실험을 바탕으로 여러 가지 프로젝트를 진행하고 있다. 여기에는 영화와 어린이용 애니메이션 시리즈, 그리고 세상에 기여하는 인물을 조명하는 프로그램이 포함되어 있다. 또한 2012년에 처음으로 구상했던 세계 연민 축제World Compassion Festival를 주최하기 위해 노력하고 있으며, 2013년부터는 국가 온정 지수Compassionate Countries Index를 개발해 오고 있다. 2018년부터는 미국 평화 봉사단Peace Corps과 비슷하면서도 모든 국가의 모든 국민에게 세계 모든 곳에서 봉사할 수 있는 기회를 주는 국제 온정 단체International Compassion Corps 설립을 추진하고 있다. 여러 사상가와 지도자, 교육자, 활동가, 기업가를 비롯하여 온정의 실천을 세계로 넓혀가는 사업에 집중하는 조직들로 구성된 다국적 네트워크가 이러한 나의 비전에 동참하고 있다.

내가 추진하는 많은 프로젝트가 지속적인 결실을 보여주고 있기는 하지만, 사실 그 밖의 다른 프로젝트들도 마찬가지로 성과를 낼 것인지는 확신하지 못한다. 실제로 많은 프로젝트는 아직 시작도 하지 못했고, 몇몇은 부분적인 성과를 보이고는 있으나 그나마도 시간이 오래 걸렸다. 한 가지 결과에만 주목할 때, 우리는 성공 여부에 엄청난 압박감을 느끼고 필연적으로 집착할 수밖에 없다. 하지만 결과에 대한 집착은 두려움의 또 다른 모습이라는 사실을 기억해야 한다. 그리고 앞서 살펴봤듯이 두려움은 우리에게서 자기주도권을 앗아가는 주요한 감정이다. 특정 결과에 지나치게 집착하고 있다는 사실을 인지할 때, 우리는 이완 훈련을 통해서 스스로 균형을 되찾을 수 있다. 자신의 두려움을 인지하고 이에 대처할 수 있을 때, 올바른 여정을 걸어가면서 자연스러운 인내심과 평정심을 느낄 수 있다. 그리고 이러한 인내심과 평정심을 통해 다양한 고통의 원천인 집착에서 벗어날 수 있다.

나는 각각의 프로젝트를 위한 의도 훈련을 통해 성공을 시각화하고 기회를 모색한다. 그리고 상황이 좋지 않아도 성과에 대한 희망을 간직하면서 그래도 여전히 괜찮다고 스스로 다독인다. 하나의 문이 닫히면 다른 문이 열려 있지는 않은지 살핀다. 결과는 내가 결정하지 못한다. 나는 다만 내면의 힘을 최대한 발휘하고 최고의 성과를 기대할 뿐이다. 길을 잃을 때면 나를 다음 단계로 이끌어줄 내면의 나침반으로 다시 돌아온다. 그리고 이를 통해 위안을 얻으면서 두려움과 불안이 사라지는 것을 바라본다.

아이디어와 의도는 대부분 실현되기까지 수년의 시간이 걸린다. 우리는 그 시간을 인내하면서 그것이 여정의 본질이라는 사실을 받아들여야 한다. 나는 내 의도를 세상에 기여하겠다는 더 큰 소망과 조화를 이루도록 만들었기에 더 많은 기회가 내 삶에 찾아왔다고 믿는다. 지금 나는 오늘날 세상이 다급하게 요구하는 포용의 감정인 '연민'의 힘을 확장하기 위해 노력을 쏟고 있다. 그 노력은 나 자신과 내 가족, 혹은 내 지인들에게서 멈추지 않는다. 운좋게도 나는 이 여정을 함께하려는 많은 이들을 만났다.

많은 이들이 프로젝트에 참여할 때, 역설적으로 움직이는 부분이 많아지고 사업이 확장되고 속도가 빨라지면서 결과는 더욱 불확실해진다. 다른 사람들처럼 나 역시 에고에 취약하다. 에고는 언제나 나의 정체성을 부풀려서 길을 잃게 만든다. 나는 때로 상황의 흐름에 불안과 조바심을 느끼면서 이러저러한 일을 처리하지 못한 나 자신을 자책한다. 그리고 상황이 원하는 방향으로 흘러가지 않을 때면 화가 난다. 하지만 실망하거나 좌절할 때, 혹은 다른 이들이 실패에 대해 나를 비난한다고 느낄 때, 나는 훈련을 통해 다시 마음을 열고 나 자신을 용서한다. 나도 그저 하나의 인간일 뿐이라는 걸 상기한다. 이렇게 여정에서 계속 균형을 잡을 때, 앞으로 나아갈 에너지와 포기할 줄 아는 여유가 생긴다.

　몇 년 전 나는 툴란대학교 의대 신입생들의 '의사 가운 착복식'에서 연설을 하게 되었다. 나는 학생들에게 가슴을 열어 놓기 위해 언제나 명심해야 할 메시지를 전하고 싶었다. 그래서 루스 할머니와 나눴던 대화를 떠올려 봤다. 그리고 할머니의 가르침을 알파벳 열 글자로 정리했다. 예전에 경제적 성공을 위해 만들었던 목록과는 달리, 이번에는 마음을 열어주는 열 가지 새로운 목록을 만든 것이다. 바로 연민Compassion, 존엄Dignity, 평정Equanimity, 관용Forgiveness, 감사Gratitude, 겸손Humility, 진심Integrity, 정의Justice, 친절Kindness, 사랑Love(CDEFGHIJKL)이다. 나는 이 목록을 보면서 삶의 핵심 가치를 떠올린다. 『닥터 도티의 삶을 바꾸는 마술가게』에서 설명했듯이 나는 이 목록에 '마음의 알파벳'이라는 이름을 붙였다. 나는 매일 아침 침대에 앉아 천천히 호흡을 이어나가면서 이 놀라운 세상을 살아가는 기쁨과 경외감을 떠올린다. 그리고 몇 분간 마음의 알파벳을 한 글자씩 떠올리며 하루를 시작한다. 또한 좌절감이나 부담감이 들 때도 잠시 일을 멈추고 천천히 호흡하면서 알파벳 글자에 집중하고 그 의미를 새긴다. 그러면 마음이 차분해지면서 의도가 새롭게 다가온다. 지금 우리의 여정에서 감사와 평정은 특히 많은 도움이 될 것이라 믿는다.

감사 훈련의 효과

결과에 지나치게 집착할 때, 우리는 눈앞에 있는 긍정적인 대상을 발견하지 못한다. 의도의 중요한 요소가 경험 속에서 실현되고 있지만, 이를 알아차리지 못한다. 그것은 그 요소가 우리 기대에 정확하게 부합하지 않거나, 혹은 우리가 아직 실현되지 않은 다른 요소에 집착하고 있기 때문이다. 감사한 마음을 갖는 것은 간단하고 효과적인 훈련법으로, 이를 통해 주의를 여전히 부족하고 불만족스러운 요소에서 이미 삶에서 모습을 드러내고 있는 요소로 옮길 수 있다. 여기서 말하는 감사는 단지 긍정적인 사고의 힘을 강조하는 이들이 말하는 피상적인 따스함과는 다른 감정으로 신체적·정신적 행복을 높여주는 두뇌 전반의 변화를 실제로 만들어낸다.

많은 연구 결과가 감사함을 느끼기 위해 의식적으로 훈련하는 사람들이 더 행복하고 건강하고 유연하다는 사실을 말해준다. 그 효과는 심리적인 문제를 겪는 사람들의 경우에도 동일하게 나타난다. 한 연구는 심리적인 문제로 상담을 원하는 대학생 300명을 대상으로 감사 훈련의 효과를 살펴봤다. 연구원들은 상담 프로그램을 시작하기에 앞서 학생들을 만났고, 그중 많은 이들이 우울과 불안으로 어려움을 겪고 있으며 정신 건강이 임상적인 기준으로 매우 낮은 수준에 머물러 있다는 사실을 확인했다. 연구원들은 피실험자를 무작위 방식으로 세 그룹으로 나눴다. 그리고 모든 학생에게 상담 프로그램을 실시하면서, 첫 번째 그룹에는 3개월 동안 어떤 방식으로든 자신에게 도움을 준 사람에게 매주 감사의 편지를 쓰도록 했다. 두 번째 그룹에는 일상적인 짜증이나 기억에 남아 있는 부정적인 경험에 관한 생각과 감정을 적어보도록 했다. 마지막으로 세 번째 그룹에는 아무런 쓰기 과제를 내주지 않았다.

실험을 시작하고 4주가 흐른 후, 연구원들은 감사 편지를 쓴 그룹의 심리 상태를 측정했다. 그 결과 부정적인 경험에 관해 썼거나 쓰기 과제를 하지 않은 두 번째와 세 번째 그룹보다 감사 편지를 쓴 그룹의 정신 건강이 훨씬 더 좋아졌다는 사실을 확인했다. 그리고 실험 시작 후 12주 후 다시 심리 검사를 했을 때, 격차가 더 벌어진 것으로 나타났다. 이처럼 시간이 흐르면서 효과가 더 뚜렷하게 나타난 것은 지극히 예외적인 현상이었다. 실제로 많은 연구 결과에서 취미와 같은 긍정적인 활동이 정신 건강에 미치는 효과는 시간이 흐르면서 점차 감소하지만, 감사 글쓰기는 오히려 반대 흐름을 보여준다는 사실을 확인할 수 있다. 감사 글쓰기가 단지 몇 분간 몇 문장만을 쓰는 경우일 때도 효과는 똑같이 지속적으로 나타났다. 감사함을 표현하는 훈련을 받은 학생들의 경우, 심리 치료의 효과도 더 뚜렷하고 효과가 지속되는 기간도 훨씬 더 긴 것으로 드러났다.

상담 프로그램을 시작한 지 약 3개월 후, 연구원들은 실험에 참여한 몇몇 학생을 다시 실험실로 데려와서 그들의 두뇌가 정보를 처리하는 방식에 어떤 변화가 있었는지 확인해봤다. 먼저 연구원들은 학생들에게 '선행 나누기' 과제를 하게 될 것이라고 설명했다. 이 과제에서 학생들은 '후원자'라고 하는 한 친절한 사람에게서 소액을 정기적으로 받는다. 그 후원자는 학생들에게 돈을 받은 것에 감사함을 느낀다면 그 돈을 다른 사람에게 나눠주라고 했다. 그리고 받은 돈에서 얼마를 줄 것인지는 학생들이 결정하도록 했다. 학생들이 다른 사람에게 돈을 준 경우, 연구원들은 선행을 베푼 동기가 감사함이나 죄책감, 혹은 의무감에서 비롯되었는지 물었고, 또한 전반적으로 감사함을 얼마나 느꼈는지 물었다. 다음으로 연구원들은 실험에 참여한 학생들의 두뇌 활동을 fMRI 스캐너를 통해 들여다봤다.

그 결과, 감사하는 마음을 떠올렸을 때, 첫 번째 실험에서 감사 편지를 쓴 학생들의 내측 전전두 피질이 크게 활성화된 것으로 나타났다. 이 영역은 도덕적, 사회적 인지와 보상, 공감 및 가치 평가와 관련 있다. 연구원들은 감사하는 마음을 갖는 경험이 피실험자의 스트레스를 덜어준 것은 물론, 도움을 받고 있다는 인식과 남을 돕고 싶다는 욕망을 높여줬다고 결론을 내렸다.

학생들의 두뇌를 처음 스캐너로 들여다본 건 편지 쓰기 과제를 내준 시점으로부터 3개월이 지나서였다. 이 말은 감사 훈련이 두뇌에 지속적인 영향을 미쳤다는 뜻이다. 즉, 감사 훈련이 학생들의 두뇌가 감사한 일을 발견하거나 고마움을 느낄 기회가 찾아왔을 때 더욱 적극적으로 감사함의 감정을 경험하도록 민감성을 높여줬다는 뜻이다. 그리고 분노나 질투처럼 부정적인 사건을 계속해서 떠올리게 하는 고통스러운 감정에서 학생들을 벗어나게 만들었다. 두뇌의 민감성을 높이는 이러한 감사 훈련이 선사하는 이익은 대단히 다양하며, 여기에는 심리적 보호도 포함된다. 사춘기 청소년을 대상으로 한 또 다른 연구는 감사하는 마음이 괴롭힘에 대한 피해의 감정과 이로 인한 자살 위험 사이에 역의 상관관계가 존재한다는 사실을 보여줬다. 감사하는 마음은 특히 어려움에 부닥쳤을 때 우리를 강하게 만들어주고, 또한 어려움을 헤쳐 나가는 과정에서 받은 도움의 경험을 더 달콤하게 만들어준다.

우리는 삶에서 일어나는 긍정적인 사건을 인식하기 위해 때로 민감성 훈련을 해야 한다. 앞서 자세히 살펴봤듯이 부정성 편향은 긍정적인 일이 삶에 찾아왔을 때도 당연하게 여기거나 아예 인식하지 못하도록 우리를 무감하게 만든다. 특히 가까운 관계에서 더 그렇다. 중요한 목표를 추구하거나 꿈을 열정적으로 좇을 때, 우리는 그 과정에서 묵묵히 자신을 도와주는 사람들의 존재를 종종 보지 못한다. 그러나 마법에 마음을 열 때, 우리는 익숙한 존재를 새로운 눈으로 바라보게 된다. 감사 훈련의 효과는 아주 강력하다. 이를 통해 우리가 다른 이들에게서 어떤 도움과 지지를 받고 있는지 분명히 인식하게 된다. 한 연구원은 감사의 사회적 차원에 주목하여 감사함을 느끼는 마음을 '관계를 강화하는 감정'이라고 불렀다. 몇몇 연구 결과에 따르면 영장류 선조들이 느낀 감사함이라는 감정은 도움을 베풀고 은혜를 갚는 과정을 통해 유대감을 강화하려는 노력에서 비롯되었다고 설명한다.

우리 주변에 선함의 원천이 존재한다는 친사회적인 믿음을 받아들일 때, 우리는 각자의 꿈을 좇는 사람들로 이뤄진 거대한 그물망의 일부가 된다. 그리고 멀리 떨어져 있는 사람들의 도움도 적극적으로 인식하고 감사하는 마음을 가짐으로써 은혜를 갚거나 선행을 베풀 기회를 자연스럽게 발견하게 된다. 그리고 이를 통해 다른 사람들이 각자의 삶에서 마법에 문을 열도록 만들어준다.

평온한 마음으로 더 큰 목표 추구하기

한 가지 힘든 과제는 끊임없이 달라지는 주변 상황을 있는 그대로, 혹은 적어도 가능한 범위 내에서 받아들이는 것이다. 명상 등 다양한 훈련을 아무리 오랫동안 수련했다고 해도, 고통을 최소화하고 쾌락을 극대화하려는 인간의 본능은 그대로 남아 있다. 사실 상황을 그대로 받아들이는 것은 내게도 쉽지 않은, 그래서 계속 노력해야 하는 일이다. 목표를 성취하고 많은 이들로부터 칭찬과 인정을 받는 것만큼 기분 좋은 일도 없다. '완성 편향completion bias'이라는 용어가 있다. 이는 보상 중추를 자극해서 도파민을 분비하게 하는 과제를 완수하려는 강력한 성향을 말한다. 그런데 완성 편향의 문제는 과제를 완수하지 못할 때, 내면의 목소리가 불같이 화를 내면서 부정적인 생각과 걱정, 고통을 자극한다는 것이다. 그럴 때 우리는 의도에 주의를 기울이지 못하며 현실화는 불가능한 일이 된다.

평정이란 원하는 것을 얻거나 얻지 못했거나, 혹은 원치 않았던 것을 얻었거나 상관없이 언제나 평온한 마음을 유지하는 능력을 말한다. 평정은 즐겁거나 불쾌하거나, 혹은 중립적인 경험이나 대상에 대해서 평온함을 유지하게 해주는 마음의 자질이다. 신경과학의 관점에서 볼 때, 평정은 경험을 인식하고 해석하는 방식과 밀접한 관련이 있다. 평정은 우리가 살아가는 동안 일어나는 모든 사소한 사건에 흔들리지 않고서 의도를 따라가도록 만들어준다. 나아가 상황이 그저 흘러가도록 내버려두면서 결과에 집착하지 않게 해준다.

평정은 모든 현상이 본질적으로 일시적이라는 사실에 대한 깨달음으로부터 온다. 성취의 영광을 누리며 보상 중추가 분비하는 도파민을 만끽하는 것도 좋지만, 그러한 감정은 그리 오래가지 않는다. 그래서 사람들은 실망한다. 긍정적인 결과에 집착할 때, 우리는 그러한 결과에 따른 긍정적인 감정을 다시 한번 맛보기 위해 주변 상황을 있는 그대로 받아들이지 않는다. 삶은 언제나 우리를 실망시킨다. 우리가 그러한 실망감에서 벗어나지 못할 때, 부정적인 생각은 부정적인 감정으로 이어지고, 이는 다시 우울과 더 심한 고통으로 이어진다.

우리는 성취와 그에 따른 감정을 인식하고 누리면서도 그 감정이 금방 사라진다는 사실을 이해해야 한다. 마찬가지로 좌절이나 실패에 따른 부정적인 감정도 일시적이다. 그러므로 평정은 대단히 중요하다. 평정은 균형을 유지하면서 현상에 반사적으로 반응하지 않는 삶의 태도다. 우리는 평정을 통해 자유를 누리게 된다. 그리고 집착에서 벗어나 내면의 마술을 드러낸다.

일반적으로 우리는 어떤 사건을 부정적으로 인식하게 되면, 어떻게든 부정적인 감정을 떨쳐버리고 긍정적인 감정을 붙잡으려 한다. 그런데 문제는 부정적인 사건에 대한 우리의 반응 이후에 더 많은 반응이 촉발되어 도미노 효과로 계속해서 고통이 유발된다는 사실이다. 하지만 우리는 그 흐름을 바라볼 수 있다. 그리고 반응을 의식적으로 중단한다면 전체 흐름도 막을 수 있다.

한 연구원 집단은 오랫동안 수련한 명상가들이 고통과 부정적인 경험을 보고하는 방식을 살펴보고 이를 명상 초심자들과 비교해 봤다. 그들은 신경 영상 기술을 활용해서 사람들이 명상을 하는 동안에 감각 영역(후뇌섬posterior insula, 이차체감각피질secondary somatosensory cortex)의 활성도가 높아지고 중앙 통제와 관련된 영역(외측 전전두 피질)의 활성도가 떨어지면서 고통에 따른 불쾌함이 줄어들었다는 사실을 발견했다. 이 말은 노련한 명상가들은 초심자들과는 달리 고통에 저항하지 않았으며, 그래서 고통에 따른 불쾌함을 더 적게 느꼈다는 뜻이다.

또 다른 실험에서도 비슷한 결과를 확인할 수 있다. 이 실험에서 연구원들은 경험 많은 명상가들에게 열 자극을 가하면서 그에 따른 고통을 경험하는 동안에 명상을 하지 말라고 지시했다. 그럼에도 이들의 두뇌에서는 고통을 처리하는 주요 영역이 크게 활성화되면서 고통에 대한 민감도가 떨어진 것으로 나타났다. 이 말은 감각적인 차원에서 더 깊이 경험하면서 마음으로 덜 저항했다는 뜻이다. 우리는 평정을 우리에게 스트레스가 되는 사건에 대한 생리적 반응과 감정적 반응 사이에서 계속해서 균형을 유지하는 훈련으로 생각해 볼 수 있다. 불편한 경험을 하면서도 평온한 태도를 유지하는 사람은 그러한 경험으로부터 더 빠르게 회복해서 항상성을 회복한다.

평정은 특히 힘든 목표를 추구할 때 중요한 기술이다. 우리는 평정을 통해 과정에 온전히 집중하고 결과에 대한 집착에서 벗어날 수 있다. 상황이 예상대로 흘러가지 않을 때, 완전히 열린 마음으로 경험을 받아들이면서 유연하고 포용적인 태도를 유지하는 삶의 자세다. 무엇보다 우리는 자신을 용서하고, 실패를 다음번에는 다른 방식으로 도전하라고 가르침을 주는 필연적인 난관으로 새롭게 바라보는 거시적인 관점을 통해 평정에 이를 수 있다.

실패에서 회복하는 일

15세기 일본의 쇼군인 아시카가 요시마사에 관한 흥미로운 전설이 하나 있다. 그에게는 중국에서 가져온 찻잔 세트가 있었는데, 이는 다도 의식에 사용하기 위한 것이었다. 그런데 어느 날 찻잔 중 하나가 깨졌고, 쇼군은 이를 복원하기 위해 중국으로 보냈다. 하지만 돌아온 찻잔은 깨진 조각을 철심으로 꿰맨 흉한 모습이었다. 마치 엉터리 수술 후에 상처를 조악하게 봉합한 것 같았다. 마음이 상한 쇼군은 장인을 불러 자신의 귀한 찻잔을 미학적으로 아름답게 복원하라고 지시했다. 장인은 옻으로 그릇을 수리하는 전통적인 기술을 활용했다. 그 기술은 나무에서 수액의 형태로 추출한 천연수지인 옻으로 깨진 도자기 조각을 붙이는 방식이었는데, 그 장인은 옻에다가 금가루를 뿌려서 갈라진 틈의 모양새를 바꿨다. 이는 '금을 사용해서 수리하는' 킨츠기金継ぎ 공예의 기원이었다. 킨츠기 기법은 도자기의 흠을 감추지 않고 오히려 두드러지게 강조함으로써 사람들이 도자기에 묻어난 세월을 아름다움의 일부로 바라보도록 만든다. 쓰레기로 버려질 위험에 처한 도자기가 킨츠기를 통해 더 탄탄하고 특별한 예술 작품으로 되살아나는 것이다.

요시마사의 전설이 사실이든 아니든, 킨츠기는 어쩔 수 없이 생길 수밖에 없는 상처와 결함, 그리고 열정적으로 삶을 살아가는 동

안에 생기는 흠은 물론 우리가 실수라고 생각하는 부분을 새롭게 바라보라는 중요한 가르침을 전한다. 킨츠기는 일본의 철학적 전통으로, 결함이 있고 완전하지 않은 부분까지 포용함으로써 세월의 흔적을 의식적으로 높게 평가하는 관습인 '와비사비わびさび'와 맥락을 같이한다. 와비사비라는 개념에는 인간은 불완전하고 영원하지 않으며 시간의 제약에서 자유롭지 않다는 겸손한 이해와 깨달음이 담겨 있다. 이러한 사실이 우리 존재의 본질이며, 그것을 부정할 때 우리는 고통을 겪는다. 두려움 없이 앞으로 나아가기 위해 우리는 이 진실을 받아들여야 한다.

킨츠기는 삶은 때로는 실패에서 회복하는 과정이 우리의 존재를 정의한다는 사고방식을 보여준다. 그렇게 상처는 우리의 인간성을 정의한다. 우리는 모두 취약하며 수많은 고통을 겪으면서도 다른 이들은 그렇지 않을 것이라고 생각하는 연약한 존재다. 하지만 우리는 상처에 자부심을 느끼고, 스스로 부족하다고 생각하거나 수치스러워하는 대신 오히려 그 상처를 자랑스럽게 드러낼 수 있다. 우리 몸과 마음에 남은 상흔은 우리가 살아 있다는 증거다. 우리가 자신의 불완전함을 그대로 받아들일 때, 다른 이들도 자신의 상처를 이해하고 자신의 존재를 드러내게 된다. 그리고 이를 통해 관계를 맺는다. 이는 포용과 포기의 힘으로 우리 모두에게 있는 슈퍼파워다. 우리는 자신의 상처를 감사하게 받아들임으로써 자신의 잠재력을 온전하게 인식할 수 있다. 즉, 우리도 상처를 금빛으로 드러낼 수 있다. 소중한 것을 얻거나 잃는 과정에서 얻는 깨달음은 인생에서 빛을 발하는 금실이다. 우리가 지금 서 있는 곳을 감사하게 여기도록 만드는 소중한 금실이다.

포용은 미지의 세계를 향해 천천히 한 걸음씩 나아가는 태도를 말한다. 자신이 통제할 수 없는 많은 요소와 그에 따른 모든 실수에도 불구하고 나 자신을 기꺼이 용서하고자 할 때, 우리는 마음을 지배하는 두려움과 분노의 힘을 누그러뜨리고 내면의 나침반이 가리키는 곳을 따라 다시 한번 나아갈 수 있다.

마음 훈련: 마음의 무게 덜기

1. 준비하기

A. 훈련에 앞서 방해받지 않을 시간과 장소를 선택한다.

2. 빠르게 몸 이완하기

A. 눈을 감거나 시선을 아래쪽에 둔다.

B. 코로 천천히 숨을 들이쉬고 입으로 내쉰다. 그렇게 5~6번 호흡한

다. 억지로 집중하지 말고 자연스럽게 호흡을 이어간다.

C. 몇 분 동안 발가락에서 시작하여 정수리에 이르기까지 몸을 이완한다.

3. 목표 떠올리기

A. 성취하려는 목표를 떠올린다. 그리고 목표를 성취하는 방법이 아닌 목표를 성취하려는 이유를 생각해 본다. 목표를 달성하면 사랑하는 사람이나 동료들과의 관계에 어떤 영향을 미칠지 생각해 본다. 그리고 목표를 향한 추구가 어떻게 자신이 지금 여기에 머무르지 못하게 만드는지 고민해 본다.

B. 결과에 집착할 때 몸에서 어떤 느낌이 드는지 살펴본다. 어느 부위에서 무엇이 느껴지는가? 목이 메거나, 심장 주변이 조이거나, 주먹에 힘이 들어가는가? 집착이 유발하는 불편감에 주목한다.

C. 목표를 달성했을 때 얼마나 멋진 기분이 들었는지, 얼마나 뿌듯하고 행복했는지 떠올려 본다. 그러나 그러한 감정은 일시적이며 조만간 다시 현실로 돌아오게 된다는 사실을 이해하자. 긍정적인 감정과 자부심을 얼마나 자주 느끼고 싶어 하는지 생각해 본다.

D. 이러한 감정을 오래 유지하거나 몰입 상태에 항상 머물러 있을 수는 없다는 생각을 하면서 그대로 앉아 있는다. 그리고 그러지 않아도 괜찮

다는 사실을 이해한다. 긍정적인 느낌이 들지 않아도 상관없다.

4. 도전 과제 떠올리기

A. 이제 반대로 목표를 추구했지만 어떠한 이유로 달성하지 못했던 경험을 떠올려 본다. 다시 한번 몸에 어떤 느낌이 드는지 생각해 본다. 많은 이들은 절망하고 부정적인 자기비판을 당연하게 여긴다. 그리고 자신이 사기꾼이며 무가치한 사람이라는 생각을 하기도 한다. 이러한 생각은 과거에 겪었던 다른 실패들을 잇달아 떠올리게 만든다. 또한 지금의 감정 상태가 영원히 이어질 것처럼 느껴진다. 그리고 이러한 느낌은 자신이 무가치하다는 생각을 더 악화시킨다.

B. 두 가지 이해가 필요하다. 첫째, 목표는 우리가 생각하는 것만큼 중요하지 않다. 둘째, 목표를 달성하지 못했다고 세상이 끝나는 것은 아니다. 실패한 경험을 돌이켜 볼 때, 우리는 그 경험을 통해 소중한 통찰력과 지혜를 얻었고, 그래서 지금 여기에 이르렀다는 사실을 이해하게 된다.

C. 무엇보다 중요한 것은 경험은 대부분 일시적이라는 사실을 깨닫는 것이다. 목표를 성취하지 못해도 괜찮다. 우리의 본질은 우리 자신이다. 우리는 언제나 사랑과 포용을 받을 가치가 있다. 이는 평온한 마음의 힘이다. 그리고 평정의 힘이다.

5. 큰 그림 그리기

A. 다시 한번 천천히 숨을 들이쉬고 내쉬는 호흡에 집중하면서 목표에 집착하지 않아도 괜찮다는 사실을 받아들인다. 삶은 결과가 아니라 과정이다. 집착을 버리고 현재에 머무르자. 고통을 유발하는 주된 원인은 집착이다. 이러한 사실을 이해할 때, 비로소 고통에서 벗어날 수 있다. 이는 경험을 부정하는 것이 아니라, 다만 그것을 멀찍이서 바라보는 것이다. 우리는 평정을 통해 균형과 포용을 얻는다.

6. 자기 연민

A. 스스로에게 부드럽게 마음을 연다. 내게 조건 없는 사랑을 베풀고 나를 전적으로 포용해 준 사람을 떠올려 본다. 따스함과 보살핌의 느낌을 떠올리면서 신체적인 감각에 집중한다. 그 감정을 그대로 유지하면서 천천히 숨을 들이쉬고 내쉰다.

B. 사랑과 보살핌의 감정을 느끼면서 결과에 대한 집착에서 비롯된 긴장감을 인식한다. 원하는 것을 얻고 상황을 통제하거나 안전함을 느끼기 위해 목표를 달성해야 한다는 것은 아주 자연스러운 생각이다.

C. 보살핌과 보호, 사랑을 받고 있다는 느낌을 떠올리면서, 주변 상황이 예상대로 돌아가지 않아도 그 느낌이 그대로 이어질 수 있을지 생각해 본다. 이러한 긍정적인 감정은 불완전하고 복잡하고 인간적인

다양한 요소를 갖고 있는 우리의 존재에 말을 건넨다.

D. 성공이나 실패와 상관없이 자신은 사랑받을 가치가 있으며 여전히 괜찮다는 느낌을 떠올려 본다. 우리는 최선을 다하는 연약하고 위태로운 존재다. 주변 사람들은 자신을 있는 그대로의 모습으로 사랑한다는 사실을 받아들이자. 어떤 사건도 그 자체로 우리를 정의하지는 못한다.

7. 집착을 놓아주기

A. 보살핌을 받고 있다는 느낌에 몸을 맡기면서 결과에 대한 집착이 사라지고 그동안 지고 있던 짐의 무게가 가벼워지는 것을 느껴본다. 끊임없이 흘러가는 주변 상황으로부터 자신은 괜찮고 가치 있고 안전하다는 생각을 지킬 수 있는가? 결과와 무관하게 자신은 괜찮다는 깊은 느낌이 삶을 가득 메우고 있는가?

B. 성공과 실패가 일시적이라는 본질을 깨달을 때, 비로소 우리는 자신이 만든 감옥에서 벗어날 수 있다.

C. 몇 번 더 천천히 호흡하면서 평정과 지금 여기에 존재하는 느낌의 놀라운 힘에 주목한다.

8. 긍정적인 감정 심어 넣기

A. 긍정적인 감정을 느끼면서 몇 분간 머물러 있는다. 집착하고 통제하려는 욕망이 다시 고개를 들 것이다. 그래도 괜찮다. 보살핌과 조건 없는 보호를 받는다는 느낌으로 돌아오기만 하면 된다.

B. 이제 훈련을 마치고 다시 삶으로 서서히 돌아가면서 집착하는 마음이 줄어들거나 사라졌는지 살펴본다. 어쩌면 예전에 미처 몰랐던 새롭고 창조적인 가능성에 가까이 다가섰을 수도 있다. 그리고 위험이 예전만큼 커 보이지 않을 수도 있다. 혹은 주변 상황이 흘러가도록 내버려둠으로써 경험이 우리에게 평정을 가져다주는 마술을 맞이할지도 모른다.

마치며

집으로 돌아가는 길

금요일 하루가 저물고 있다. 지금 나는 차를 몰고 가로수가 늘어선 도로를 따라 캘리포니아 로스앨토스힐스에 있는 집으로 향한다. 집에 도착하자 따스함과 안전함, 평화로운 느낌이 몸속에 차오르기 시작한다. 아내와 아들들이 나를 맞이하는 익숙한 풍경을 바라본다. 오랫동안 마음속으로 그려온 이 장면을 보자 가슴이 벅차오른다. 이제 나는 내가 이곳에 속해 있음을 안다.

시들고 메말랐던 이전 저택의 정원과 달리, 지금 우리 집 정원은 생명으로 가득하다. 체리와 복숭아, 올리브, 배, 그리고 세 종류의 사과나무와 레몬나무, 오렌지나무 모두 활짝 꽃을 피우고 열매를 맺었다. 집 앞쪽에는 페르시아 철목이라고도 하는 파로티아 세

그루가 서 있다. 모양과 색깔이 똑같은 세 나무는 내가 직접 수입해 온 것이다. 또한 앞마당에 있는 떡갈나무는 샌디에이고에서 가져왔다. 그 나무를 심었을 무렵에는 키가 3미터 정도였는데 지금은 7미터를 훌쩍 넘어섰고, 파로티아 나무들과 함께 기다란 가지로 우리 집을 감싸안고 있다. 현관을 향해 걸어가면서 오래된 돌길을 따라 집 근처 작은 연못으로 흘러가는 아득한 물소리를 듣는다. 이제 안전하니까 그만 긴장을 풀라고 내게 말하는 듯하다. 닭장과 벌통을 지나 내가 아들들을 위해 나무 위에 지은 오두막을 들여다보는 것은 당연한 일과가 되었다. 오두막 지붕에서 시작되는 집라인은 뒷마당을 거쳐 나무로 이어져 있다.

나는 우리 가족이 사는 아름다운 집을 바라본다. 여행과 책에서 영감을 얻어 현대적인 아시아 스타일로 건축한 이 집은 고요하고 아늑한 분위기를 자아낸다. 나는 이 집을 직접 설계했다. 그리고 완공하기까지 세부적인 모습들을 끊임없이 상상했다. 처음 우리 집의 모습을 상상했을 때, 나는 출입문에서 수영장으로 이어지는 길 가운데 눈길을 사로잡는 멋진 장식물이 놓여 있는 장면을 떠올렸다. 그리고 현실 속 바로 그곳에는 달라이 라마 재단이 주최한 경매 행사에서 사 온, 감을 들고 있는 머리 없는 부처의 우아한 동상이 편안한 자세로 뒷마당을 둘러보고 있다.

나는 지금 삶의 궤도에서 벗어나지 않으려고 매일 노력한다. 다시 길을 잃지 않으려면 내면의 나침반에 주목하면서 많은 지침을 따라야 한다는 사실을 깨달았다. 그래서 우리 집은 나를 위한 표식들로 가득하다. 가령 머리 없는 부처상은 내게 머릿속에서 길을 잃지 말고 언제나 마음으로 돌아가라고 말한다. 그리고 부처가 손에 쥔 감에는 중요한 상징적 의미가 담겨 있다. 감은 처음에 쓰고 딱딱하지만, 시간이 지나면서 점차 부드럽고 달콤해진다. 부처의 모습은 힘들어하고 저항하는 나의 모습을 그대로 받아들이면서 부드러워지고 유연해질 때까지 관심을 기울이라고 말한다. 물론 나는 지금도 때로 길을 잃는다. 마음에 귀를 기울여야 한다는 사실을 잊고 이기적으로 행동하기도 한다. 그래도 이제는 어디로 돌아가야 할지, 그리고 어디서 사랑과 용서를 구하고, 또한 자신을 용서할 수 있는지 안다.

우리 집 정원에는 아름다운 돌들이 많다. 다섯 종류의 화강암은 각각 서로 다른 곳에서 가져온 것으로, 전문 기술자의 도움을 받아 정사각형 및 직사각형 형태로 배치해서 특정한 색상 패턴을 드러낸다. 형의 보물 창고에서 《아키텍처럴 다이제스트》를 발견한 이후로 나는 그 책을 계속해서 읽었다. 사실 다양한 색깔의 화강암 이미지도 거기서 가져왔다. 나는 오래전에 그 이미지를 마음속에 담았고 내 잠재의식이 그 이미지를 현실로 만드는 방법을 찾도록 가르쳤다.

과거에 살았던 저택은 춥고 빛과 기쁨이 없었지만, 지금 이곳은 말 그대로 '집'이다. 러시아 이민자인 장인과 장모도 우리 집안에 함께 지은 게스트하우스 건물에 살고 있다. (가끔 내가 속옷 차림일 때 아무런 기척 없이 불쑥 들어오시기는 하지만 말이다.) 나는 내 할머니와 할아버지를 보지 못했지만, 내 아들들은 할머니, 할아버지와 함께 살고 있다. 조지아에서 전력 시스템을 관리했던 엔지니어 출신인 장인은 큰아들의 물리학 숙제를 도와주고 장모는 큰아들의 수학 숙제를 도와준다. 물리학과 수학은 어릴 적 내가 특히 힘들어했던 과목이다. 그건 나를 도와줄 사람이 아무도 없었기 때문이다. 오늘 밤에는 바비큐 그릴과 오븐이 설치된 야외 오두막에서 온 가족이 함께 저녁을 먹으며 즐거운 시간을 보낼 예정이다. 두 아들은 저녁에 먹을 피자를 준비 중이다. 저녁을 먹고 나면 여러 가지 그림을 우스꽝스럽고 기발하게 바꾸는 텔레스트레이션이라는 보드게임을 할 것이다. 우리 모두 그 게임을 좋아한다. 때로는 딸과 사위도 우리 집을 방문해서 함께 식사를 한다. 그럴 때면 모두 웃음을 터뜨리면서 함께하는 시간을 즐긴다. 나는 지금껏 꿈꿔온 따스하고 사랑이 넘치는 가정에서 모두와 함께 있다는 사실에 기쁨을 느낀다.

우리 집 서재에는 나와 형, 누이, 그리고 어머니와 아버지가 나란히 소파에 앉아서 찍은 사진이 액자로 걸려 있다. 이는 내게 남아 있는 어린 시절 사진 두 장 중 하나다. 나를 빼고 사진 속 모두가 세상을 떠났다. 그래도 우리 모두 그토록 원했던 집에 가족사진을 걸어둘 수 있어서 다행이라 생각한다. 마치 짐 캐리가

1000만 달러짜리 수표를 아버지와 함께 묻었던 것처럼 말이다. 그 사진을 볼 때마다 내가 이 가족에게서 자랐고 우리가 서로 사랑했다는 사실을 떠올린다. 어릴 적 나는 사랑을 표현하기 위해 노력했지만, 내가 자란 환경에서 그건 쉬운 일이 아니었다. 침실 밖에는 형이 그린 갈색 톤의 그림이 걸려 있다. 그림 속에서 한 남자가 나무에 기대앉아 호수를 바라보며 플루트를 불고 있다. 나는 그 그림이 기울어져 있으면 항상 바로잡아 놓는데, 그래도 그림은 언제나 한쪽으로 기울어 있다. 나는 미신을 믿지 않지만, 내 직감에 그림을 기울여 놓는 범인은 바로 형인 듯하다. 형은 그림을 기울여 놓음으로써 자신이 나와 함께 있다는 사실을 알려주려는 것이다. 물론 말도 안 되는 상상이기는 하지만 그렇게 생각하면 마음이 따스해지면서 사랑하는 사람들이 내 기억 속에 언제나 살아 있다고 느끼게 된다.

텅 빈 저택의 폐허 속에 앉아 있었을 때, 나는 사람들이 성공이라고 여기는 것을 모두 이룬 상태였지만, 그 성공은 공허했고 그 과정에서 사랑하는 이들에게 너무 많은 고통을 안겨줬다는 사실을 깨달았다. 나는 나 자신을 증명하도록 만든, 그리고 내가 가치 있는 사람임을 다른 이들에게 보여주도록 재촉한 어린 시절의 트라우마를 여전히 떨쳐버리지 못했다. 나의 노력은 나에게도, 그리고 다른 사람들에게도 충분하지 않았다. 그래도 삶에서 일어났던 좋은 일들에 감사하는 마음 덕분에 잘 이겨낼 수 있었다는 느낌이

든다. 행복을 선사하는 두 번째 기회를 누릴 수 있어서, 그리고 실수를 통해 얻은 교훈으로 새 삶을 살아갈 수 있어서 감사하게 생각한다. 나는 삶에서 배운 역설을 여전히 간직하고 있다. 그건 스스로 충분하다고 생각해야 세상에 기여할 수 있고, 세상에 기여해야 스스로 충분하다고 생각할 수 있다는 것이다. 나는 이것이 루스 할머니가 오래전 마술가게에서 내게 가르쳐주려고 했던 교훈이라고 믿는다. 그 의미를 이해하기까지 평생이 걸렸지만 말이다.

나는 말로는 설명하기 힘든 현실화의 힘을 경험했다. 현실화 훈련을 처음 시작했을 때, 나는 우리 가족이 제때 월세를 내서 아파트에서 쫓겨나지 않도록 해달라는 소망에 집중했다. 그런데 어느 날 어떤 아저씨가 우리 집을 찾아와 아버지 덕분에 일자리를 구했다면서 지폐로 가득한 봉투를 내게 건넸다. 한 달 월세를 내고도 맛있는 음식을 사 먹기에 충분한 돈이었다. 나는 그 소식을 빨리 루스 할머니에게 전하기 위해 눈물을 흘리며 자전거를 타고 달렸던 기억이 난다. 그때 나는 훈련의 진정한 힘을 처음으로 경험했다. 그 힘이 당시 상황에 어떤 영향을 미쳤는지 신경과학적으로 설명할 수는 없지만, 그때 내가 느낀 놀라움은 현실화에 대한 믿음의 기반이 되었다. 이후로 나는 비슷한 경험을 수없이 했다. 과학적인 논리로 온전히 설명하기 힘들지만, 그래도 그러한 경험 모두 현실화와 내면의 힘에 관한 이야기를 들려준다.

이제 우리는 개인의 잠재력, 그리고 모두의 내면에 존재하는 특별한 힘을 믿지 못하게 막는 망상에서 벗어나야 한다. 외부의 힘이 우리 삶을 바꿔주리라는 기대는 주의를 흩뜨리고 에너지를 고갈시키고 의지를 꺾을 뿐이다. 현실화의 길은 많은 이들에게 쉽지 않다. 자신이 그저 바라는 것과 정말로 소중한 욕망을 구분하기까지 수십 년은 아니더라도 오랜 세월이 걸릴 것이다. 여기서 내가 소개한 기술은 모두 해답을 찾기 위해 내가 선택했던 방법이다. 우리 집 뒷마당의 머리 없는 부처와 그가 들고 있는 감을 바라보며 나는 마음의 길을 따라야 함을 다시 한번 깨닫는다. 지금 내게 고통을 주는 것이 먼 훗날에 지혜와 통찰을 줄 것이라는 사실을 이해한다.

삶의 아름다움과 풍요로움, 관계를 편안하게 받아들이며, 나는 한 가지 진실을 떠올린다. 우주는 우리와 멀리 떨어진 존재가 아니고, 우리 자신이 우주이며, 우리를 힘들게 하는 것은 우리 자신이라는 사실이다. 내면의 힘을 활용하는 주체는 우리 자신이다. 그것이야말로 진정한 마술이다.

현실을 바꾸는 기적의 6주 훈련법

이제 앞서 소개한 훈련 과제들을 하나의 단계별 프로그램으로 묶어서 제시하려 한다. 이 프로그램의 목적은 현실화의 과정을 잘 헤쳐 나가도록 안내하는 것이다. 여기서 나는 프로그램을 실행하면서 느낀 만족과 실망, 의심, 깨달음을 일기로 써보기를 권한다. 그리고 가능하다면 방과 같은 특정 공간을 정해서 훈련하는 걸 추천한다. 그러면 방해받지 않는 조용한 상태로 집중할 수 있을 것이다. 영감을 주는 문구나 목표를 상기시켜 주는 사진을 붙여놓아도 좋고, 마음을 집중하고 다른 이들의 도움을 인식하게 해주는 의식儀式의 공간을 따로 마련하는 것도 좋다. 그리고 매일 정해진 시간에 훈련하자. 가령 아침에 일어나자마자 훈련하는 방법도 좋다. 그러면 두뇌가 훈련에 반응하도록 준비하게 만들 수 있다.

이미 명상 수련을 하고 있다면, 내가 소개하는 마음 훈련을 명상과 함께 시도해 볼 수 있다. 가령 명상을 하면서 시각화 훈련을 하거나 명상 후에 글쓰기를 해볼 수도 있다. 명상을 아직 해본 적이 없다면, 다양한 방식으로 도움을 받아보자. 온라인에서도 다양한 무료 프로그램을 구할 수 있다. 명상이 현실화에 반드시 필요한 것은 아니지만, 이완을 심화하고, 정신을 명료하게 만들고, 자존감을 높이고, 과제에 부드럽게 임하게 해주고, 무슨 일이 일어나도 괜찮다는 인식을 심어주는 등 명상과 현실화 훈련은 여러 가지 측면에서 서로 도움을 준다.

프로그램에 대한 설명을 모두 읽고 나서 전반적인 훈련 계획을 세워도 좋다. 아니면 지금 단계에 주목하면서 서서히 나아가는 방식도 좋다. 어느 쪽이든 괜찮지만, 그래도 순서에 따라 프로그램을 진행하길 권한다. 모든 단계가 체계적으로 구성되어 있기 때문이다. 이전 단계는 다음 단계의 문을 열어주고 다음 단계로 넘어갈 자원을 제공한다. 어떤 단계가 어렵게 느껴진다면, 이전 단계로 돌아가 좀 더 훈련을 하자. 그러면 더 자연스럽게 넘어갈 수 있을 것이다.

훈련을 시작하고서 주의가 흐트러지거나 주춤하거나 두려운 생각이 드는 것은 당연한 현상이다. 중요한 것은 현실화하려는 의도를 세우고 짧은 시간이라도 훈련을 습관적으로 해보는 것이다. 앞서 살펴본 작은 습관의 힘을 떠올려 보자.

훈련 시간과 일정을 계획하고 훈련을 시작하자. 그러면 훈련은 어느새 습관으로 자리 잡을 것이다. 또한 훈련에 익숙해지면 자신에게 더 자연스러운 방식으로 조정해 보자. 그래도 괜찮다.

준비 단계: 지금까지의 인생을 들여다보라

의도를 현실화하는 본격적인 여정을 시작하기에 앞서, 지금 자신의 삶을 돌아보는 시간을 가져보자. 불완전한 순간부터 자랑스러운 순간까지 천천히 떠올려 보는 시간이 필요하다. 그 과정을 통해 우리가 자신의 의도를 이미 어떤 형태로든 현실화하고 있었다는 사실을 이해하게 될 것이다. 나아가 현실화를 통해 자신과 주변 사람들의 삶을 고양시켜 줄 도구와 지혜를 갖추게 되었다는 사실도 받아들일 수 있어야 한다. 또한 자신의 삶에, 그것도 아주 구체적인 영역에 이르기까지 영향을 미칠 힘을 얻었다는 점도 인식해 보자. 자신의 인생을 객관적인 시선으로 들여다볼 때, 우리는 겸허함을 느낄 수도 있고, 혹은 좌절감을 맛볼 수도 있다. 앞으로 무엇을 현실화할 것인지 고민하는 일에 이 과정에서 얻는 깨달음이 더없이 소중한 도움을 줄 것이다. 우리의 인생을 바꾸게 될 이 놀라운 여정을 우리는 지금 당장 시작할 수 있다.

마음 훈련: 나는 무엇을 현실화하고 있는가?

이 훈련을 통해서 자신의 현재 상황을 분명하게 평가해 보길 바란다. 이 훈련의 목적은 자신이 처한 상황을 아무런 편견 없이 최대한 객관적으로 바라보는 것이다. 자신이 무엇을 현실화하고 있는지 이해할 때, 우리는 무엇이 내면의 힘을 억누르는지 발견할 수 있다. 지금 당장 뭔가를 바꾸려고 조급해할 필요는 없다. 다만 신중하고 명료하게 지금의 상황을 바라보자.

1. 준비하기

A. 훈련에 앞서 방해받지 않을 시간과 장소를 선택한다.

B. 스트레스를 받고 있거나, 마음을 어지럽히는 다른 문제가 있거나, 혹은 24시간 이내에 술을 마셨거나 기분에 영향을 미치는 약물을 복용했다면 마음 훈련을 시작할 더 좋은 때를 찾는다.

C. 종이와 펜을 준비한다.

2. 이완하기

A. 편안한 자세로 몇 분 동안 앉아 눈을 감고 마음을 차분히 가라앉힌다.

B. 눈을 감은 채 천천히 코로 숨을 들이마시고 입으로 내쉬는 호흡을 세 번 반복한다. 이후 이 호흡법이 편안하고 자연스럽게 느껴질 때까지 반복한다.

C. 발끝에서 시작해 머리끝에 이르기까지 몸을 이완한다. 점차 편안해질 것이다. 그리고 차분함이 자신을 감싸면서 안전하다는 느낌이 들 것이다. 천천히 숨을 들이쉬고 내쉬면서 나를 평가하고 내 꿈과 욕망을 비난하는 사람들에 대한 감정과 걱정을 내려놓는다.

D. 천천히 호흡하는 동안 마음은 편안해지고 몸은 이완된다.

3. 삶을 시각화하기

A. 내 삶을 큰 틀에서 천천히 떠올려 보자. 나에게 중요한 관계는 무엇인가? 나는 무슨 일을 하고 있는가? 나는 어디서 살아가고 있는가? 이런 질문을 생각하면서 어떤 감정이 드는지 살펴본다. 특정한 이미지나 생각에 집착하지 말고 지금의 내 삶을 구성하는 주요 요소들에 대해 몇 분간 자유롭게 생각해 본다.

B. 그 과정에서 일어나는 모든 감정이 자연스럽게 흘러가도록 내버려 둔다. 기쁨과 만족, 슬픔, 혼란, 지루함, 분노 등 다양한 감정이 들 수 있다. 몇 분간 이러한 감정과 삶의 구체적인 모습을 마주한다.

4. 풍부한 시각화

A. 삶의 장면을 계속해서 떠올린다. 그리고 다음 질문을 생각해 보자. 나에게 중요한 사람들은 누구인가? 그들과 긴밀하게 연결되어 있다고 생각하는가? 나는 지금 무슨 일을 하는가? 나는 생계에 필요한 수입을 충분히 얻고 있는가? 다른 사람을 부양하는 데 충분한 자산을 얻고 있는가? 하루가 의미 있고 충만하게 느껴지는가? 내가 살고 있는 곳에 대해 어떻게 생각하는가? 그러한 생각을 하면 어떤 느낌이 드는가?

B. 내 삶을 시각화하면서 떠오르는 이미지에 주목해 보자. 마음의 눈으로 내 삶을 바라본다. 천천히 숨을 들이쉬고 내쉬면서 모든 장면을 구체적으로 떠올려 본다. 다시 천천히 숨을 들이쉬고 내쉰다.

C. 모든 이미지를 구체적으로 떠올렸다면 눈을 뜨고 계속해서 천천히 숨을 들이쉬고 내쉰다. 이제 몸은 이완되고 마음은 차분하다.

5. 떠올린 것을 기록하기

A. 내 삶을 시각화하면서 보고 느꼈던 것을 종이에 최소 5분 동안 적어본다. 최대한 구체적으로 적는다. 문장이든 단어든 상관없다. 중요한 것은 자신이 바라본 삶, 그리고 그 삶에 대해 느낀 감정을 그대로 적어보는 것이다.

_____

_____

_____

_____

B. 이제 다시 앉아서 눈을 감고 코로 숨을 들이쉬고 입으로 내쉬는 호흡을 천천히 3~5회 반복한다. 그리고 눈을 뜬다.

6. 글을 읽어보기

A. 먼저 자신이 쓴 글을 눈으로 읽어보자.

B. 다음으로 소리 내서 읽어보자.

C. 눈을 감고 몇 분간 삶의 이미지를 다시 떠올려 보자.

7. 자기 삶을 돌이켜 보기

A. 내 선택이 어떻게 지금의 삶으로 이어졌는지 잠시 생각해 본다. 언제 의식적으로 결정을 내렸는가? 언제 다른 사람에게 선택을 맡겼는가? 혹은 그냥 쉬워 보이는 길을 선택했는가?

B. 삶이 기대처럼 흘러가고 있지 않다면, 그 과정에서 나는 어떤 역할을 했는가? 지금 내 삶의 특정한 부분에 대해 걱정하거나 자책할 필

요는 없다. 분명하게 인식하지 못했더라도 나는 지금 내면의 힘을 다시 끌어모으기 위한 첫 단계를 밟고 있다.

8. 삶의 변화가 시작된 걸 느끼기

A. 내 삶을 똑바로 들여다보면서 내면의 힘과 자율성을 느껴본다. 내 삶은 이미 변하기 시작했다.

무엇을 발견했는가? 신중히 생각하는 동안 강력한 감정을 자극하는 삶의 부분이 있었는가? 떠올리기 힘든 삶의 부분이 있다면, 그 시점에 초점을 맞춰볼 수도 있다. 반대로 떠올릴 때마다 마음이 따뜻해지고 즐거워지는 삶의 부분이 있다면, 그 이미지를 의식적으로 떠올리면서 감사함을 느껴보자. 그러한 느낌은 나의 든든한 버팀목이 되어줄 것이다.

이번 훈련을 하면서 썼던 글을 보관해 놓자. 좋든 싫든 지금까지의 삶은 이제 현실화하려는 새로운 삶의 토대가 되어줄 것이다. 내가 쓴 글을 친구나 스승에게 읽어주거나, 훈련을 통해 깨달은 바를 함께 공유하는 것도 좋다. 이를 통해 책임감을 느끼고, 저항과 두려움, 의심에 직면할 때 외적인 도움을 받을 수 있다. 이 훈련을 통해 자신이 얼마나 바뀌었는지 알면 놀랄 것이며, 그 성과는 앞으로의 발전을 위한 의미 있는 발판이 되어줄 것이다.

첫째 주

첫 번째 단계: 내면의 힘을 마주하라

첫 번째 단계는 자신에 대한 믿음으로부터 멀리 동떨어져 있는 내면의 힘에 접근하는 방법에 관한 것이다. 많은 이들은 외부의 힘이 자신의 삶을 통제한다는 믿음으로 내면의 힘을 억누르고 있다. 끊임없이 자신을 질책하면서 쉬운 일도 제대로 해내지 못한다고 비난한다. 첫 번째 단계에서 우리는 이러한 믿음을 버리고 사소한 행동조차 두뇌를 새롭게 설계해서 장기적인 변화를 이끌어내는 습관을 형성할 수 있다는 사실을 이해해야 한다.

지금 스트레스를 받고 있거나 주의를 집중하기 어렵다면, 투쟁과 도주, 경직 모드에서 휴식과 소화 모드로 넘어가는 것이 무엇보다 중요하다. 이를 위한 가장 효과적인 방법은 몸을 의식적으로 이완하는 것이다.

마음 훈련: 몸을 이완하기

1. 준비하기

A. 훈련에 앞서 방해받지 않을 시간과 장소를 선택한다.

2. 자세 잡기

A. 이 훈련은 서서, 앉아서, 심지어 누워서도 할 수 있다. 먼저 몸을 이완할 수 있게 편안하면서도 신체 감각을 쉽게 인지할 수 있는 안정적인 자세를 취한다.

B. 척추를 쭉 펴고 어깨에 힘을 뺀다. 여유로운 자신감과 부드러운 힘을 느낄 수 있는 자세를 찾는다.

3. 마음을 가라앉히기

A. 눈을 감거나 전방 가까운 지점을 지긋이 응시한다. 주의를 내면에 집중한다.

B. 이제 신체가 바닥에 닿는 지점에 주목한다. 중력에 몸을 맡긴 채 지면에서 올라오는 압력을 느껴본다. 긴장된 신체 부위가 있는지 천천히 살펴본다.

C. 코로 숨을 들이마시고 입으로 천천히 내뱉는 호흡을 세 번 반복한다. 날숨에서 소리 내어 한숨을 쉬어도 좋다. 이 호흡법이 편안하게 느껴지고 신경이 쓰이지 않을 때까지 반복한다.

D. 호흡이 편안해졌다면, 앉아 있거나 누워 있는 자세를 구체적으로 인식하면서 자기 모습을 멀리서 바라보는 상상을 해본다.

4. 발끝을 이완하기

A. 발가락에 주의를 집중하고 몸을 이완한다. 발가락에 남아 있는 긴장도 모두 사라지게 한다. 그다음에는 정신을 발에 집중해서 모든 작은 근육을 이완해 본다. 숨을 들이쉬고 내쉬는 동안에 그 근육들이 흐물흐물해진다고 상상해 본다. 발과 발가락에만 신경을 집중한다.

B. 이 과정에서 생각이 자연스럽게 떠돌면서 주의가 흐트러질 수 있다. 그러나 걱정하지 말자. 전적으로 자연스러운 현상이다. 마음이 떠돌아다닌다는 사실을 인식하고 다시 발과 발가락의 근육에 주의를 기울이며 이완해 본다.

5. 계속해서 이완하기

A. 발과 발가락을 이완하여 부드럽고 가볍고 편안한 느낌이 든다면, 이제 위로 올라가서 종아리와 허벅지에 집중한다. 다리의 큰 근육들

을 인식하며 숨을 들이쉬고 내쉬면서 근육이 흐물흐물해지는 느낌이

들 때까지 모든 근육을 이완한다.

B. 마찬가지로 배와 가슴 근육에 집중하고 이완한다.

C. 다음으로 척추에 집중하여 등과 어깨, 목 근육을 이완한다. 이 훈련

의 목표는 몸을 이완하고 의식을 깨우는 것이라는 점을 명심해야 한

다. 아직 긴장된 부위가 남아 있다면, 호흡을 그곳으로 보낸다고 생각

하면서 힘을 빼고 긴장이 사라지게 한다.

D. 마지막으로 얼굴과 머리 쪽 근육에 집중해서 이완하고 가볍게 만

든다. 남아 있는 긴장을 모두 푼다.

6. 이완을 인식하기

A. 온몸의 근육을 하나씩 이완해 나가는 동안 몸이 차분해지는 것을

느껴본다. 그리고 몸과 함께 마음도 차분해지는 것을 바라본다. 몸과

마음이 차분해지는 기쁨과 긍정적인 감정을 느껴본다.

B. 졸음이 오거나 실제로 잠들 수도 있다. 그래도 괜찮다. 긴장된 부

위가 있는지 계속 관찰하면서 차분함을 유지한다. 의식이 깨어 있는

상태에서 몸을 온전히 이완하려면 여러 차례 시도해야 한다. 꾸준히

노력해 보자. 이 훈련을 시도할 때마다 신경계가 새롭게 구성되며 평

화와 질서를 경험한다는 사실을 떠올리자.

C. 최대한 온몸을 이완했다면, 심장에 집중해 본다. 천천히 숨을 들이시고 내쉬면서 심장 근육을 이완한다고 상상한다. 몸이 편안해지고 호흡이 느려지면서 심장 박동도 함께 느려지는 느낌이 들 것이다.

7. 이완을 심화하기

A. 자기 몸이 완전한 이완 상태로 들어섰다고 상상해 본다. 천천히 숨을 들이쉬고 내시면서 단지 '존재하고 있음'에 주목한다. 해야 할 일도, 가야 할 곳도, 이뤄야 할 목표도 없다. 따스함과 고요함, 충족감이 느껴지는가? 몸이 둥둥 떠다니면서 차분함이 자신을 감싸는 느낌이 들 것이다.

B. 기쁨과 평화를 의식적으로 느껴보고 이러한 감정을 신경계에 집어넣어 앞으로도 그러한 감정을 떠올릴 수 있도록 해본다. 신경계에 이완은 바람직한 상태이며, 필요할 때마다 언제든 그 상태로 들어갈 수 있다는 사실을 가르치는 것이다.

C. 이제 숨을 내쉬면서 눈을 뜨자. 그리고 이완 상태에서 몇 분간 더 머문다. 완전한 평화 속에서 휴식을 취한다.

처음에는 적어도 일주일에 한 번 이상 혼자서 훈련해 보자. 한 번에 5분이라도 좋다. 훈련이 습관으로 자리 잡으면 시간을 10분에서 20분,

30분으로 늘려나가자. 아마도 시간을 더 늘리고 싶은 마음이 자연스럽게 들 것이다. 내면의 바람에 귀를 기울여 보자.

훈련이 지나치게 힘들거나 안전하고 이완된 상태를 느끼기 힘들다면, 함께 수련할 그룹을 찾아보는 것도 도움이 된다. 가까운 요가 강습소에서 명상 프로그램을 듣거나 마음이 맞는 친구들과 함께 훈련하는 방법도 있다. 그 과정에서 다른 사람에게 도움을 요청하는 일 또한 목표 달성을 위해 개발해야 할 중요한 기술이라는 사실을 깨닫게 될 것이다.

마음 훈련: 마음먹은 대로 행동하기

몸이 어느 정도 이완되었다고 느끼면, 예전에 하려고 했지만 어떤 이유로 실행하지 못했던 일상적인 활동을 떠올려 보자. 예를 들어 일찍 일어나서 15분간 산책하기, 탄산음료나 술을 마시지 않기 같은 일들이다.

1. 이완하기

A. 잠자기 전 편안한 자세로 의자에 앉아 눈을 감고 몸의 모든 근육을 이완하는 데 집중한다. 코로 천천히 숨을 들이쉬고 입으로 내쉬면서 발가락 끝부터 시작해서 정수리 끝까지 긴장을 풀어보자.

B. 이완이 되었다면 호흡에 집중하면서 천천히 코로 숨을 들이쉬었다가 5초간 참은 뒤 천천히 입으로 내쉰다.

2. 의도를 시각화하기

A. 5분간 이완을 하고 나서 하고자 했던 활동을 떠올려 본다. 단지 활동만이 아니라 그 활동을 하는 자신의 모습도 그려본다.

3. 의도를 기록하기

A. 이제 눈을 뜨고 종이에 하고자 했던 활동이나 목표를 적는다. 적은 내용을 침대 가까이에 둔다.

_____

_____

_____

_____

4. 의도를 집어넣기

A. 누워서 눈을 감고 1분간 천천히 숨을 들이쉬고 내쉬면서 자신이 의도를 실행하는 모습을 바라보자. 그리고 호흡이 자연스럽게 수면으로 이어지도록 하자.

5. 의도를 검토하기

A. 아침에 일어나서 종이에 쓴 것을 다시 읽어본다. 목표를 가슴 깊이 새기고 하루를 시작한다.

아침에 산책하기로 마음을 먹었다면 그렇게 해보자. 탄산음료를 마시지 않겠다고 결심했다면 선택의 기회가 있을 때마다 다른 음료를 고르자. 스스로 결심한 것을 지킬 때마다 자축하면서 이렇게 적어보자. "이 과제를 달성한 나 자신에게 축하를 보낸다."

이 훈련을 매일 실천함으로써 우리는 선택한 과제를 실행에 옮길 주도권을 갖고 있다는 사실을 자신에게 보여주게 된다. 쉬운 과제라고 해도 이를 수행하는 과정에서 우리는 의도를 잠재의식에 심어 넣는 것과 동일한 두뇌 기능을 활성화하게 된다. 이것이야말로 작은 습관의 힘이다.

이 훈련을 의식하지 않고도 자연스럽게 실행할 수 있을 때까지 반복하자. 내 친구이자 스탠퍼드대학교의 행동 과학자인 BJ 포그BJ Fogg는 작은 습관의 힘이라는 개념을 그대로 제목에 담아 『습관의 디테일Tiny Habits』이라는 책을 펴냈다. 그는 여기서 'B=MAP'라는 공식을 제시했다. 이는 "행동Behavior은 동기Motivation와 역량Ability, 자극Prompt이 함께할 때 이뤄진다"라는 뜻이다.

이 훈련을 일주일 동안 매일 실행하자. 그리고 마지막 날에 자신의 모습을 바라보자. 무엇을 발견했는가? 이 단계에서 어느 부분이 수월했는가? 어느 부분이 힘들었는가? 이 훈련에서 배운 것을 삶에 적용해 보면 어떨까?

자기주도권을 되찾기 위해 시간이 좀 더 필요하다면, 이 단계를 일주일 더 실행하고 나서 다시 평가해 보자. 내면의 힘과 이어져 있다는 느낌이 자연스럽게 든다면, 다음 단계로 넘어가자.

들째 주
두 번째 단계: 진정한 소망을 확인하라

몸을 이완하고 의도를 실현해서 주변 환경을 바꿀 내면의 힘을 인식했다면, 이제 내면의 나침반을 발견해서 방향을 조정하는 과제에 집중하자. 현실화하려는 목표를 떠올리고자 할 때, 우리는 욕망의 메아리가 머릿속에 가득 울려 퍼진다는 사실을 발견하게 된다. 그중에서도 가장 강력한 욕망은 가족과 친구, 혹은 매체가 가치 있다고 말하는 것들이다. 그러나 우리는 소음 아래에서 또 다른 목소리를 들을 수 있다. 마음속 가장 깊은 욕망을 발견하기 위해서 우리는 바로 이 목소리에 귀를 기울여야 한다. 수많은 욕망과 충동, 소망을 검토하고 자신이 가장 원하고 현실화를 의미 있게 만들어줄 목표를 확인하기까지 꽤 오랜 시간이 걸릴 것이다.

복잡하게 얽힌 욕망과 소망, 꿈, 야망의 덩어리를 이해하기 위해 성공에 대한 자신의 비전을 떠올려 보는 노력이 도움이 된다. 성공은 자신에게 무엇을 의미하는가? 성공은 어떤 모습이며 어떤 느낌을 주는가? 이번 단계에서는 자신이 추구하는 성공의 진정한 의미를 살펴보고 성찰하는 시간을 가져보자.

마음 훈련: 자신이 생각하는 성공은 어떤 모습인가?

1. 준비하기

A. 훈련에 앞서 방해받지 않을 시간과 장소를 선택한다.

B. 스트레스를 받고 있거나, 마음을 어지럽히는 다른 문제가 있거나, 혹은 24시간 이내에 술을 마셨거나 기분에 영향을 미치는 약물을 복용했다면 마음 훈련을 시작할 더 좋은 때를 찾는다.

C. 종이와 펜을 준비한다.

2. 자세 잡기

A. 편안한 자세로 앉아서 눈을 감고 심호흡을 세 번 한다.

3. 성공을 시각화하기

A. 내가 생각하는 성공의 이미지를 떠올려 본다. 한 가지 이미지나 생각에 집착하지 말고 나의 성공에 대해, 그리고 성공이 내게 의미하는 바에 대해 몇 분간 자유롭게 생각해 본다.

4. 이완하기

A. 똑바른 자세로 앉아서 눈을 감은 채 천천히 코로 숨을 들이마시고 입으로 내쉬는 호흡을 세 번 반복한다. 이후 이 호흡법이 편안하고 자연스럽게 느껴질 때까지 반복하자.

B. 발끝에서 시작해서 머리끝에 이르기까지 몸을 이완한다. 점차 편안해질 것이다. 그리고 차분함이 자신을 감싸면서 안전하다는 느낌이 들 것이다. 천천히 숨을 들이쉬고 내쉬면서 나를 평가하고 내 꿈과 욕망을 비난하는 사람들에 대한 걱정을 내려놓는다.

C. 천천히 호흡하는 동안 마음은 편안해지고 몸은 이완된다.

5. 더욱 풍부한 시각화

A. 내가 생각하는 성공이 어떤 모습인지 다시 한번 떠올려 본다. 이번에는 성공을 더 구체적으로 그려본다. 마음의 눈으로 성공을 거둔 내 모습을 바라보자. 천천히 숨을 들이쉬고 내쉬면서 구체적인 모든 것을 떠올려 본다. 오감을 모두 동원하여 상상한다. 성공에서 어떤 이미지, 감촉, 소리, 냄새, 맛이 느껴지는가? 천천히 숨을 들이쉬고 내쉰다.

B. 구체적인 이미지를 모두 떠올렸다면 이제 천천히 눈을 뜨고 계속해서 천천히 숨을 들이쉬고 내쉰다.

C. 천천히 호흡하는 동안 마음은 평안해지고 몸은 이완된다.

6. 성공의 이미지 기록하기

A. 마음의 눈으로 보았던 성공의 장면을 자기만의 언어로 최소 5분간 종이에 적어본다. 문장이든 단어든 상관없다. 중요한 것은 내가 생각하는 성공을 묘사하는 것이다.

_____

_____

_____

_____

_____

B. 앉아서 눈을 감은 채로 천천히 코로 숨을 들이쉬고 입으로 내쉬는 호흡을 3~5회 반복한다. 그리고 눈을 뜬다.

7. 글을 읽어보기

A. 자신이 쓴 글을 조용히 읽어본다.

B. 다음으로 소리 내어 읽어본다.

C. 눈을 감은 채로 몇 분간 그대로 앉아서 성공에 대해 생각한다.

8. 성공을 인식하기

A. 성공을 현실화했다는 만족감과 함께 이완되고 차분한 느낌에 집중한다.

성공에 관해 자신이 쓴 글을 쉽게 볼 수 있는 곳에 놓아두자. 냉장고나 책상 위에 테이프로 붙여놓아도 좋다. 혹은 종이를 접어 지갑이나 가방에 넣고 다니면서 오래 줄을 설 때나 누군가를 기다릴 때 꺼내서 읽어볼 수도 있다. 아니면 녹음해서 아침에 일어날 때나 잠자리에 들기 전에 들어보는 방법도 있다. 잡지 사진이나 이미지를 모아서 시각적인 작품을 만들어보는 것도 좋다. 주위 친구들에게 자신이 쓴 글이나 만든 작품을 공유하고 주기적으로 이를 상기시켜달라고 요청해 보자. 반복해서 성공의 이미지를 떠올리다 보면 무엇이 변하고 무엇이 그대로 남아 있는지 알아차리게 될 것이다. 그리고 지금 쓴 글이 평생에 걸쳐 다듬어나가야 할 비전의 도약대가 될 수 있음을 명심하자.

마음 훈련: 가장 좋았던 순간을 떠올리기

내면의 나침반을 확인하기 위해 삶에서 긍정적이고, 충만하고, 관심을 받거나 진정으로 성공했다고 느꼈던 순간을 떠올려 보자. 올바른 길을 따라가고 있다고 마음속으로, 혹은 본능적으로 느꼈던 때를 떠올려 봐도 좋다. 자신에게 물어보자. 내면의 따스함을 오래 느끼게 해준 대상이나 활동, 생각은 무엇인가? 충만하고, 전체적이고, 조화를 이루고 있다는 느낌을 받았던 적은 언제인가? 이러한 질문을 통해 내면의 나침반에 주목할 수 있다. 일반적으로 우리는 다른 사람에게 도움을 줄 때 이러한 감정을 자연스레 느끼게 된다.

강렬한 긍정적인 감정은 무엇이 중요하고, 추구할 가치가 있고, 주의를 기울일 만한지 판단하는 기준이 된다는 사실을 명심하자. 몸을 통해 감각적으로 경험한 강렬한 감정을 마음의 눈으로 떠올린 이미지와 결합할 때, 두뇌는 의도에 더 높은 현저성을 부여한다. 그리고 의도를 실현하기 위한 기회가 찾아왔을 때, 이를 즉시 발견해서 더 많은 자원을 집중한다. 적어도 일주일간 매일 이 훈련을 해보자.

1. 준비하기

A. 훈련에 앞서 방해받지 않을 시간과 장소를 선택한다.

B. 스트레스를 받고 있거나, 마음을 어지럽히는 다른 문제가 있거나, 혹은 24시간 이내에 술을 마셨거나 기분에 영향을 미치는 약물을 복용했다면 마음 훈련을 시작할 더 좋은 때를 찾는다.

C. 종이와 펜을 준비한다.

2. 좋은 느낌 떠올리기

A. 시작에 앞서 편안한 자세로 앉아 눈을 감고 만족감과 행복감, 충만감을 느꼈던 때를 떠올려 본다.

B. 한 가지 이미지나 생각에 집착하지 말고, 안전하고 보호받은 경험을 통해 편안함과 차분함, 행복감, 충만감을 느꼈던 순간을 자유롭게 떠올린다.

C. 그 느낌을 그대로 유지하면서 몇 분간 앉아 있는다. 만약 그런 경험을 떠올리기 어렵다면, 좋은 느낌을 주는 상황을 상상해 보자.

3. 몸 이완하기

A. 바른 자세로 앉아서 눈을 감은 채로 코로 숨을 들이쉬고 입으로 내뱉는 호흡을 천천히 세 번 반복하자. 이 호흡법이 편안하게 느껴질 때

까지 반복하자.

B. 발가락에서 시작하여 정수리에 이르기까지 몸을 이완한다. 몸을 이완하면 점차 편안한 느낌이 들 것이다. 그리고 차분함이 자신을 감싸면서 안전하다는 느낌이 들 것이다. 천천히 숨을 들이쉬고 내쉬면서 나를 평가하고 내 꿈과 욕망을 비난하는 사람들에 대한 걱정을 내려놓는다.

C. 천천히 호흡하는 동안 마음은 편안해지고 몸은 이완된다. 부정적인 생각이 떠오르면 거기에 집착하지 말고 이를 자연스럽게 인식하면서 집중하는 대상으로 다시 돌아가자.

4. 안전하다는 느낌 떠올리기

A. 안전하다는 느낌이 어떤 것인지 다시 한번 떠올려 본다. 여기서 우리는 종종 어머니나 자신을 보살펴 주고 인정해 주는 사랑하는 이를 생각하게 된다. 보호와 관심을 받는다는 느낌으로부터 따스함과 자유로움을 느껴보자.

B. 기억 속에서 그런 경험을 찾을 수 없다고 해도 걱정하지 말자. 상상력을 동원해서 얼마든지 따스함과 안전함, 절대적인 보호의 느낌을 주는 이미지를 떠올릴 수 있다. 가령 영적인 인물이나 동물, 혹은 생명의 맥박으로 위안을 받는 자기 모습을 떠올려 보자.

5. 긍정적인 느낌 떠올리기

A. 이제 자기 자신에 대한 긍정적인 인식과 내가 좋아하는 나만의 특성, 혹은 다른 이에게 사랑과 관심, 보살핌을 베풀었던 경험을 구체적으로 떠올려 본다.

B. 천천히 호흡을 이어나가면서 깊은 만족감과 함께 긍정적인 감정으로 충만해지는 것을 느낀다. 그리고 도움과 보살핌을 받을 때뿐만이 아니라 내가 남에게 똑같이 베풀 때도 좋은 느낌이 나를 감싸면서 만족감과 충족감을 얻을 수 있다는 사실에 주목한다.

C. 행복과 충만, 따스함, 사랑을 만끽하면서 마음의 눈으로 나를 바라본다. 아낌없이 베푸는 사랑에 대해 생각해 본다. 천천히 숨을 들이쉬고 내쉬면서 구체적인 이미지를 모두 떠올린다.

6. 긍정적인 느낌 심화하기

A. 천천히 숨을 들이쉬고 내쉬면서 사랑을 받고 베푸는 내 모습을 떠올린다. 행복과 만족, 충만의 느낌이 내 몸에 어떤 영향을 주는지 느껴본다. 심박수가 낮아지고 호흡이 느려지는 자연스러운 과정을 지켜본다. 부정적인 감정이 사라지면서 나와 세상 속 나의 자리, 그리고 타인에게 사랑을 베푸는 스스로에 대한 긍정적인 생각과 느낌이 그 공간을 차지하는 과정을 지켜본다.

B. 그대로 앉아서 구체적인 이미지를 떠올린다. 계속해서 천천히 호흡하며 그 느낌에 자신을 내맡긴다.

C. 편안함과 차분함을 느낀다.

7. 경험을 적어보기

A. 내가 누구인지, 무엇을 할 수 있는지, 그리고 타인에게 어떻게 긍정적인 영향을 미칠 수 있는지에 관해 마음의 눈으로 들여다본 장면을 자기만의 언어로 최소 5분간 종이에 적어본다.

B. 좋은 감정으로부터 안전함과 따스함을 느끼면서 무엇이든 할 수 있다는 자신감을 마음속 깊은 곳에서 발견해 본다.

C. 최대한 구체적으로 쓰자. 문장이든 단어든 상관없다. 중요한 것은 관심과 보살핌의 힘, 그리고 그러한 힘이 자기 몸에 어떤 영향을 미치는지 구체적으로 묘사해 보는 것이다.

D. 이제 다시 앉아서 눈을 감고 코로 숨을 들이쉬고 입으로 내뱉는 호흡을 3~5회 반복한다.

8. 글을 읽어보기

A. 먼저 내가 쓴 글을 조용히 읽어보자.

B. 다음으로 소리 내어 읽어본다. 앉아서 눈을 감고 관심과 보살핌의 힘에 대해 생각해 본다.

C. 이제 관심과 보살핌이 어떻게 안전하다는 느낌을 주는지 생각해 본다.

9. 경험을 심어 넣기

A. 사랑을 주고 베푸는 과정에서 나에 대한 깊은 긍정적인 인식을 만들어낼 수 있다는 충족감과 함께 내가 얼마나 편안하고 차분해졌는지 느껴본다. 이 느낌을 내면의 나침반에 대한 인식과 이어본다.

B. 우리의 잠재의식에 무엇이 중요한지 가르치고 가장 소중한 욕망과 소망을 현실화하기 위한 내적 환경을 조성해 주는 것은 평화로운 상태에 있는 내면의 나침반이라는 사실을 상기한다.

일주일 후 다음의 질문에 답해보자. 무엇을 발견했는가? 마음속에 떠오른 이미지를 보고 놀랐는가?

　일상생활 속에서 긍정적인 감정을 자극하는 순간과 관계, 상황을 확인하고 무엇이 에너지를 고갈시키고 위축된 느낌을 주는지 생각해 보자. 일기를 쓰면서 일주일 동안 특정한 패턴이 떠오르는지 확인해 보자. 주의가 흐트러지고 스트레스를 받거나 의지를 잃어버릴 때, 긍정적인 감정을 주는 경험을 다시 떠올린다면 내면의 나침반과 다시 연결될 수 있다. 어려움을 겪거나 도전 과제에 직면할 때, 이 훈련을 다시 일주일간, 혹은 편안하게 느껴질 때까지 반복해 보자. 혹은 이전 단계로 돌아가 몸을 이완하고 내면의 힘을 끌어모으는 것도 좋다. 내면의 나침반이 가리키는 방향에 대해 어느 정도 확신이 든다면 다음 단계로 넘어가자.

셋째 주

세 번째 단계: 마음속 장애물을 제거하라

자기주도성을 되찾고 진정한 욕망을 분명히 확인했다면, 두려움과 자기 의심, 분노처럼 우리를 찾아오는 불청객들에 대처할 시간이다.

'나 같은 사람은 그런 걸 가질 자격이 없어.

내가 뭐라도 된 것 같아?

사람들 말이 맞아.

너무 늦었어.

해봤자 소용없을 거야.'

이 이야기는 끝없이 이어진다. 이러한 생각은 미지의 대상에 직면할 때 우리 마음이 보이는 자연스러운 현상이다. 두뇌는 우리의 행복이 아니라 우리의 생존을 위해 설계되었다는 사실을 명심하자. 영감과 활력을 주는 강력하고 진정한 생각은 필연적으로 신경계의 저항을 유발한다. 여기서 우리가 해야 할 일은 저항에 맞서 싸우는 게 아니라, 그러한 감정을 인정하고 달래면서 함께 협력하는 것이다. 가장 효과적인 무기는 자기 연민이다. 눈으로 볼 수도 없고 발휘하기 어렵게 느껴지지만, 고통을 부드럽게 포용하는 것은 생물학적으로 자연스러운 우리의 능력이다. 우리는 훈련을 통해 모든 경험에 마음을 여는 법을 배울 수 있다. 시간이 흐르면서 저항은 점차 줄어들고 열정은 더 뜨거워질 것이다.

마음 훈련: 부정적인 믿음 몰아내기

자신에 대한 부정적인 믿음은 버섯처럼 어두운 곳에서 자란다. 머릿속 어두운 곳에서 자라는 그러한 믿음을 솎아 내서 그 정체를 분명히 들여다볼 수 있는 밝은 곳으로 옮기는 시도는 많은 도움이 된다. 다음 훈련을 통해 우리의 발목을 잡는 믿음과 이야기를 확인하고, 이를 우리에게 도움이 되는 형태로 의식적으로 바꿀 수 있다.

1. 준비하기

A. 혼자 있을 수 있는 시간을 정한다.

B. 종이와 펜을 준비한다.

C. 종이에 세로로 선을 그어 '믿음'과 '반대'의 두 영역으로 구분한다.

믿음	반대

2. 이완하기

A. 똑바로 앉거나 누워서 편안한 자세를 취한다.

B. 눈을 감은 채 천천히 코로 숨을 들이마시고 입으로 내쉬는 호흡을 세 번 반복한다. 이 호흡법이 편안하고 자연스럽게 느껴질 때까지 반복한다.

C. 발가락에서 시작하여 정수리에 이르기까지 몸을 이완한다. 몸을 이완하면 점차 편안하고 안전한 느낌이 들 것이다.

3. 좋은 느낌 떠올리기

A. 보살핌이나 무조건적인 관심을 받았던 기억이나 이미지를 떠올려 본다. 긍정적인 느낌이 심장에서부터 손끝과 발끝까지 흘러가게 하자.

4. 부정적인 믿음 떠올리기

A. 나를 힘들게 하는 부정적인 믿음을 천천히 떠올린다.

B. 내가 나무 꼭대기나 높은 절벽, 발코니에 안전하게 앉아 있고 그

아래에 부정적인 믿음들이 모여 있다고 상상해 본다.

C. "나는 충분하지 않아", "부당한 대우를 받았어", "심한 상처를 받았어"처럼 일반적인 부정적 믿음이 아래에 있는지 확인해 본다.

D. 부정적인 믿음을 판단하려 하지 말고 그저 분명하게 바라본다. 마음의 눈으로 인식한다. 이러한 믿음 때문에 고통이 느껴진다면 그대로 느껴본다.

5. 기록하기

A. 이제 준비가 되었다면 천천히 눈을 뜨고 '믿음' 영역에다가 부정적인 믿음들을 적는다. 스스로 검열하지 말고 자유롭게 쓴다. 맞춤법이나 문장이 올바른지 신경 쓰지 말자.

6. 글을 읽어보기

A. 부정적인 믿음의 목록을 소리 내어 읽는다. 읽는 동안 떠오르는 감정과 신체적 감각에 집중한다.

B. 가슴이 조이거나, 목이 메거나, 혹은 실망감이나 분노가 떠오르는가?

7. 좋은 느낌으로 돌아가기

A. 좋은 느낌을 다시 떠올려야 한다고 생각되면 그렇게 한다.

8. 반대를 기록하기

A. 준비가 됐다면 '반대' 영역으로 넘어가자. "나는 충분하다", "주변 상황을 바꿀 내면의 힘이 있다", "나는 사랑과 지원을 언제든 얻을 수 있는 사람이다"처럼 각각의 부정적인 믿음에 반대되는 내용을 적는다.

B. 어떤 표현이 적합한지, 또 가장 생생하게 느껴지는지 생각해 본다.

9. 훈련에 대한 성찰

A. 이번 훈련에 대해 2분간 생각해 본다. 두 영역의 내용이 어떻게 연결되어 있는지 살펴본다.

B. 부정적인 믿음을 단지 인식하는 것만으로도 반대의 내용으로 바꿀 수 있다는 사실을 이해한다.

마음 훈련: 자기 연민 활용하기

많은 사람이 자기 자신에 대한 최악의 비판자로 살아간다. 비판의 목소리는 성과를 높이고 목표를 이루도록 동기를 부여하기도 하지만, 자존감의 차원에서 우리가 치러야 하는 대가는 너무나 크다. 자신의 가치에 대한 부정적 인식은 언제나 우리를 따라다니며 신체적, 정신적 건강에 심각한 영향을 미친다. 우리가 스스로 무능하고 가치 없고 사랑받지 못했고 앞으로도 그럴 것이며 자신은 사기꾼에 불과하다고 말할 때, 부정적인 대화는 더 심각한 피해를 준다. 우리는 우리 자신의 가능성을 가로막는다. 우리 모두의 내면에는 특별한 힘이 있다. 그러나 부정적인 혼잣말 속에서 그 힘을 잃어가고 있다.

자기 연민은 안전하지 않고 사랑받지 못한다는 만성적인 아픔(우리 자신의 그림자이자 성공에 대한 저항의 근간인)을 치유하는 힘을 갖고 있다. 그리고 자기 연민은 이러한 아픔을 지혜의 원천이자 다른 사람에게 나눠줄 동정심으로 바꿔놓는다.

이 훈련의 목적은 스스로 가치 없다는 뿌리 깊은 믿음에 대처하는 데 있다.

1. 준비하기

A. 훈련에 앞서 방해받지 않을 시간과 장소를 선택한다.

B. 스트레스를 받고 있거나, 마음을 어지럽히는 다른 문제가 있거나, 혹은 24시간 이내에 술을 마셨거나 기분에 영향을 미치는 약물을 복용했다면 마음 훈련을 시작할 더 좋은 때를 찾는다.

C. 종이와 펜을 준비하자.

2. 자세 잡기

A. 시작하기 전에 편안한 자세로 앉아서 눈을 감는다. 마음이 자연스럽게 돌아다니게 하면서 잠시 머릿속에서 울려 퍼지는 모든 부정적인 생각에 귀를 기울여 본다. 특정한 이미지나 생각에 집착하지 말고 마음을 편안히 먹고 부정적인 혼잣말이 자신의 몸속에서 어떻게 존재하고 있는지 인식한다.

B. 몸의 특정 부위에서 감각이 느껴지는가? 어떤 느낌이 드는가?

3. 경험 떠올리기

A. 부정적인 혼잣말이 어떻게 자신을 위축시키고 제약하는지 생각해 본다. 부정적인 혼잣말과 현실을 어떻게 혼동하고 있는지 고민해 본다.

B. 어떤 느낌이 드는가? 슬픔이나 분노, 무력감, 불안이 느껴지는가?

4. 몸 이완하기

A. 똑바른 자세로 앉아서 눈을 감은 채로 코로 들이쉬고 입으로 내쉬는 호흡을 천천히 세 번 하자. 이 호흡법이 편안하게 느껴지고 신경이 쓰이지 않을 때까지 반복한다.

B. 발가락에서 시작하여 정수리에 이르기까지 몸을 이완하자. 몸을 이완하면 점차 편안한 느낌이 들 것이다. 그리고 차분함이 자신을 감싸면서 안전하다는 느낌이 들 것이다. 천천히 숨을 들이쉬고 내쉬면서 자신을 평가하거나 자신의 꿈과 욕망을 비난하는 사람들에 대한 걱정을 내려놓는다.

C. 천천히 호흡하는 동안 마음은 편안해지고 몸은 이완된다. 부정적인 혼잣말이 떠오르더라도 그대로 받아들이고 집착하지 않는다. 다시 호흡으로 돌아온다.

5. 안전하다는 느낌 떠올리기

A. 안전하다는 느낌이 어떤 것인지 떠올려 본다. 여기서 많은 이들은 어머니, 혹은 자신을 보살피고 포용해 주는 사랑하는 이를 떠올린다. 예전에 찾았던 외딴 개울가나 가족과 함께하는 따스한 저녁처럼 안전한 분위기 속에 있는 자기 모습을 떠올려도 좋다. 보호받고 있다는 생생한 느낌이면 뭐든지 좋다.

B. 관계 속에 있든, 고독 속에 있든 안전한 느낌의 효과는 똑같다. 고독이 외로움과는 다르다는 사실에 유의하자. 안전한 느낌에 머물면서 그 밖의 다른 것에는 신경 쓰지 말자.

6. 좋은 느낌을 심화하기

A. 이 상태에서 자신에 대한 긍정적인 생각, 자신이 좋아하는 자기만의 특성, 그리고 다른 사람에게 사랑과 관심, 보살핌을 베풀었던 삶의 순간을 구체적으로 떠올린다. 천천히 호흡하면서 깊은 만족감과 긍정적인 감정을 느껴본다.

B. 관심과 보살핌을 받을 때뿐만이 아니라 다른 사람에게 베풀 때도 만족감과 충만함을 똑같이 느낄 수 있다는 사실을 이해해 본다. 내면의 선함을 발견하고 느껴본다.

7. 좋은 느낌으로 목욕하기

A. 마음의 눈으로 행복과 충만함, 따스한 사랑을 경험하는 자기 모습을 바라본다. 다른 사람을 위해 조건 없는 사랑을 베푸는 자기 모습을 떠올린다. 천천히 호흡하면서 최대한 구체적으로 이미지를 상상해 본다.

B. 사랑을 주고받는 자기 모습을 바라본다. 행복과 만족감, 충만함이 자기 몸에 미치는 영향을 인식해 본다. 심박수가 느려지고 호흡이 편

안해지는 흐름을 느껴본다. 부정적인 생각이 사라지고, 자기 자신, 자신이 세상에서 차지한 위치, 그리고 다른 사람에게 베푸는 사랑에 관한 긍정적인 생각과 느낌이 그 자리를 대신하는 것을 바라본다.

C. 그대로 앉아서 구체적인 이미지를 떠올린다. 이러한 느낌으로 목욕을 하는 상상을 하며 천천히 호흡을 이어나간다.

D. 부정적인 혼잣말이 자신의 진짜 모습과는 다르다는 사실을 명심한다. 부정적인 생각은 수천 년에 걸친 진화의 과정에서 우리를 보호하기 위해 존재하지만, 오늘날 세상에서는 그저 우리를 제한하고 고통을 유발할 뿐이라는 사실을 이해한다.

8. 자신의 인간성을 인식하자

A. 자신에 관한 긍정적인 생각을 구체적으로 떠올린다. 자신이 극복한 모든 어려움과 성취한 모든 것을 돌아본다. 그리고 삶에는 성공과 실패가 있기 마련이지만 어느 것도 자신을 정의하지는 못한다는 사실을 이해한다. 인간으로서 우리가 살아가는 삶의 본질이 그러하다는 사실을 받아들인다. 나는 사랑받을 가치가 있고 무엇이라도 이룰 수 있으며 성공할 자격이 있고 사기꾼이 아니라는 이야기를 계속해서 스스로에게 들려준다.

B. 어쩌면 자신에게 들려주는 이야기를 스스로 믿지 못할 수도 있다.

그건 자연스러운 현상이다. 다만 지금으로서는 그렇게 믿는 것처럼 행동하는 것만으로 충분하다. 끈기만 있다면 그 믿음은 점점 더 깊어질 것이다. 이러한 사실을 받아들이면서 천천히 호흡을 이어가는 가운데 차분함과 만족감을 느껴본다.

C. 차분함과 만족감을 느끼면서 사랑이 자신을 감싸는 상상을 한다. 사랑은 생명을 키워내고 자신의 힘과 잠재력을 바라보게 만드는 힘이 있다는 사실을 이해한다. 이러한 생각을 하면서 계속해서 천천히 호흡을 이어간다. 숨을 들이쉬고 내쉰다.

D. 이완과 차분함을 느낀다.

9. 기록하기

A. 자신이 누구인지, 무엇을 할 수 있는지, 어떻게 다른 이들에게 긍정적인 영향을 미칠 수 있는지에 대한 긍정적인 느낌을 떠올린 후, 그 내용을 자기만의 언어로 종이에 적어본다. 마음 깊은 곳에서 안전함과 따스함, 그리고 뭐든 할 수 있다는 자신감이 언제, 어떻게 떠오르는지 바라본다.

B. 최대한 구체적으로 쓴다. 문장이든 단어든 상관없다. 중요한 것은 내면의 힘과 보살피고 양육하는 힘, 그리고 그러한 활동이 자기 몸에 미치는 영향을 구체적으로 묘사하는 것이다. 마음과 생각의 틀을 새

롭게 함으로써 스스로 부여한 제약에서 벗어날 수 있다.

_____

_____

_____

_____

_____

C. 그대로 눈을 감고 앉아서 천천히 코로 들이쉬고 입으로 내쉬는 호흡을 3~5회 반복한다. 이제 눈을 뜬다.

10. 검토하기

A. 먼저 자신이 쓴 글을 눈으로 읽어본다. 그리고 소리 내어 읽는다.

B. 앉아서 내면의 힘, 그리고 자신을 보살피고 양육하는 행동이 자기 몸과 마음에 어떤 영향을 미치는지 생각해 본다. 잠시 눈을 감고 그 느낌에 주목한다.

C. 이제 보살피고 양육하는 행동이 어떻게 안전하다는 느낌을 주고 내면의 힘을 키우는지, 그리고 현실화하게 만드는지 생각해 본다.

11. 경험을 이해하기

A. 우리는 사랑을 받고, 스스로와 타인에게 사랑을 베풀 수 있으며 이를 통해 긍정적인 자기 인식을 만들어낼 수 있다는 만족감과 함께 편안함과 차분함을 느껴본다.

B. 이러한 느낌과 태도로 자신에게 가장 소중한 욕망과 소망을 현실화하기 위한 기반을 마련할 수 있다.

이 훈련을 적어도 일주일간 매일 반복하며 그때마다 일기를 쓰자. 그리고 마지막 훈련이 끝났을 때 다음 질문에 대해 생각해 보자. 이 훈련을 통해 자신을 살펴보면서 어떤 느낌이 들었는가? 자기 연민이 자연스럽게 느껴졌는가, 아니면 힘들었는가? 조건 없는 관심을 자신의 일상생활에 적용한다면 어떤 느낌이 들까?

이 훈련은 더 심도 있게 실천할 수 있으며, 다음으로 넘어가기 전에 이 단계에 더 오래 머무를 수도 있다. 자기 연민은 자기 자신과 긍정적이고 포용적인 관계를 형성하기 위해 평생 실천해야 할 훈련이다. 부정적인 생각이나 믿음, 감정으로 어려움을 겪을 때마다 이 훈련을 반복해도 좋다. 그러면 행동이 필요하다는 사실을 말해주는 꼭 필요한 불편함과 성장의 과정에서 신경계가 본능적으로 드러내는 저항에 따른 불편함을 점차 구분할 수 있을 것이다. 자기 연민은 강력한 기술로 우리가 크고 높은 비전을 추구하는 과정에 많은 도움을 줄 것이다.

어떤 이에게는 추가적인 일주일, 혹은 그 이상의 훈련 기간이 필요할 수 있다. 개인마다 상황이 다르다는 사실을 받아들이고 인내심을 갖자. 훈련 기간이 길어져도 괜찮다. 자기 자신과 다른 이들을 향한 연민의 감정을 분명히 느꼈다면, 다음 단계로 넘어가서 잠재의식의 힘을 직접 활용해 보자.

넷째 주
네 번째 단계: 의도를 잠재의식에 새겨라

지금까지 내면의 힘을 끌어모으고 진정한 욕망을 떠올리면서 우리의 여정을 가로막는 마음속 장애물과 잘못된 믿음을 제거했다. 이제 우리는 다음 단계로 넘어가서 의도를 잠재의식 속으로 심어 넣기 위한 모든 준비를 마쳤다. 정보는 끊임없이 밀려오기 때문에 우리 두뇌는 무엇이 중요한지 판단하는 기준을 마련해야 한다. 두뇌에 의도가 중요하다는 신호를 전하기 위해서는 의도를 시각화하면서 강렬한 긍정적인 감정과 연결해야 한다. 우리 두뇌는 현실에서 경험한 사건과 상상 속에서 경험한 사건을 분간하지 못한다. 그러므로 우리가 정신적인 그림을 더 생생하게 그릴수록 두뇌는 의도가 이미 실현된 것처럼 반응한다. 의도를 실현하는 긍정적인 감정을 경험할 때, 의도의 현저성은 높아지고 잠재의식은 의도를 실현하기 위해 더 많은 자원을 집중한다.

마음 훈련: 의도를 시각화하기

자신에게 현실화를 위한 능력과 주도권이 있다고 생각하기는 쉽지 않다. 대부분의 사람은 성공의 원동력이 자기 외부에 있다고 믿는다. 하지만 가능성을 꿈꾸고 시각화를 이루는 슈퍼파워는 사실 우리 모두의 내면에 존재한다. 내가 그 사실을 루스 할머니의 마술가게에서 처음 배웠을 때는 '시각화'라는 용어가 널리 쓰이거나 신경가소성의 개념을 이해하기 한참 전이었다. 이후로 나는 마음을 열고 훈련에 집중할 때, 시각화가 강력한 힘을 발휘한다는 사실을 깨닫게 되었다.

1. 준비하기

A. 훈련에 앞서 방해받지 않을 시간과 장소를 선택한다.

B. 스트레스를 받고 있거나, 마음을 어지럽히는 다른 문제가 있거나, 혹은 24시간 이내에 술을 마셨거나 기분에 영향을 미치는 약물을 복용했다면 마음 훈련을 시작할 더 좋은 때를 찾는다.

C. 종이와 펜을 준비한다.

2. 의도를 시각화하기

A. 편안한 자세로 앉아서 눈을 감고 생각이 자유롭게 떠오르도록 둔 채 내가 현실화하려는 목표를 생각해 본다. 부정적인 생각이나 이미지가 떠오르더라도 내가 현실화하려는 목표로 즉각 주의를 되돌린다.

B. 몇 분간 그렇게 하고 나서도 마음이 계속 떠돌아다닌다면(아마도 그러겠지만) 현실화하려는 목표에 다시 집중해 본다.

C. 생각에 집중하면서 목표를 현실화한 내 모습을 더욱 선명하게 떠올린다. 그 장면 속에서 나를 바라본다. 나는 어떤 모습인가? 몸에서 어떤 느낌이 드는가? 마음에서 무엇이 느껴지는가?

3. 이완을 심화하기

A. 똑바로 앉아서 눈을 감고 코로 숨을 들이쉬고 입으로 내쉬는 호흡을 천천히 세 번 반복한다.

B. 이 호흡법이 편안하게 느껴질 때까지 반복한다.

C. 발가락에서 시작해 정수리까지 온몸의 근육을 이완하면서 몸이 점점 더 편안해지는 것을 느껴본다. 이제 차분한 기운이 나를 감싸면서 안전하다는 느낌이 들 것이다. 따스함과 포용의 감정을 느끼면서 나를 판단하고 내 꿈과 야망을 비판하는 이들에게 더 이상 신경 쓰지 말자. 천천히 호흡하면서 자신이 현실화하려는 목표가 무엇인지 더 분

명히 이해한다.

D. 천천히 호흡하면서 편안함과 이완을 느껴본다. 산만함이 줄어들고 집중력이 높아진다.

4. 의도의 시각화로 돌아오기

A. 다시 한번 의도의 현실화에 대해 생각한다. 현실화하려는 목표를 성취한 자신의 이미지에 집중한다.

B. 천천히 호흡하면서 만족감과 성취감을 느껴본다. 그 과정에서 성공 가능성이 더 높아진다는 느낌이 든다. 의도를 현실화한 자신의 모습을 더 선명하게 떠올린다.

C. 이완과 차분함을 느끼면서 무엇이든 성취할 수 있다는 자신감이 든다. 현실화를 향한 내면의 끝없는 가능성과 이어진 느낌이 든다.

D. 이러한 느낌을 마주하며 천천히 호흡한다. 숨을 들이쉬고 내쉰다. 이제 천천히 눈을 뜬다. 차분함이 느껴지고 두려움은 사라진다.

5. 기록하기

A. 현실화하려는 목표를 어떻게 시각화했는지 자기만의 언어로 최소 5분 동안 구체적으로 종이에 적어보자.

_____

_____

_____

_____

_____

_____

_____

B. 목표가 업무와 관련된 것이라면 시간과 장소, 그리고 입고 있던 옷 등 구체적인 사항을 최대한 많이 포함한다. 목표를 깊이 있게 묘사하고 목표를 달성했을 때 느낌을 최대한 구체적으로 표현한다. 목표를 달성한 자신을 바라본다. 모든 것을 최대한 구체적으로 상상한다.

6. 검토하기

A. 자신이 쓴 글을 눈으로 읽어본다. 눈을 감고 다시 한번 현실화한 목표를 상상하고 어떤 느낌이 드는지 몇 분간 상상한다.

B. 눈을 뜨고 이번에는 소리 내어 읽는다.

C. 다시 눈을 감고 목표를 현실화한 자기 모습에서 어떤 느낌이 드는지 몇 분간 떠올린다.

7. 훈련을 반복하기

A. 어떤 이는 20분씩 하루에 한 번 훈련하면 충분하다고 여길 것이다. 혹은 하루에 여러 번 훈련이 필요하다고 느끼는 사람도 있을 것이다. 중요한 것은 시각화 훈련을 자주 할수록 꿈을 이룰 가능성이 커진다는 사실이다.

B. 스스로에게 도움이 되는 목표를 시각화하고 현실화할 수도 있다. 하지만 내가 현실화하려는 목표가 나보다 더 큰 존재에 기여할 수 있다고 생각할 때, 현실화는 더 큰 힘을 발휘하고 성공 가능성은 더욱 커진다. 물론 그렇다고 해서 현실화가 절대적으로 이타적이어야 한다는 말은 아니다. 다만 목표를 실현함으로써 다른 사람에게 도움을 줄 수 있을 때, 현실화가 더 강한 힘을 발휘하게 된다는 뜻이다.

심화 마음 훈련: 목표를 구체화하기

시각화를 몇 번 시도해 봤다면 의도가 마음속에서 최대한 살아 있게 만들기 위해 살을 붙여보는 시간을 갖자.

1. 준비하기

A. 훈련에 앞서 방해받지 않을 시간과 장소를 선택한다.

2. 자세 잡기

A. 똑바로 앉아서 눈을 감고 코로 숨을 들이쉬고 입으로 내쉬는 호흡을 세 번 반복한다.

B. 이 호흡법이 편안하게 느껴질 때까지 반복한다.

C. 마음을 깨끗하게 청소해서 마음의 화면이 텅 비었다고 상상해 본다.

3. 의도 떠올리기

A. 현실화하려는 목표를 떠올려 본다. 처음에는 아무런 판단 없이 떠오르는 대로 내버려둔다. 자연스럽게 모습을 드러내도록 하자. 구체적으로 떠오를 수도 있고 흐릿하게 떠오를 수도 있다. 순간적으로 지

나가거나 어렴풋하게 느껴지더라도 그냥 내버려둔다. 여러 가지 감정이 복합적으로 느껴질 수도 있다. 그대로 놓아두자.

B. 나의 의도가 자연스럽게 떠오르도록 내버려둔 상태에서 전체적인 시각으로 이를 바라본다. 무엇을 발견할 수 있는가? 비어 있거나 흐릿한 부분이 있는가?

4. 세부 사항 추가하기

A. 이제 비전의 세부 사항을 채워 넣는다. 오감을 모두 동원한다. 우리가 바라는 의도의 모습에 지나치게 집착하다 보면 감각적인 측면에 소홀하게 된다. 의도에서 어떤 소리가 들리는가? 피부에서 어떤 감각이 느껴지는가? 그리고 몸속에서 어떤 느낌이 드는가? 어떤 냄새가 나는가? 어떤 맛이 느껴지는가?

B. 의사가 되는 꿈을 시각화했을 때, 나는 흰색 가운을 내려다보면서 면과 폴리에스터가 섞인 가운의 뻣뻣한 재질을 팔과 어깨로 느껴봤다. 그리고 향긋한 세제 향기와 병원 건물의 소독제 냄새도 맡아봤다. 나아가 의사로 첫 출근을 한 날 마신 커피의 여운까지 느꼈다. 감각적인 세부 사항을 풍부하게 부여함으로써 의도에 생명을 불어넣을 수 있는가?

5. 세부 사항 기록하기

A. 의도와 관련해서 오감의 세부 사항을 일기로 쓴다. 오감은 중요한 요소가 될 수 있다. 이를 활용해서 자신의 경험을 의식의 흐름에 따라 적어볼 수 있다. 의도가 자신의 직업과 관련된 것이라면, 일과 중 자신이 머문 장소, 입은 옷, 느낀 감정 등 모든 세부 사항을 최대한 동원한다. 의도가 특정한 물건에 관한 것이라면, 그 물건을 얻었을 때 느끼는 감정을 깊이 있게 묘사함으로써 세부적인 사항을 최대한 포함한다. 그 물건을 얻은 자신의 모습을 바라보자. 최대한 구체적으로 상상한다.

6. 느낌을 떠올리기

A. 의도로 돌아가서 감정에 주목해 본다. 의사가 된 내 모습을 떠올렸을 때, 나는 의사로 출근하는 첫날에 어떤 느낌이 들지에 집중하면서 자부심과 흥분감, 그리고 헌신적인 노력에 따른 느낌에 주목했다. 또한 의사가 되는 과정에서 도움을 준 모든 사람에 대해, 힘을 얻었던 활동과 판단에 대해 감사함을 느끼는 예행연습을 했다. 거기서 나는 첫 환자를 떠올리며 내 마음이 그가 겪고 있는 고통에 대한 연민으로 가득하다는 것을 느끼고, 그 환자가 다시 건강해지기 위해 내가 무엇을 해야 할지 그려봤다.

B. 스스로에게 질문해 보자. 의도를 통해 불러일으키려는 긍정적인 감정 중 핵심적인 두세 가지는 무엇인가? 최대한 구체적으로 답해본 다. 감정에 이름을 붙이면 필요한 순간에 더 쉽게 불러낼 수 있다. 그 러한 감정을 일기에서 세부적으로 묘사해 본다. 훈련을 통해 구체적 인 대상을 감정과 연결함으로써 우리는 그 대상을 마음과 몸을 이어 주는 강력하고 생생한 기억으로 만들 수 있다.

7. 훈련을 검토하기

A. 일기에 쓴 감각적이고 구체적인 묘사를 자주 들여다보면서 의도를 살아 있게 만들어야 한다. 의도를 자신의 목소리로 녹음해서 들어보 는 방법도 좋다. 혹은 자기 의도를 신뢰하는 친구에게 들려주거나, 자 기 의도에 대해 질문해 달라고 요청할 수도 있다. 구체적인 내용이 새 로 떠오르면 바로 추가해 넣자.

이 훈련을 적어도 일주일간 실행하자. 시각화를 통해 의도를 다 듬어가는 과정에서 어떤 느낌이 들었는가? 구체적인 내용이 잘 떠오르는가, 아니면 많은 노력이 필요한가? 의도가 마음속에서 점 점 더 생생해지는 것을 느꼈는가?

장애물은 여기서도 당연한 듯 모습을 드러낼 것이다. 그리고 의도를 절대 실현하지 못할 것이라거나 자신은 그럴 자격이 없다는 이야기를 들려줄 것이다. 그 목소리가 고통스럽게 느껴진다면, 이는 의도를 간직하고 앞으로 나아가야 한다는 뜻이다. 여기서 이전 단계(반대 목록 살펴보기, 자기 연민 실천하기)로 돌아가는 것도 도움이 된다. 시각화 전후로 자기 연민 훈련을 한다면, 의도를 더 강화하고 자기 연민을 위한 안전함과 확신의 느낌을 얻을 수 있다. 필요할 때마다 자기 연민 훈련으로 돌아가자.

일주일, 혹은 그 이후에 준비가 되었다고 느낄 때, 다음 단계로 넘어가자.

다섯째 주

다섯 번째 단계: 목표를 세상과 연결 지어라

현실화는 한 번으로 끝나는 과정이 아니다. 단번에 성공을 거두는 때도 있지만, 대부분 오랜 훈련이 필요하다. 그러니 이제 열정과 회복탄력성을 끌어모아야 할 때다. 다섯 번째 단계에서는 다른 사람과 협력하고 주변 환경과 조화를 이루는 노력이 필요하다. 의도를 현실화하는 과정에 함께할 사람이 있다면, 그룹 훈련을 시작해 보거나 서로 격려하는 관계를 맺도록 하자. 소셜 미디어 채팅을 통해 자신이 깨달은 바를 다른 사람과 공유하자. 미처 생각하지 못한 아이디어를 다른 사람에게서 얻을 수 있다. 마찬가지로 우리의 아이디어가 다른 이들이 어려움을 헤쳐 나가는 데 도움을 줄 수도 있다.

마음 훈련: 나와 연결된 사람들 떠올리기

내면의 힘을 강화하기 위한 한 가지 중요한 과제는 자신의 의도를 주변 사람들의 목표와 일치시키는 것이다. 이번 훈련에서는 자신의 비전이 어떻게 자신보다 더 큰 존재의 일부가 될 수 있는지 생각해 보자.

1. 준비하기

A. 깊은 성찰을 위해 조용한 장소와 시간을 선택한다.

B. 몇 번의 심호흡으로 마음을 차분하게 가라앉히고, 이 순간 자기 몸의 상태에 주목한다.

2. 의도에 대한 성찰

A. 시각화하려는 의도를 떠올려 본다. 구체적인 감각과 긍정적인 감정을 모두 떠올려 본다.

B. 다시 돌아와 이렇게 물어보자. 어떤 상황에서 그 비전을 떠올렸는가? 그 상황이나 목표에 어떤 사람이 연관되어 있는가? 내 목표는 그들에게 무엇을 의미하는가?

3. 의도를 더 큰 존재와 연결하기

A. 나의 의도를 실현했을 때 다른 이들에게 어떤 영향을 미치게 될지 생각해 본다. 나는 목표를 달성함으로써 다른 이들도 그들 자신의 꿈을 좇도록 영감을 불어넣을 수 있다. 나의 의도가 실현되면 가족을 비롯한 다른 사람들에게 기쁨과 관심, 자원을 줄 것이다. 그리고 사회적·환경적 문제를 개선하여 많은 이들에게 도움을 줄 것이다.

4. 글쓰기

A. 나의 의도가 어떻게 주변 사람들에게 도움을 줄 수 있는지 떠올려보고 의도 선언문을 작성해 본다. 자기 자신이나 사랑하는 사람, 혹은 세상에 보내는 편지 형식으로 써도 좋다. 아니면 입사지원서처럼 자기 자신을 설명하거나, 자기가 지키려는 원칙의 목록으로 정리해도 좋다.

B. 의심이나 저항감, 무력감이 고개를 들 때, 다시 한번 선언문을 읽어 보고 용기와 영감을 얻자. 내가 현실화하는 의도가 나만을 위한 것이 아니라, 우리가 함께 살아가는 이 세상을 위한 것임을 명심하자. 자신의 선언문을 의도를 실현하는 과정에 도움을 줄 수 있는 사람들에게 들려주거나 함께 공유하는 것도 좋은 방법이다.

마음 훈련: 세상의 신호 포착하기

우리는 훈련을 통해 얼마든지 공시성을 만들어낼 수 있다. 잠재의식이 의도 실현을 위한 기회를 발견하기 위해 주위를 탐색하는 것은 마치 우리가 야간용 고글을 쓰는 것과 같다. 예전에는 아무것도 보이지 않는 깜깜한 한밤중에 돌아다녔지만, 이제 고글을 쓰면 그동안 볼 수 없었던 움직임이 드러나고 기회가 도처에 널려 있다는 사실을 갑작스럽게 발견하게 된다. 우리는 더 이상 어둠 속에 있지 않다. 생소한 관심과 욕망, 사건이 갑자기 연결되어 나타나는 것은 우리가 의도를 잠재의식에 심어 넣어서 세상과 상호작용하도록 만들 때 나타나는 현상이다. 이번 훈련을 통해서 세상이 자신에게 보내오는 신호를 감지하는 민감성을 높여보자.

1. 준비하기

A. 훈련에 앞서 방해받지 않을 시간과 장소를 선택한다.

B. 몇 차례 심호흡으로 마음을 가라앉히고 지금 이 순간 내 몸의 상태에 주목한다.

C. 종이와 펜을 준비한다.

2. 자세 잡기

A. 편안한 자세로 앉아서 눈을 감고 몇 분간 생각을 정리한다.

B. 눈을 감은 채 바른 자세로 코로 숨을 들이쉬고 입으로 내쉬는 호흡을 천천히 세 번 반복한다. 이 호흡법이 편안하게 느껴지고 무엇도 신경이 쓰이지 않을 때까지 계속한다.

3. 몸 이완하기

A. 몸을 천천히 살피고 신체 각 부분을 부드럽게 인지하면서 모든 근육을 이완한다,

B. 근육을 하나씩 풀어나가면서 마음을 열고 편안함을 느껴보자.

4. 공시성 인지하기

A. 삶에서 일어난 사건과 주변 상황을 천천히 떠올린다. 구체적인 내용을 아무런 판단 없이 마음속으로 그려본다. 느낌과 미묘한 신호들 모두 중요하다. 신비로운 언어로 말하는 현자처럼 자기 삶에 귀를 기울여 보자.

B. 다음 질문에 답해본다. "특정한 패턴이나 놀랄 만한 우연을 발견했는가?" 최근에 나눴던 대화나 읽었던 기사와 게시글, 기억나는 꿈, 혹은 순간적인 직관을 돌이켜 본다. 어쩌면 세 사람으로부터 똑같은 책

의 제목을 들었거나, 특정한 장소의 이미지가 떠오르는 것을 멈출 수 없었거나, 특별한 영감을 준 경험에 대한 기억이 오랫동안 잊혔다가 문득 떠오른 경험이 있을지 모른다.

5. 기록하기

A. 삶을 시각화하면서 봤던 것을 자기만의 언어로 최소 5분간 종이에 적어본다.

_____

_____

_____

_____

B. 최대한 구체적으로 묘사한다. 문장이든 단어든 상관없다. 중요한 것은 삶이 들려주는 이야기를 그대로 받아 적는 것이다.

6. 검토하기

A. 앉아서 눈을 감고 코로 숨을 들이쉬고 입으로 내쉬는 호흡을 3~5번 반복한다. 그리고 눈을 뜬다.

B. 자신이 쓴 글을 눈으로 읽어본다.

C. 다음으로 소리 내어 읽어본다. 삶의 이미지를 떠올리며 눈을 감고 몇 분간 앉아 있는다.

7. 다음 단계 성찰하기

A. 발견한 패턴이나 깨달음을 어떻게 활용할 수 있을지 잠시 생각해 본다. 어떻게 내면의 힘을 발휘하여 놀라운 관계의 그물망을 넓혀갈 수 있을까?

B. 시각화했던 이미지를 떠올리며 몇 분 더 앉아 있는다. 사소한 연결이라도 목적이나 비전과 조화를 이루는 기회가 될 수 있음을 명심한다.

자신이 쓴 글을 잘 보이는 곳에 놓아두고, 자기 삶을 계속 살펴봄으로써 뜻밖의 연결을 발견할 수 있다는 사실을 상기하자. 관심과 주의를 기울일 때, 공시성은 더 확장된다. 이번 훈련을 반복함으로써 비전을 가다듬고 삶이 선사하는 모든 기회를 극대화해서 목표를 실현하자.

이번 주의 주제는 반복이다. 이전 단계로 돌아가서 의도를 구체적으로 시각화하는 훈련을 일주일 더 시도하자. 훈련을 시작하면서 형성된 흐름을 계속 이어나가 보자. 의도를 더 많이 시각화하고 이를 잠재의식의 문서 보관함에 더 많이 집어넣을수록 내면의 블러드하운드는 더 강해진다. 자신의 의도가 실현되기 시작한다면, 기쁨을 만끽하되 훈련을 멈추지 말자. 끝까지 따라가면서 결말을 지켜보겠다는 의지를 지키는 것이 중요하다.

다시 한번 이 단계에서 어려움을 겪는다면 자기 연민 훈련으로 돌아가자. 그래서 몸을 이완하고 욕망을 분명히 확인해 보자. 의도를 실현하기 위한 최고의 방법은 현실화의 근간을 다지는 일이다.

이 단계에 적어도 일주일 동안 머물러 있자. 일상생활 속에서 의도를 향한 열정을 확인하고 의지가 잠재의식 속에 강하게 뿌리를 내리기 시작했다면, 마지막 단계로 넘어갈 준비가 된 것이다.

여섯째 주
여섯 번째 단계: 새로운 기회를 받아들여라

이제 거의 다 왔다. 여기까지 온 자신의 의지에 잠시 경의를 표하자. 그동안 마음 훈련을 통해 어느 부분이 얼마나 발전했는지, 무엇을 배웠는지 생각해 보자. 훈련을 거듭할수록 더 쉬워진 영역은 무엇인가? 반대로 여전히 힘든 부분은 무엇인가?

지금까지 쓴 일기를 읽어보자. 무엇이 달라졌는가? 성공의 모습은 아직 그대로인가? 장애물은 어떤가? 지금까지의 노력이 비전과 희망, 그리고 삶의 곳곳에 어떤 영향을 미쳤는지 10분간 일기에 써보자.

마지막 단계에서 우리는 역설에 직면하게 된다. 이제 우리는 의도를 최대한 구체적으로 시각화한 뒤, 모든 집착을 버리고 놀라움을 기꺼이 받아들여야 한다. 모든 집착에서 벗어날 때, 마술은 우리를 찾아온다.

심화 마음 훈련: 감사 편지 쓰기

목표가 얼마나 가깝게 혹은 멀게 느껴지든, 그리고 도달하기 직전이거나 아예 불가능하게 보이든, 우리는 이미 성취한 것, 그리고 성과를 드러내고 있는 것으로부터 많은 도움을 얻고 있다. 감사하는 마음은 우리의 내면을 밝히고 긍정적인 일에 주목하게 하며 좌절감과 실망감을 덜어준다. 또한 관대함을 넓히고 지금까지 얻은 도움을 인식함으로써 인간관계를 더욱 탄탄하게 만들어준다. 이미 누리고 있는 따스함과 아름다움, 친절함, 풍요로움을 떠올리고 음미할 때, 특정한 결과가 특정한 시점에 일어나야 한다는 집착에서 더 수월하게 자유로워질 수 있다. 그리고 한 걸음 물러서서 스스로 고통을 만들어내는 일을 멈출 수 있다.

1. 훈련에 앞서 성찰을 위해 조용한 장소와 시간을 선택하고 종이와 펜을 준비하자.

2. 심호흡을 세 번 해서 몸을 이완하고 지금 이 순간에 집중하자.

3. 지금까지 여정에서 도움을 준 이들을 떠올려 보자. 부모나 가족, 교사, 스승, 친구, 거리에서 만난 낯선 사람, 혹은 한 번도 만난 적이 없는 영적인 인물, 심지어는 동물도 그런 존재가 될 수 있다. 또는 자연 속의 특정

한 장소도 될 수 있다.

4. 의도를 시각화한 것처럼 마음의 눈으로 이러한 존재를 바라보자. 그들에게서 어떤 특징을 발견할 수 있는가? 미소와 친절한 눈빛, 따스한 손길, 웃음, 혹은 열정이 보이는가?

5. 그들이 내게 도움을 주고 마음속으로 충만함을 느끼게 만들어준 순간을 떠올려 보자. 그들의 도움과 관심, 지원을 받았을 때 어떤 느낌이 들었는가? 고마움을 신체적으로 느낄 수 있었는가? 잠시 그때의 이미지와 느낌을 떠올려 보자.

6. 이제 10분간 그들의 고마움에 감사를 표하는 편지를 써보자. 최대한 구체적으로 쓰자. 그들에게 고마움을 느끼며 지금 감사함을 표하는 자신을 관대한 시선으로 바라보자. 진심을 다해 쓰자.

_____

_____

_____

_____

7. 감사 편지를 다시 읽어보면서 고마운 마음을 다시 한번 새기자.

진심을 다해 작성한 감사 편지를 감사한 사람에게 직접 전달할 수도 있고, 아니면 혼자 간직할 수도 있다. 이는 당신의 선택에 달려 있다. 어느 쪽을 선택하든 훈련의 효과는 편지를 쓰는 행위 자체에서 비롯된다는 사실을 기억해 두자. 현실화 훈련의 과정에서 길을 잃거나, 혼자라고 느껴지거나, 절망감이 들 때마다 작성했던 감사 편지 내용을 펼쳐서 다시 읽어보자. 그리고 2주에 한 번씩 새로운 감사 편지를 써서 긍정적인 감정이 언제나 자신의 곁에 머물게 만들어보자.

마음 훈련: 마음의 무게 덜기

1. 준비하기

　　A. 훈련에 앞서 방해받지 않을 시간과 장소를 선택한다.

2. 빠르게 몸 이완하기

　　A. 눈을 감거나 시선을 아래쪽에 둔다.

　　B. 코로 천천히 숨을 들이쉬고 입으로 내쉰다. 그렇게 5~6번 호흡한

다. 억지로 집중하지 말고 자연스럽게 호흡을 이어간다.

C. 몇 분 동안 발가락에서 시작하여 정수리에 이르기까지 몸을 이완한다.

3. 목표 떠올리기

A. 성취하려는 목표를 떠올린다. 그리고 목표를 성취하는 방법이 아닌 목표를 성취하려는 이유를 생각해 본다. 목표를 달성하면 사랑하는 사람이나 동료들과의 관계에 어떤 영향을 미칠지 생각해 본다. 그리고 목표를 향한 추구가 어떻게 자신이 지금 여기에 머무르지 못하게 만드는지 고민해 본다.

B. 결과에 집착할 때 몸에서 어떤 느낌이 드는지 살펴본다. 어느 부위에서 무엇이 느껴지는가? 목이 메거나, 심장 주변이 조이거나, 주먹에 힘이 들어가는가? 집착이 유발하는 불편감에 주목한다.

C. 목표를 달성했을 때 얼마나 멋진 기분이 들었는지, 얼마나 뿌듯하고 행복했는지 떠올려 본다. 그러나 그러한 감정은 일시적이며 조만간 다시 현실로 돌아오게 된다는 사실을 이해하자. 긍정적인 감정과 자부심을 얼마나 자주 느끼고 싶어 하는지 생각해 본다.

D. 이러한 감정을 오래 유지하거나 몰입 상태에 항상 머물러 있을 수는 없다는 생각을 하면서 그대로 앉아 있는다. 그리고 그러지 않아도 괜찮

다는 사실을 이해한다. 긍정적인 느낌이 들지 않아도 상관없다.

4. 도전 과제 떠올리기

A. 이제 반대로 목표를 추구했지만 어떠한 이유로 달성하지 못했던 경험을 떠올려 본다. 다시 한번 몸에 어떤 느낌이 드는지 생각해 본다. 많은 이들은 절망하고 부정적인 자기비판을 당연하게 여긴다. 그리고 자신이 사기꾼이며 무가치한 사람이라는 생각을 하기도 한다. 이러한 생각은 과거에 겪었던 다른 실패들을 잇달아 떠올리게 만든다. 또한 지금의 감정 상태가 영원히 이어질 것처럼 느껴진다. 그리고 이러한 느낌은 자신이 무가치하다는 생각을 더 악화시킨다.

B. 두 가지 이해가 필요하다. 첫째, 목표는 우리가 생각하는 것만큼 중요하지 않다. 둘째, 목표를 달성하지 못했다고 세상이 끝나는 것은 아니다. 실패한 경험을 돌이켜 볼 때, 우리는 그 경험을 통해 소중한 통찰력과 지혜를 얻었고, 그래서 지금 여기에 이르렀다는 사실을 이해하게 된다.

C. 무엇보다 중요한 것은 경험은 대부분 일시적이라는 사실을 깨닫는 것이다. 목표를 성취하지 못해도 괜찮다. 우리의 본질은 우리 자신이다. 우리는 언제나 사랑과 포용을 받을 가치가 있다. 이는 평온한 마음의 힘이다. 그리고 평정의 힘이다.

5. 큰 그림 그리기

A. 다시 한번 천천히 숨을 들이쉬고 내쉬는 호흡에 집중하면서 목표에 집착하지 않아도 괜찮다는 사실을 받아들인다. 삶은 결과가 아니라 과정이다. 집착을 버리고 현재에 머무르자. 고통을 유발하는 주된 원인은 집착이다. 이러한 사실을 이해할 때, 비로소 고통에서 벗어날 수 있다. 이는 경험을 부정하는 것이 아니라, 다만 그것을 멀찍이서 바라보는 것이다. 우리는 평정을 통해 균형과 포용을 얻는다.

6. 자기 연민

A. 스스로에게 부드럽게 마음을 열어본다. 내게 조건 없는 사랑을 베풀고 나를 전적으로 포용해 준 사람을 떠올려 본다. 따스함과 보살핌의 느낌을 떠올리면서 신체적인 감각에 집중한다. 그 감정을 그대로 유지하면서 천천히 숨을 들이쉬고 내쉰다.

B. 사랑과 보살핌의 감정을 느끼면서 결과에 대한 집착에서 비롯된 긴장감을 인식한다. 원하는 것을 얻고 상황을 통제하거나 안전함을 느끼기 위해 목표를 달성해야 한다는 것은 아주 자연스러운 생각이다.

C. 보살핌과 보호, 사랑을 받고 있다는 느낌을 떠올리면서, 주변 상황이 예상대로 돌아가지 않아도 그 느낌이 그대로 이어질 수 있을지 생각해 본다. 이러한 긍정적인 감정은 불완전하고 복잡하고 인간적인

다양한 요소를 갖고 있는 우리의 존재에 말을 건넨다.

D. 성공이나 실패와 상관없이 자신은 사랑받을 가치가 있으며 여전히 괜찮다는 느낌을 떠올려 본다. 우리는 최선을 다하는 연약하고 위태로운 존재다. 주변 사람들은 자신을 있는 그대로의 모습으로 사랑한다는 사실을 받아들이자. 어떤 사건도 그 자체로 우리를 정의하지는 못한다.

7. 집착을 놓아주기

A. 보살핌을 받고 있다는 느낌에 몸을 맡기면서 결과에 대한 집착이 사라지고 그동안 지고 있던 짐의 무게가 가벼워지는 것을 느껴본다. 끊임없이 흘러가는 주변 상황으로부터 자신은 괜찮고 가치 있고 안전하다는 생각을 지킬 수 있겠는가? 결과와 무관하게 자신은 괜찮다는 깊은 느낌이 삶을 가득 메우고 있는가?

B. 성공과 실패가 일시적이라는 본질을 깨달을 때, 비로소 우리는 자신이 만든 감옥에서 벗어날 수 있다.

C. 몇 번 더 천천히 호흡하면서 평정과 지금 여기에 존재하는 느낌의 놀라운 힘에 주목한다.

8. 긍정적인 감정 심어 넣기

A. 긍정적인 감정을 느끼면서 몇 분간 머물러 있는다. 집착하고 통제하려는 욕망이 다시 고개를 들 것이다. 그래도 괜찮다. 보살핌과 조건 없는 보호를 받는다는 느낌으로 돌아오기만 하면 된다.

B. 이제 훈련을 마치고 다시 삶으로 서서히 돌아가면서 집착하는 마음이 줄어들거나 사라졌는지 살펴본다. 어쩌면 예전에 미처 몰랐던 새롭고 창조적인 가능성에 가까이 다가섰을 수도 있다. 그리고 위험이 예전만큼 커 보이지 않을 수도 있다. 혹은 주변 상황이 흘러가도록 내버려둠으로써 경험이 우리에게 평정을 가져다주는 마술을 맞이할지도 모른다.

이제 이 프로그램의 마지막 부분에 도착했다. 지금 자신의 모습과 삶에서 변화를 느낄 수 있는가? 내면의 힘으로 마음을 집중시킬 수 있다는 확신이 드는가? 자신이 무엇을 원하는지 더 분명히 바라보게 되었는가? 인생의 장애물이 덜 위협적으로 보이는가? 기회를 포착하는 기능이 자율적으로 움직이기 시작했는가? 열정에 더 쉽게 다가서게 되었는가? 특정한 방식으로 성과를 이뤄내야 한다는 집착을 쉽게 저버릴 수 있게 되었는가? 적어도 10분 동

안 훈련을 마치고 느낀 점을 쓰며 자신이 경험한 변화에 대해 생각해 보자.

앞서 언급했듯이 현실화는 지속적인 과정이다. 훈련의 여섯 단계는 서로 정보를 주고받으면서 연결되어 있다. 이들 단계는 직선이 아니라 바퀴 모양에 가깝다. 현실화를 위해 마술 같은 내면의 능력에 마음을 열 때, 우리는 자연스럽게 내면의 힘을 끌어모을 수 있다.

현실화는 핵심적으로 삶과 조화를 이루기 위한 행복의 훈련이다. 목적지는 없다. 숨 쉬고, 소망하고, 노력하고, 계속 나아가는 한, 우리는 자기 인생을 현실화하고 있는 것이다. 지금쯤 프로그램의 처음으로 돌아가서 마음 훈련을 다시 시작하거나, 혹은 보상이나 도전 과제를 발견했던 특정 단계를 집중적으로 반복하고 싶다는 생각이 들 수 있다. 아니면 잠시 훈련을 중단하고 얼마간 삶이 흘러가게 내버려두고 싶다고 느낄 수도 있다. 어느 쪽이든 나는 내게 많은 도움을 준 훈련이 당신에게도 큰 도움이 되길 바란다. 그리고 자신을 돌보고, 마음을 열고, 마술을 펼치기 위해 필요한 안전함과 평화, 관계를 얻을 수 있기를 바란다.

현실화를 더 깊이 이해하기

내가 다니던 고등학교에는 조지 캘러웨이라는 학생이 있었다. 당신이 다닌 학교에도 아마 조지 같은 학생이 있었을 것이다. 조지는 말하자면 르네상스맨Renaissance man(다방면에 박식하고 관심이 많은 인물—옮긴이)이었다. 그는 모든 과목에서 A를 받았고 학생회장을 맡았으며 세 종목에서 학교 대표 선수였다. 또한 농구 경기에서는 코트 맨 구석에서 버저비터 3점 슛을 성공시켰고, 그랜드슬램을 달성해서 관중 모두를 일어나 환호하게 만들었으며, 미국 선거인단 제도를 폐지해야 하는 이유에 대해 객관적인 증거를 가지고 연설하기도 했다. 조지는 우리가 아는 모든 분야를 자연스럽게 오가며 활동했다. 물론 나는 조지가 부러웠다. 때로 그가 평범한 사람처럼 실수하는 장면을 보고 싶은 마음이 들기도 했다. 그래도 대부분은 스포츠팀과 학생회, 모금 행사 등 그를 필요로 하는 모든 곳에서 중요한 목표를 달성하기 위해 노력하는 조지의 모습을 존경의 눈으로 바라봤었다.

그런데 우리 두뇌는 이런 조지 캘러웨이 같은 존재들로 가득 차 있다. 두뇌 세포인 뉴런은 만능 스포츠맨처럼 오감으로부터 얻은 데이터를 해석하고, 도덕적인 사고를 하고, 패턴을 인식하고, 기억을 저장하고, 직관을 발휘하는 등 참여하는 인지 활동에 따라 끊임없이 새로운 팀을 꾸린다. 이러한 뉴런의 조직은 우리가 확인할 수 있는 다양한 두뇌 영역에서 활동하며, 이러한 영역들이 모여 대규모 두뇌 신경망을 이룬다. 그리고 이러한 신경망은 수많은 조지가 자발적으로 꾸린 조직처럼 기능하면서 협업을 통해 고차원적인 과제를 수행하고 의식을 이루는 대단히 복잡한 요소를 만들어낸다.

신경과학의 차원에서 광범위한 두뇌 영역의 집합인 이러한 신경망은 기능적 자기공명영상이나 뇌파electroencephalogram(EEG), 양전자단층촬영술positron emission tomography(PET), 혹은 뇌자도magnetoencephalography(MEG)와 같은 영상 기술로 확인할 수 있다. 그리고 전체적인 인지 과정에서 수행하는 역할을 통해 개별 신경망의 존재를 확인할 수 있다. 대규모 신경망을 이루는 다양한 영역은 기능적으로 연결되어 있다. 그래서 두뇌가 이미지를 처리하거나 기억을 떠올리는 것처럼 특정한 고차원적 인지 활동을 수행할 때 이들 영역은 통계학적인 상관관계를 보이며 함께 발화한다. 뉴런은 최고의 NBA 선수들이 모여 올스타 팀이나 올림픽 팀을 만드는 것처럼 상황에 따라 다양한 기능을 수행하기 위해 새로운 조직을 형성한다. 대규모 두뇌 신경망은 두뇌 기능이라는 건물을 구성하는 벽돌이며, 신경망이 그 역할을 제대로 수행하지 못할 때, 우울증이나 알츠하이머 질환, 자폐 스펙트럼 장애, 정신분열증, ADHD, 양극성 장애 등 다양한 신경정신과적 장애가 나타나게 된다.

현실화는 이러한 대규모 신경망 중에서도 디폴트 모드 신경망과 중앙 집행 신경망central executive network(CEN), 현저성 신경망, 주의 신경망attention network(AN)의 네 가지 신경망을 주로 활용한다. 이 네 가지 주요 신경망이 두 가지의 미주 신경을 따라 상호작용하는 과정에서 우리의 의도를 중요한 것으로 만듦으로써 두뇌가 그 의도에 주의를 기울이고 그것을 잠재의식 속으로 집어넣고 그 힘을 활용해 우리가 현실화를 할 수 있게 한다.

우리는 대규모 신경망들이 어떻게 상호작용하는지 많이 밝혀냈지만, 더 많은 부분이 여전히 미지의 영역으로 남아있다. 나는 앞으로 다양한 두뇌 신경망에 대해 설명하며 이러한 신경망들의 상호작용이 내면의 힘에서 대단히 중요한 부분을 차지한다는 사실을 개략적으로 보여주고자 한다. 다양한 신경망이 어떻게 상호작용을 하는지 이해하기 위해 현실화와 관련된 실제 사례 속에서 신경망의 역할을 살펴보자.

아눌라의 이야기

아눌라는 내전으로 정치적·경제적 격변이 이어지던 스리랑카에서 어린 시절을 보냈다. 폭탄 공격이 매년 더 심해지는 상황에서 정세의 흐름을 우려하던 아눌라의 아버지는 미국으로 이민을 떠날 생각을 하기 시작했다. 아눌라의 부모는 스리랑카를 떠나야 자녀들에게 더 나은 교육 기회를 열어줄 수 있다고 생각했다. 게다가 2004년에는 치명적인 쓰나미까지 덮치면서 아눌라 가족은 그녀가 열다섯 살이 되던 해에 결국 미국으로 이민을 떠났다.

아눌라의 부모는 자녀들에게 더 안전한 환경과 풍부한 자원을 제공해 주려고 이민을 결정했지만, 이민 직후 삶의 질은 크게 떨어졌다. 스리랑카에 있을 때 감염 질병 분야에서 미생물학자로 일했던 아눌라의 아버지는 미국에서 관련 직종에 수많은 지원서를 냈지만 일자리를 구하지 못했다. 어쩔 수 없이 주유소에서 일을 하거나 우버 기사로 뛰어야 했다. 집 밖에서 일을 해본 적이 없던 아눌라의 어머니도 가족을 먹여 살리기 위해 보육 시설에서 일했다. 그래도 가정의 경제는 불안했다. 설상가상으로 아눌라의 어머니는 유방암 진단을 받았다. 아눌라 가족은 의료보험 혜택을 받을 수 없었기에 어머니는 유능한 의사에게 제대로 치료를 받을 수 없었다. 의료비 역시 그들에게 큰 부담이었다.

아눌라는 그때를 이렇게 떠올렸다. "어머니는 저를 불러 이렇게 말씀하셨어요. '넌 꼭 성공해야 해. 그래서 온 가족이 희생하고 있는 거란다.'"

성공에 대한 압박은 경제적 어려움과 함께 아눌라에게 큰 짐이 되었다. 아눌라는 항상 불안했다. 대뇌 반구 양쪽에서 위협을 감지하는 아몬드 모양의 덩어리인 편도체는 만성적으로 항진되어 있었다. 그래서 아눌라의 마음은 언제나 불안으로 가득했고 그녀의 몸은 코르티솔과 같은 스트레스 호르몬으로 흘러넘쳤다. 아눌라는 불교가 널리 퍼져 있고 명상이 생활 습관으로 자리 잡은 스리랑카에서 자랐지만, 미국에 도착한 이후로 일상적인 걱정과 어려움 속에서 영적인 길을 잃었다. 고등학교에서 대학교로 넘어가던 시절은 특히 힘들었다. 당시 아눌라는 처음으로 가족과 떨어져 지내야 했다. 그녀는 여러 가지 만성 질환을 진단받았고 불안과 우울로 심신이 점차 쇠약해져 갔다.

그녀는 그때의 느낌을 이렇게 표현했다. "마치 욕조 구멍으로 빨려 들어가는 기분이었어요."

아눌라는 대학에 들어가면서 의대 진학에 대한 꿈을 키워나갔다. 그러나 신체적·정신적 질환과 불안정한 가정 경제에 대한 스트레스로 공부에 집중할 수 없었다. 시험을 칠 때마다 불안한 마음이 들면서 실패에 대한 걱정과 당혹감을 떨쳐버릴 수 없었다. 아눌라의 편도체는 계속해서 위험을 인식했고, 그래서 그녀는 자신의 의도에 주의를 집중할 수 없었다. 의대를 준비하는 과정에서 지도교수로부터 이런 말을 듣기도 했다. "의대에 진학하기에는 학점이 좋지 않아." 그녀는 꿈을 꾸면서도 꿈을 좇지 못하는 아픔을 견디며 학교생활을 이어나갔다.

아눌라는 대학을 졸업한 뒤에도 의사가 되겠다는 꿈을 놓지 않은 채 제약기업에 데이터 관리자로 취직했다. 그녀는 회사를 다니면서 의대 입학시험인 MCAT(Medical College Admission Test)를 보려고 했지만 여전히 불안을 이겨낼 수 없었다. 그녀의 불안은 신체적 증상으로도 나타났다. "토할 것 같은 느낌이 들었어요. 참으려고 애를 쓰느라 집중할 수가 없었죠. 압박감이 높아지면 아무것도 할 수 없었어요. 자존감은 떨어졌고 제 자신에 대한 확신도 사라졌어요. 완전히 무너진 거죠."

한번은 용기를 내어 시험 접수를 했지만, 신경과민이 도지면서 결국 취소하고 말았다. 그녀는 당시에 이렇게 생각했다. "그래, 의대는 힘들 거야. 모든 게 무너지겠지. 부모님도, 나를 아는 모든 사람도 실망할거야. 나를 위한 모든 노력이 수포로 돌아가면 가족모두가 힘들어하겠지." 이러한 상황에서 아눌라의 증상은 계속되었고 자신에게는 상황을 바꿀 힘이 없다는 생각을 떨쳐버릴 수 없었다.

아눌라는 그런 상태에서 벗어나기 위해 영성으로 눈을 돌렸다. 그녀는 점성술에서 사후 세계, 영혼에 이르기까지 영성에 관한 모든 것을 공부했고 그 과정에서 현실화의 개념을 접하게 되었다. 아눌라는 휴가를 내고 집에서 쉬다가 별생각 없이 구글에 이렇게 검색을 해봤다. '마술을 이용해서 의대에 들어가기.' 그리고 그렇게 내 첫 번째 책인 『닥터 도티의 삶을 바꾸는 마술가게』를 알게 되었다. 나는 그 책에서 지도교수로부터 의대에 들어가기에 성적이 부족하다는 말을 들었던 이야기를 했었다. 아눌라는 내게 이메일을 보내서 의대에 진학하려는 꿈과 불안에 따른 고통을 털어놓았다. 그녀의 사연을 인상 깊게 본 나는 답장을 보냈고 우리 두 사람은 수차례의 전화 통화를 하면서 현실화에 관한 이야기를 나누게 되었다.

그때까지 아눌라는 현실화를 고상하고 심원한 영적 목표나 부에 관한 환상적인 이미지로만 여기고 있었다. 그러나 현실화를 통해 자신의 절박한 요구를 충족시키고 목표(집세를 내거나 의대에 진학하는 것처럼)를 달성할 수 있다는 나의 이야기에 강한 인상을 받은 듯했다. 그리고 현실화 훈련을 통해 자신의 삶을 실질적으로 바꿀 수 있다는 사실을 이해했을 때, 자기 자신에 대한 아눌라의 확신에 변화가 나타나기 시작했다.

아눌라는 내게 이렇게 말했다.

"제겐 너무나 중요한 순간이었죠."

그녀는 불교를 통한 영적 수련 덕분에 내가 책에서 소개했던 명상에 특히 강한 인상을 받았다고 했다. 이후 아눌라는 극단적인 불안과 우울감에 대처하기 위해 명상과 이완 훈련을 곧바로 시작했다. 먼저 신체 부위를 하나씩 이완하면서 마음을 안정시키고 호흡에 집중했다. 그리고 처음으로 오랫동안 명료하게 생각할 수 있었다.

교감신경계 VS. 부교감신경계

인간의 몸은 스트레스를 계속해서 겪도록 만들어지지 않았다. 그러나 안타깝게도 오늘날 많은 이들이 세상과 교류하는 과정에서 일상적으로 만성 스트레스를 겪고 있다.

우리 몸에는 뇌간에서 시작되는 신경 다발인 미주 신경이 있다. 미주 신경은 자율신경계의 일부인데, 여기서 자율이라는 말은 일반적으로 의식의 차원 아래에서 자동적으로 기능한다는 뜻이다. 자율신경계는 인류가 하나의 종으로서 진화하는 과정에서 일찍이 발달했다. 자율신경계에는 두 가지가 있는데, 그중에서 먼저 진화한 것은 교감신경계로, 그 역할은 우리의 몸과 유전자의 생존을 도모하는 것이며, 주요 활동은 '투쟁과 도주, 경직' 반응을 관장하는 것이다. 그리고 이러한 반응을 통제하는 곳은 편도체다. 교감신경계가 관장하는 투쟁과 도주, 경직 반응은 수백만 년에 걸쳐 수많은 종에서 기능해 왔다. 이 반응은 생사를 결정하는 상황에서 촉발되도록 진화되었기 때문에 아주 짧은 뉴런의 연결을 따라 이뤄진다. 그리고 우리 몸의 신체적, 감정적 자원을 순식간에 끌어모아 코르티솔과 같은 스트레스 호르몬을 분비하면서 움직임에 대비해 근육을 긴장시킨다.

인간의 신경계는 이후의 진화 과정에서 부교감신경계를 추가로 발달시켰다. '휴식과 소화' 반응으로 알려진 부교감신경계의 역할은 우리 몸을 평화로운 휴식 상태로 되돌리는 것으로, 우리는 이러한 기능을 '항상성homeostasis'이라고 부른다. 우리 몸이 휴식과 소화 모드로 넘어가면 균형과 조화가 다시 자리를 잡으면서 근육이 이완되고, 심박수와 혈압이 떨어지고, 소화액 분비가 증가하는 등 다양한 생리적 변화가 일어난다. 휴식과 소화 모드에 있을 때, 우리는 차분함과 침착함을 느끼고 다른 사람과 주변 환경에 마음을 열고, 추상적인 계획 수립과 창조성 및 논리적 추론 등 고차원적인 신피질 기능에 접근할 수 있다.

두 모드의 분화는 현실화와 관련해서 중요한 역할을 했다. 신경계가 휴식과 소화 모드에 있을 때, 두뇌는 주의를 집중하고 상상력을 발휘하고 잠재의식을 가동한다. 오스트리아 심리학자인 빅터 프랭클Victor Frankl은 이런 말을 남겼다. (자기계발 저자인 스티븐 코비Stephen R. Covey와 웨인 다이어Wayne Dyer의 책에 따르면) "자극과 반응 사이에 간극이 존재한다. 거기서 우리는 선택을 할 수 있다. 우리가 선택한 반응으로부터 성장과 자유가 시작된다." 우리가 주의를 집중하고 의도를 현실화함으로써 잠재의식의 힘을 발휘하도록 만들어주는 것은 바로 이러한 선택의 능력이다.

만성적인 불안을 겪었던 아눌라의 사례가 말해주듯이, 투쟁과 도주, 경직 반응이 계속해서 활성화되어서는 안 된다. 이 반응의 목적은 이웃 부족과 맞서 싸우거나 호랑이보다 더 빨리 달려야 하는 스트레스 상황에서 단시간에 생리적으로 대처하는 데 있다. 그러고 나서 우리 몸은 재빨리 항상성을 회복해야 한다. 아프리카 사바나에서 진화했던 우리 선조는 에너지의 일부를 수렵채집 활동에 사용하면서 나머지 상당 부분을 휴식에 할애했다. 그 시절에 위협은 순식간에 찾아왔다 사라졌다. 오늘날처럼 만성적이고 지속적으로 이어지지 않았다. 그래서 우리 몸은 극단적인 상태에서 신속하게 휴식 모드로 돌아와서 옥시토신과 세로토닌처럼 보살핌과 관계를 강화하는 긍정적인 신경화학물질을 분비하도록 진화했다. 차분함을 유지하면서 관계를 맺고 동료를 보살피는 것은 인간이라는 종의 보편적인 성향이다.

그런데 문제는 인류는 환경에 적응하기 위해 수백만 년 동안 진화해 왔던 반면, 불과 몇천 년 만에 환경을 근본적으로 바꿔놨다는 사실이다. 6000~8000년 전까지만 해도 인류는 50~100명 정도 군집을 이루어 수렵 및 채집 활동을 했다. 그러나 안타깝게도 세상이

빠른 속도로 변화하면서 다양한 불확실성과 혼란의 요소들이 불안을 촉발하고 있다. 그리고 이러한 환경은 투쟁과 도주, 경직 반응을 자극함으로써 가상의, 혹은 사소한 위협에도 쉽게 활성화되도록 만들고 있다. 심지어 우리는 동료의 방어적이거나 공격적인 이메일에도 날카로운 송곳니를 드러내는 호랑이의 공격에 대처하도록 설계된 시스템으로 반응한다. 투쟁과 도주, 경직 반응의 만성적인 활성화와 염증을 유발하는 단백질 분비는 심장 질환의 위험을 높이고 면역 시스템을 망가뜨리는 등 우리 몸에 치명적인 피해를 준다. 실제로 우리는 만성 스트레스로 인해 건강과 수명에서 엄청난 대가를 치르고 있다.

투쟁과 도주, 경직 반응은 종의 생존에 크게 기여해 왔지만, 오늘날 세상을 헤쳐 나가는 태도로서는 더 이상 적절하지 않은 진화적 잔존물이다. 오늘날 세상에서 성공을 거두기 위해서는 휴식과 소화 반응이 훨씬 더 중요하다. 그러나 투쟁과 도주, 경직 반응은 여전히 우리 몸과 마음을 장악하기 위해 끊임없이 애쓰고 있다.

신경계가 어떻게 작동하는지 분명히 이해하려면 충동이 신경을 따라 어떻게 전파되는지 이해해야 한다. 다시 말해 신경전달물질의 기능을 이해해야 한다. '신경전달물질'이라는 용어는 종종 '호르몬'과 혼동해서 사용되지만, 신경전달물질은 신경 사이를 잇는 신경 말단에 해당하는 시냅스 간극synaptic cleft에서 분비되는 반면,

투쟁과 도주, 경직 VS. 휴식과 소화

자율신경계 유형	교감신경계	부교감신경계
주요 활동	투쟁과 도주, 경직 반응을 관장	항상성과 휴식 및 소화 반응을 관장
기능	인식된 위협에 대해 신체적 반응을 통제	휴식을 취하는 동안 신체적 반응을 통제
뉴런 경로	짧은 뉴런 경로 = 빠른 반응 속도	긴 뉴런 경로 = 느린 반응 속도
신체 반응	속도, 긴장, 경계. 생존에 중요하지 않은 기능을 중단	균형 유지: 몸을 평정의 상태로 되돌림
심혈관계(심박수)	수축력과 심박수를 높임	심박수를 낮춤
호흡기계(폐)	기관지 확장	기관지 축소
근골격계	근육 수축	근육 이완
동공	동공 확장	동공 수축
소화액과 소화	소화액 분비 중단	소화액 분비 증가. 소화 기능 강화
부신	아드레날린 분비	관여하지 않음
신경전달물질	에피네프린과 노르에피네프린(심박수 증가)	아세틸콜린(심박수 감소)
단백질	염증 유발	항염 작용

호르몬은 혈액 속으로 직접 분비된다는 점에서 차이가 있다. 두뇌 속 100가지가 넘는 신경전달물질은 다양한 기능을 담당하도록 진화했으며, 심박수와 혈압, 소화, 배고픔과 갈증, 스트레스 반응과 같은 기능 대부분이 무의식적인 차원에서 이뤄진다.

이러한 신경전달물질 중 네 가지가 행복과 기쁨 등 긍정적인 감정을 담당하며 생존과 관련해서 실질적으로 중요한 역할을 한다. 그 네 가지인 도파민과 세로토닌, 옥시토신, 엔도르핀은 흔히 '행복 호르몬'이라고 부른다. '보상 화학물질'이라고도 하는 도파민은 학습과 기억은 물론, 쾌락과 만족, 동기 부여와 관련 있다. 또한 주의를 완전히 집중한 상태를 뜻하는 '몰입'과도 밀접한 관련이 있다. '기분 안정제'라고도 하는 세로토닌은 행복감과 수면 통제, 성적 행동 및 식욕과 관련 있다. 또한 학습 능력 개선과 기억력 향상과도 관련이 있다. 낮은 세로토닌은 종종 우울과 불안, 조증 등 다양한 정신적 장애와 관련 있다. 다음으로 '사랑의 호르몬'이라고 불리는 옥시토신은 남녀 간의 애착, 유대감을 형성하는 행동, 친밀함, 인정, 연결, 신뢰, 성적 흥분과 관련 있다. 그리고 우리 몸이 만들어내는 천연 진통제인 엔도르핀은 고통과 스트레스에 대한 반응으로 분비되며 전반적인 행복감을 유발한다. 사람들 대부분 엔도르핀을 격렬한 운동에 따른 소위 '러너스 하이runner's high'와 관련해서 알고 있지만, 섹스나 명상, 초콜릿, 혹은 웃음에 의해서도 분비된다. 나중에 다시 살펴보겠지만, 이러한 화학물질은 두뇌가 의도를 중요하고 추구할 가치가 있는 것으로 인식하도록 가르치는 과정에 필요한 긍정적인 감정을 경험하는 데 대단히 중요하다.

아눌라가 새롭게 발견한 힘

아눌라는 마음속에서 편안함과 평온을 경험하기 시작하면서 자신이 정말로 무엇을 원하는지, 그리고 그것을 어떻게 얻을 수 있는지에 대해 좀 더 깊이 성찰할 수 있게 되었다. 그녀는 목표를 성취한 미래의 자신에게 축하의 편지를 쓰기 시작했다. 이를 통해 목표 성취를 마음속에서 미리 연습했다. 처음에는 사소한 목표로 시작했다. 여전히 경제 상황이 불안정했기 때문에 가장 먼저 승진을 목표로 삼고 실험을 진행했다. 아눌라는 자신에게 쓴 편지에서 이렇게 말했다. "아눌라, 승진을 축하해!" 그리고는 그 편지를 접어 지갑에 넣고 다녔다. 오랫동안 줄을 서거나 버스를 기다릴 때면 항상 편지를 꺼내 읽었다. 그때마다 심호흡을 하면서 승진의 소망이 현실이 되는 긍정적인 감정을 떠올렸다.

이러한 훈련을 이어나가는 동안 직장에서 아눌라의 자신감은 한층 높아졌다. 그녀는 이렇게 되뇌었다. '나는 내가 승진할 거라는 사실을 알고 있어. 사실 그건 이미 이뤄졌어. 내가 그렇게 마음을 먹었으니까.' 불안해하거나 업무적인 판단에 대해 나중에 후회하는 아눌라의 버릇은 크게 줄어들었다. 그녀는 단호하게 결정을 내리기 시작했고, 이러한 태도는 자신감을 높여주고 행동 방식을 바꿔줬다. 그렇게 새로운 자신감을 발견해 나가면서 동료와 상사도 그녀를 존중하기 시작했다. 두려움이 줄어들면서 팀 회의에서도 발언을 더 많이 하고 자신의 생각을 더 분명하게 드러냈다. 또한 그토록 원했던 승진에 필요한 리더로서의 자질을 보여주기 시작했다. 일반적으로 승진에는 1~2년이 걸리는 업계였지만, 아눌라는 불과 몇 달 만에 정식 데이터 관리자로 승진했고 연봉도 약 2만 달러나 올랐다.

그러나 그동안에도 두려움은 완전히 사라지지 않았고 주의를 집중하기는 여전히 힘들었다. 목표를 향해 다가서면서도 때로 자기 의심과 실패의 이미지에 사로잡히곤 했다. 그녀는 이렇게 말했다. "제가 뭘 원하는지 알았지만 영적으로, 신체적으로, 정신적으로 아직 준비가 되지 않은 느낌이었어요. 현실화를 통해 살아가기보다 두려움에 억눌려 살아가고 있었죠."

그런데 아눌라가 개인적인 목표와 공동체에 기여하겠다는 더 큰 목표를 연결했을 때, 비로소 변화가 시작되었다. "의대에 들어가려고 노력할 적에는 모든 생각의 중심에 제가 있었습니다. 그러한 생각들은 모두 두려움에서 비롯된 것이었죠. 이제 그러한 태도에서 벗어나 마음을 열고 미래의 환자들에게 어떤 변화를 선물할 수 있을지 생각하기 시작했습니다. 그러자 두려움은 연민으로 바뀌었습니다."

아눌라는 명료하게 생각하고 몸을 이완할 수 있게 되면서 다시 자애명상을 시작했다. 이는 아눌라가 여섯 살 때 학교에서 배웠던 명상법이었다. 그녀는 먼저 자애의 마음으로 자신을 바라봤고, 나아가 사랑하는 사람들에게로, 그리고 의사가 되었을 때 도움을 줄 환자들에게로 시선을 넓혀나갔다. 자애명상은 과거 어린 아눌라에게는 추상적이고 지루한 훈련이었지만, 질병을 극복하고 건강한 삶을 살아가도록 도움을 줄 수 있는 환자를 구체적으로 떠올리자 실질적이고 살아 있는 훈련으로 다가왔다. 아눌라는 미래의 환자들을 대상으로 진정한 연민과 자신이 줄 수 있는 의료적 도움을 구체적으로 시각화했다. 정확하게 진단을 내리고 수술을 성공적으로 마친 후 걱정하는 가족을 위로하는 자신의 모습을 떠올리자 아눌라의 마음은 따뜻해졌다. 신경계가 이완되면서 아눌라는 자기중심적인 접근 방식을 넘어서 더 큰 목적을 바라보게 되었다.

아눌라는 이완 훈련을 계속해서 열심히 수행했다. 숨을 들이쉬면서 넷을 세고 내쉬면서 여덟을 세는 호흡법으로 신경계를 안정시켰다. 그리고 의식적으로 신체를 긴장하게 만든 뒤 하나씩 긴장을 풀어나가는 법을 익혔다. 몸과 마음이 안정되자 두려움과 수치의 목소리가 힘을 잃었다. 또한 집중력과 에너지 수준이 높아지면서 다시 MCAT를 준비하기 시작했다. 그리고 모의고사 점수가 점점 높아지면서 머릿속을 장악했던 두려움이 조금씩 사라졌다. MCAT는 더 이상 괴물이 아니었다. 다만 자신이 원하는 목적지에 도달하기 위해 거쳐야 할 하나의 단계일 뿐이었다.

아눌라는 시험을 준비하며 높은 점수를 받은 것을 축하하는 편지를 썼다. 나중에는 의대에 합격한 것을 축하하는 편지를 자신에게 썼다. 그리고 편지들을 하나씩 꺼내 읽으면서 시각화와 이완 훈련을 미래에 자신이 치료하게 될 고통받는 환자들에 대한 진심 어린 연민으로 연결시켰다. 그 과정에서 아눌라는 관계와 봉사, 그에 따른 즐거움을 다시 한번 마음속으로 경험했다.

아눌라는 새로운 자신감으로 공부에 몰두하면서 자기 몸 안에 있는 다양한 시스템에 대해, 그리고 그 시스템들이 서로 연결된 방식에 대해 처음으로 이해하게 되었다. 그리고 교수와 동료, 가족에게서 받은 도움에 더 감사하는 마음을 갖게 되었다.

그녀는 말했다. "더 이상 바다에 빠져 허우적대지 않았습니다. 끊임없이 다가오는 파도를 타는 법을 배웠거든요. 게다가 지금은 계속해서 밀려오는 긍정적인 에너지의 물결로부터 힘을 얻고 있어요."

아눌라는 다시 MCAT를 봤고 꽤 좋은 점수를 받았다. 그녀는 의대에 지원서를 냈고 놀랍게도 자신이 가장 원했던 학교에서 면접을 보게 되었다. 면접을 순조롭게 마치고 몇 달간 기다리면서 계속 수련을 하던 중, 마침내 그토록 오랫동안 상상했던 편지를 받았다. 그녀는 합격증을 손에 쥐고 크게 감격했다. 한때 합격증은 절망의 건너편에 있는 가능성이 희박한 목표처럼 보였다. 그러나 이제 아눌라의 마음은 마치 지금껏 예상해 왔다는 듯 반응했다. 그 편지는 그녀에게 '익숙한' 것이었다.

현재 아눌라는 의대를 졸업한 뒤 자신의 업무를 위해, 그리고 환자들을 돌보기 위해 마음을 차분하게 하고 가슴을 여는 훈련을 계속 이어나가고 있다.

디폴트 모드 신경망

디폴트 모드 신경망은 우리 두뇌에서 가장 많은 연구가 이뤄진 신경망이다. 해부학에서 내측 전두정엽 신경망medial frontoparietal network(M-FPN)이라고 불리며, 내측 전전두 피질medial prefrontal cortex과 인접한 전방대상피질anterior cingulate cortex, 후방대상피질posterior cingulate cortex/설전부precuneus, 각회angular gyrus로 이뤄져 있다.

디폴드 모드 신경망은 주로 우리가 깨어 있는 상태에서 휴식을 취하거나 몽상이나 상념, 혹은 추억에 잠기는 등 내면에 집중하는 동안에 두뇌 활동을 담당한다. 여기서 두뇌는 자신에 관한 정보 처리self-referential processing, 다시 말해 자신에 대해 생각하는 기능을 수행한다. 한편으로 장기 기억 속에 저장된 자서전들을 꺼내어 하나로 통합하면서 일인칭 시점으로 그 내용을 살펴본다. 그 과정에서 우리는 과거 사건과 미래의 가능한 사건을 떠올리면서 정신적인 시간 여행을 한다. 또한 디폴트 모드 신경망은 다른 사람의 생각을 추측하고, 그들의 감정을 이해하고 공감하며, 자신의 행동이 올바른지 판단하고, 사회적 교류가 부족할 때 외로움을 느끼는 것처럼 타인에 대한 생각과 관련해서 중요한 역할을 한다. 특정한 과제에 사로잡혀 있지 않을 때, 우리는 일상적으로 마음의 끊임없는 재잘거림 속에서 디폴트 모드 신경망의 존재를 경험하게 된다.

과학자들은 특정한 목표를 달성하기 위한 과제에 집중할 때 디폴트 모드 신경망이 비활성화된다는 사실을 일찍이 발견했고, 이러한 점에서 이 신경망을 '과제 비활성 신경망task-negative network'이라는 별명으로 부르기도 했다. 그러나 이 별명은 나중에 오해의 소지가 있는 것으로 판명 나면서 폐기되었다. 디폴트 모드 신경망이 관념을 활용하는 인지 과제는 물론, 목표 중심적인 과제를 '의식적으로' 수행할 때도 활성화된다는 사실이 드러났기 때문이다. 예를 들어 주의를 외부가 아닌 내면에 집중하면서 생각과 감정, 감각을 살피는 자기 성찰적인 명상을 할 때 디폴드 모드 신경망이 활성화된다. 또한 우리가 과제에 집중할 때, 이 신경망은 일종의 평론가로서 성과와 관련된 구체적인 의견을 제시한다.

가장 위험한 정신적 기능 중 하나로 습관적인 부정적 혼잣말을 꼽을 수 있다. 우리는 이를 일컬어 '내면의 비판자'라 부른다. 신경과학의 관점으로 볼 때, 내면의 비판자는 디폴트 모드 신경망과 교감신경계의 협력으로 탄생한 불운한 결과물이다. 디폴트 모드 신경망이 교감신경계의 스트레스 반응에 관여할 때, 우리는 아눌라를 꼼짝 못 하게 만든 무기력한 자의식을 경험하게 된다. 우리의 논의와 관련해서 한 가지 중요한 사실은 디폴트 모드 신경망이 주의 신경망과 음의 상관관계가 있다는 것이다. 이 말은 디폴트 모드 신경망이 활성화되면 주의를 집중하기 힘들어진다는 뜻이다. 이 책에서 소개하는 훈련들의 한 가지 목적은 디폴트 모드 신경망이 '내면의 비판자'를 강화하도록 만드는 위압적인 자의식의 힘을 위축시키는 것이다.

디폴트 모드 신경망은 현실화와 관련해서 두 가지 중요한 깨달음을 전해준다. 첫째, '마음이 이리저리 돌아다니는mind-wandering' 경험은 인지 활동이 지금 일어나는 사건과 항상 관련된 것은 아니라는 사실을 말해준다는 점이다. 우리는 훈련을 통해 의식을 오감에서 일어나는 모든 현상으로부터 의식적으로 분리하고 상상으로 미래를 경험하는 방법을 익힐 것이다. 둘째, 마음이 떠돌아다닐 때, 우리는 필연적으로 내면의 이야기에 귀를 기울이게 되며, 이는 내적 자의식의 근간이 된다. 자의식은 다양한 교류와 일상적인 활동에서 중요한 역할을 하지만, 비전을 좇아 충만하게 살아가게 해주는 몰입 상태를 방해한다. 그래서 우리는 자의식의 힘을 위축시키는 법을 배워야 한다.

현저성 신경망

현저성 신경망이란 우리 두뇌가 무엇이 중요한지 판단하기 위해 사용하는 인지 시스템을 말한다. 우리 두뇌는 1초에 600만 비트에서 1000만 비트에 이르는 무자비한 정보의 폭격을 맞지만, 의식이 처리할 수 있는 정보량은 초당 50비트에 불과하다. 다시 말해 우리 두뇌에 도달하는 자극의 99.9995퍼센트는 의식의 아래에서 처리된다. 내부와 외부에서 어마어마한 자극이 우리를 향해 쏟아지는 동안, 현저성 신경망은 무엇이 중요한지, 혹은 '무엇이 주관적으로 중요해 보이는지'를 판단하고 그에 따라 행동 지침을 내린다. 현저성 신경망은 외부와 내부에서 흘러 들어오는 모든 정보에 상대적 우선순위를 매기고 분류해서 정보 사이에 발생하는 충돌과 모순을 정리한다. 우리의 잠재의식은 우리가 중요하게 생각하고 자동으로 주의를 기울이는 정보를 분류하고 저장하며, 잠재의식의 이러한 기능은 현저성 신경망이 경험 속에서 중요한 내용을 포착하는 방식에 영향을 미친다. 충동적인 사고가 떠오를 때 주의를 집중하기 힘든 것처럼 불안과 우울, 통증, 약물 남용 등의 문제는 현저성 신경망의 기능 장애를 일으키는 주요한 원인이다.

현저성이라고 하는 특성은 일반적으로 주변 상황과 관련 있으며, 생소하거나 예상치 못한 상황이 벌어질 때 모습을 드러낸다. 그리고 특정한 정보가 중요하다고 의식적으로 판단을 내리고 거기에 주목할 때도 나타난다. 우리는 현저성을 평범한 배경을 뒤로 한 채 뭔가 홀로 우뚝 서 있는 모습이라고 생각해 볼 수 있겠다. 정보를 처리하는 인간의 능력은 다분히 제한적이다. 그래서 우리는 상황의 모든 측면에 똑같이 주의를 기울이지 못한다. 생각과 아이디어, 의도의 현저성은 어떤 정보 조각이 우리의 주의를 사로잡고 우리의 세계관에 중대한 영향을 미칠 것인지 결정한다. 아눌라가 자신의 성공을 축하하는 편지를 읽을 때, 혹은 미래의 환자를 돕는 자기 모습을 시각화하고 그에 따른 긍정적인 감정을 경험할 때, 그녀의 현저성 신경망은 두뇌에 이러한 경험이 중요하다고 가르쳤다. 그리고 아눌라의 두뇌가 중요하다고 인식했을 때, 그녀의 잠재의식은 긍정적인 감정을 다시 느끼기 위해 그러한 경험을 현실로 만들어내고자 했다. 우리는 반복 훈련을 통해 자신이 주목하는 의도의 현저성을 높일 수 있다. 그리고 이를 통해 '현저성 편향salience bias', 혹은 '인지적 편안함'을 창조할 수 있다. 그럴 때 우리의 잠재의식은 자신의 의도를 절대 외면하지 못한다.

현저성 신경망은 구조적인 차원에서 앞뇌섬엽anterior insula과 인접 하전두회inferior frontal gyrus(IFG), 등측(맨 위) 전대상회피질anterior cingulate gyrus(ACC), 편도체로 구성된다. 앞뇌섬엽은 두뇌가 받아들인 정보를 전체적으로 검토해서 모순점을 확인하고, 모순점이 발견되었을 때 여러 두뇌 영역과 협력하여 대응에 필요한 자원을 끌어모은다. 등측 전대상회피질은 감정 상태와 충돌을 평가하고, 하향식 처리 과정으로 인식된 감정 충돌에 대응한다. 복외측 후방 전두피질posterior frontal cortex(PFC)의 일부인 좌측 하전두회는 유입된 새로운 정보를 검토하고 기존 연합 신경망을 기반으로 의미를 재평가해서 그 정보를 기존 내부 모형으로 받아들인다. 편도체는 교감 신경계의 일부로 위협을 확인하는 기능과 관련 있다. 위협에 대한 반응으로 편도체가 활성화될 때, 중앙 집행 신경망과 디폴트 모드 신경망에 부정적인 영향을 미친다. 모든 요소가 정상 작동할 때, 이들은 협력을 통해 특정 대상의 현저성이 높다고 판단한다. 그러나 현저성 신경망이 지금 발생한 스트레스, 혹은 트라우마를 유발하는 사건을 떠올림으로써 발생한 스트레스에 대한 반응으로 영향을 받을 때는 특정한 내외부 사건의 중요성을 잘못 평가해서 부적절한 자율 반응이나 인지 행동 반응을 촉발하게 된다.

우리 두뇌와 신경계는 몸의 외부와 내부에서 엄청난 규모의 데이터를 받아들이기 때문에 모든 세부 사항에 주의를 기울이지 못한다. 대신에 우리의 잠재의식 속에는 주요한 데이터에 주의를 집중하고 나머지 데이터는 자동 처리 시스템으로 내려보내는 일종의 지침서가 있다. 그래서 우리는 놀랍게도 많은 정보를 놓친다. 심지어 눈에 뻔히 보이는 정보도 놓친다.

유명한 심리학 실험 중 하나로 '보이지 않는 고릴라 실험'이 있다. 이 실험은 선택적 주의 테스트라고 불리기도 한다. 이 실험에서 피실험자들은 검은색 티셔츠를 입은 절반의 학생들과 흰색 티셔츠를 입은 절반의 학생들이 농구공을 가지고 패스하는 영상을 본다. 여기서 연구원은 피실험자에게 두 가지 지시를 내린다. 하나는 흰색 티셔츠를 입은 학생들이 주고받는 패스의 횟수를 세는 것이고, 다른 하나는 바닥을 이용한 패스와 공중 패스의 횟수를 세는 것이다. 그런데 학생들이 패스를 주고받는 동안 갑자기 고릴라 복장을 한 사람이 이들 사이를 걸어간다. 실험이 끝난 뒤 연구원은 피실험자들에게 영상에서 뭔가 이상한 장면을 발견하지 못했는지 묻는다. 그런데 놀랍게도 50퍼센트에 달하는 피실험자들이 고릴라를 봤다는 이야기를 하지 않았다.

이 실험은 유도된 주의, 그리고 '무주의 맹시inattentional blindness'라는 현상을 잘 보여준다. 패스 횟수(주의를 집중하라고 지시받은 현저성 요소)를 세느라 정신이 없었던 피실험자들은 말도 안 되는 상황이 벌어졌는데도 전혀 인식하지 못했다. 이러한 결과는 우리가 엄청난 감각 정보에 압도당할 때 많은 정보를 놓칠 뿐 아니라, 놓친다는 사실조차 인식하지 못한다는 사실을 말해준다.

주의 신경망

현저성 신경망 안에는 주의를 집중시키는 역할을 담당하는 중요한 영역이 있다. 이는 주의 신경망이라고 하는 것으로, 배측 부분과 등측 부분으로 구성된다. 주의 신경망의 핵심 역할은 주의를 어떻게 집중할 것인지, 그리고 특정 과제에서 주의 분산을 허용할 것인지를 결정하는 일이다.

등측 주의 신경망dorsal attention network(DAN)은 자발적인 하향식 주의의 배치를 관장한다. 등측 주의 신경망을 구성하는 두정간구intraparietal sulcus와 전두안구영역frontal eye field은 두뇌의 시각 영역에 영향을 미치며, 우리가 주의를 집중할 수 있게 만든다. 배측 주의 신경망ventral attention network(VAN)은 측두두정 접합temporoparietal junction과 우반구의 배측전두피질ventral frontal cortex로 구성된다. 이 두 영역은 중요한 자극이 예상치 못하게 발생하는 상황에서 행동적으로 반응한다. 배측 주의 신경망은 시각을 동원해서 뭔가를 찾는 경우처럼 하향식 과정으로 주의를 집중하는 동안에 억제된다. 그래서 목표 달성과 관련 없는 자극으로 주의가 분산되지 않도록 막는다. 우리가 목표 대상이나 그 대상에 관한 정보를 발견할 때, 배측 주의 신경망은 다시 활성화된다.

아눌라가 몸을 이완해서 교감신경계를 안정시켰을 때, 주의를 집중해서 자신이 바라는 의도를 잠재의식 속으로 집어넣을 수 있었다. 그리고 자신의 의도를 더 확고하게 현실화하면서 의도를 성취하는 데 필요한 과제에 효과적으로 집중할 수 있었다. 그리고 받아들인 정보를 더 긴밀하게 연결함으로써 공부한 내용을 더 깊이 있게 이해할 수 있었다.

중앙 집행 신경망

중앙 집행 신경망은 작업 기억 속에 들어 있는 정보를 관리하고 이용하며, 목표 중심적 행동을 실행하는 과정에서 의사결정을 내리고 문제를 해결하는 역할을 한다. 마치 조직 전반의 방향을 결정하고 명령을 내리는 CEO에 비유해 볼 수 있겠다. 디폴트 모드 신경망은 의식이 깨어있는 상태에서 휴식을 취하는 동안에 활성화되는 반면, 중앙 집행 신경망은 인지적·감정적으로 어려운 과제를 처리하는 동안에 활성화된다. 중앙 집행 신경망은 크게 배외측 후방 전두피질dorsolatera PFC과 외측 후방 두정엽lateral posterior parietal cortex으로 이뤄져 있다. 배외측 후방 전두피질은 작업 기억 내 정보를 활용해서 선택이 가능한 행동 반응을 평가한다. 그리고 외측 후방 두정엽은 오감을 비롯하여 내부 감각으로부터 유입된 정보를 통합하며, 우리가 주의를 계속 집중하도록 만들어준다. 중앙 집행 신경망의 과소 활동hypoactivity은 우울증을 비롯한 다양한 인지 장애와 관련 있다.

우리는 중앙 집행 신경망이 현명하고 적절하게 의사결정을 내리고, 동시에 감정 제어를 위해 하향식으로 정보를 처리하도록 만들어야 한다. 아눌라는 스트레스와 자기 의심으로 압박감을 느꼈을 때, 감정을 멀리서 바라보면서 새롭게 균형을 잡고, 목표에 주의를 집중하고, 만성적인 교감신경계 항진 상태에서 벗어나 스스로 안정을 취하는 능력을 잃어버리고 말았다. 제대로 기능하는 중앙 집행 신경망은 성인의 모습으로 아이 같은 신경계를 달래고 부정적인 감정을 완화한다. 이러한 심리적·감정적 안정은 우리가 의도를 잠재의식 속으로 집어넣는 과정에서 대단히 중요하다. 차분하고 편안하고 안정적인 심리 상태가 반드시 필요하다.

신경망들이 협력하는 방식

이러한 네 가지 신경망이 원활하게 상호작용할 때, 우리는 효과적으로 현실화할 수 있다.

협력의 과정이 부드럽게 흘러갈 때, 현저성 신경망은 주의 네트워크와 상호작용을 하면서 어떤 자극(즉, 우리의 의도)이 더 높은 인지적 처리 과정을 필요로 하는지 결정한다. 다음으로 중앙 집행 신경망의 활성도를 높이고 끊임없이 혼잣말을 하는 디폴트 모드 신경망의 활성도를 낮추는 역동적인 과정을 통해 우리가 집중력을 유지하고 분산 요인이나 자의식의 방해를 받지 않고서 생각의 방향을 의지대로 조종하도록 만들어준다. 신경망의 이러한 팀워크 덕분에 우리는 의도를 잠재의식 속으로 집어넣기 위한 경로를 발견하고, 또한 두뇌 속 중요한 자원을 활용해서 의도를 현실로 만들어낼 수 있다.

그런데 문제는 잠재의식의 문지기인 교감신경계다. 우리가 스트레스를 받을 때, 항진된 교감신경계가 디폴트 모드 신경망을 장악한다. 다음으로 디폴트 모드 신경망이 관장하며, 일반적으로는 안정된 상태에서 나타나는 자기 성찰 능력을 떨어트린다. 그럴 때 우리는 위협을 느끼면서 고립되고 취약한 상태가 되었다고 인식하여 지나치게 많은 생각으로 중앙 집행 신경망의 활성도를 떨어트린다. 그리고 효율적인 인지 기능, 의도를 잠재의식 속으로 집어넣는 능력, 감정 제어 능력을 위축시킨다. 그러므로 의도를 잠재의식 속으로 집어넣는 현실화 작업은 안전하고 위협이 없는 환경에서 실행해야 인지 통제를 극대화할 수 있다. 우리가 몸을 이완해서 내적·외적으로 안전하다고 느낄 때, 교감신경계의 개입은 줄어든다. 그래서 교감신경계가 자기 성찰을 수행하는 디폴트 모드 신경계를 압박하지 않도록 막을 수 있다.

그린존

태어나자마자 자기 몸을 지탱하고 보호하는 어류나 파충류와는 달리, 온혈 동물 대부분은 출생 이후 오랫동안 부모의 보살핌과 관심을 필요로 한다. 이들은 성장하는 동안에도 자신을 지켜주고, 영양을 공급해 주고, 안전한 환경을 마련해 줄 존재를 필요로 한다. 그래서 포유류는 접근과 접촉, 연결을 강화하는 생리적 특질을 진화시켰다. 대표적인 사례로 골수성 부교감신경계에 있는 배외측 미주 신경의 진화를 꼽을 수 있다. 배외측 미주 신경은 중앙 통제 시스템으로서 여러 장기를 연결한다. 이는 관계 형성 및 양육 반응의 근간을 이룬다는 점에서 대단히 중요하다. 또한 배외측 미주 신경은 연민을 느끼고 표현하는 생리적 경로를 만드는 역할을 한다. 골수성 미주 신경의 이러한 기능은 행복을 추구하는 '그린존'을 뒷받침한다. 우리는 그린존에서 차분함과 집중력을 유지하고 몰입 상태에 도달할 수 있으며 다른 사람을 효과적으로 보살펴줄 수 있다. 또한 의식이 힘을 끌어모아 효과적으로 목표를 시각화할 수 있다.

부교감신경계가 활성화하면 미주 신경의 톤tone이 높아진다. 그러면 우리는 그린존으로 들어서게 된다. 우리 몸은 행복한 그린존 상태에서 건강을 전반적으로 강화하고, 면역 및 방어 시스템에서 핵심 역할을 하는 옥시토신과 같은 호르몬을 분비하여 우리가 몰입 상태로 들어서서 효과적으로 학습하고, 비판적으로 사고하고, 창조성을 발휘하도록 만든다. 그리고 근본적으로 경험을 최적화한다. 또한 두뇌 피질이 운전대를 잡도록 함으로써 현실화를 가능하게 만든다.

부교감신경계는 우리에게 감정과 기억을 처리하고 계획을 세우는 능력을 선사한다. 이를 통해 우리는 경험에 대한 반응을 더 신중하고 현명하게 선택할 수 있다. 부교감신경계의 이러한 놀라운 능력은 우리가 자기 주도적으로 세상을 헤쳐 나가기 위한 열쇠다. 우리가 선택한 대응 방식은 생리 기능에 영향을 미치고, 이는 다시 우리가 환경에 대응하는 방식에 영향을 미친다.

진동

우리의 생리 활동의 마지막 요소는 현실화와 관련된 논의에서 종종 등장하는 진동 에너지vibrational energy다. 이와 관련하여 많은 오해가 있지만, 우주에는 미시적 차원과 거시적 차원에서 만물을 연결하는 거대한 에너지 순환이 존재한다는 주장을 뒷받침하는 많은 과학적 문헌이 존재한다. 그런데 여기서 말하는 진동이란 무엇을 의미하는 것일까?

우주 만물은 끊임없이 움직인다. 생명이 없거나 멈춰 있는 것처럼 보이는 사물도 마찬가지다. 물리학 분야에서 놀라운 발견 중 하나로 '양자 결맞음quantum coherence' 현상이 있다. 양자 결맞음은 비국소성nonlocality 예측, 다시 말해 원격 작용, 그리고 아주 멀리 떨어진 아원자 입자들 사이의 동시다발적인 의사소통을 가능하게 한다. 물리적인 세상을 이루는 근본 재료인 입자는 서로 끊임없이 공명한다. 두 가지 상태를 왔다 갔다 하는 진동의 한 가지 유형인 공명은 다양한 범위의 주파수를 보여준다. 입자가 공명한다는 점에서 만물은 거대한 전체의 일부로서 서로 연결되어 있다. 그리고 거대한 전체는 다시 더 거대한 전체의 일부가 된다. 이러한 생각은 의식을 가진 생명체에게는 물론, 원자나 유기체, 사회 집단, 행성, 은하 등 모든 시스템의 내부와 시스템들 사이에도 해당된다. 이러한 관점에서 볼 때 홀로 존재하거나 관계가 단절된 것은 없다. 만물은 필연적으로 서로 영향을 주고받는다.

인간은 모든 살아 있는 복잡한 시스템과 마찬가지로 역동적이고 상호 연결된 수많은 생물학적 구성물로 이뤄진 네트워크와 이러한 네트워크들이 협력하는 과정으로 이뤄져 있다. 대부분의 사람들은 이러한 조화로운 상태, 다시 말해 몸과 마음이 전체적으로 온전하게 연결된 상태로 존재하는 것이 어떤 느낌인지 잘 이해한다. 앞서 우리는 이러한 상태를 '몰입'이라는 용어로 설명했다. '몰입'는 원래 1975년에 미하이 칙센트미하이가 처음 소개한 개념으로, 이후 심리학을 넘어 다양한 분야에서 널리 사용되고 있다. '더 존the zone'이나 '일체감oneness'과 같은 용어들도 이와 유사한 상태를 의미한다. 사실 몰입이라는 개념은 수천 년 동안 아주 다양한 이름으로 존재해 왔다. 우리는 몰입 상태에서 심원한 자아와, 다른 사람과, 그리고 심지어 지구와도 연결되어 있다는 느낌을 받는다. 내적·외적으로 연결된 이러한 상태를 일컬어 존재의 일관적인coherent 상태라고도 한다. 여기서 일관성coherence이라는 개념 속에는 상호관계와 연결, 조화, 그리고 효율적인 에너지 활용이라는 의미가 담겨 있다. 또한 다양한 진동 시스템 사이의 연결성 및 동기화 정도를 설명해 준다. 특정 시스템이 자율적으로 작동하면서 동시에 전체 안에서 온전하게 협력할 때, 일관성은 모습을 드러낸다.

우리는 곳곳에서 이러한 일관성을 확인할 수 있다. 수학자 스티븐 스트로가츠Steven Strogatz가 보여준 것처럼 레이저는 에너지와 주파수가 같은 광자들이 함께 방출될 때 생성되고, 특정한 종의 반딧불이는 대규모로 군집해 있을 때 함께 빛을 발한다. 모든 생명체 시스템 안에는 미시적 차원의 시스템, 분자 기계molecular machine(외부 자극에 분자 차원으로 반응하는 시스템─옮긴이), 광자와 전자, 장기, 분비샘이 존재하며, 이들 모두 자율적으로 움직이면서 서로 다른 속도로 다양한 기능을 수행하지만, 복잡하면서도 조화롭게 협력하면서 동시 발생적으로 함께 움직인다.

이러한 관점에서 우리는 두뇌 작용을 하나의 진동으로 바라볼 수 있다. 두뇌는 어떤 기능을 수행하느냐에 따라 서로 다른 뇌파를 방출한다. 가장 일반적인 뇌파에는 감마와 베타, 알파, 세타, 델타가 있다. 감마파는 파장이 가장 짧은 뇌파로 25~100Hz의 주파수로 진동한다. 이는 집중과 주의, 학습, 문제 해결, 정보 처리와 같은 대규모 협력이 요구되는 두뇌 활동과 관련 있다. 다음으로 12~30Hz로 진동하는 베타파는 의식적으로 깨어 있는 상태에서 나타나며, 최고의 각성 상태를 요구하는 경계 및 집중과 관련 있다. 8~12Hz의 주파수로 진동하는 알파파는 특정 대상에 주의를 집중하지 않는 휴지 상태와 관련 있다. 4~8Hz 주파수로 진동하는 세타파는 가벼운 수면이나 깊은 이완 및 명상 동안에 나타나며, 마지막으로 0.5~4Hz의 델타파는 꿈을 꾸지 않는 깊은 수면 상태에서 나타난다.

신경생리학자 파스칼 프라이스Pascal Fries를 비롯한 많은 과학자는 이러한 뇌파들 사이의 동기화 패턴이 인간의 다양한 의식을 발생시키는 과정을 연구했다. 그리고 동기화된 진동이라는 개념을 의식의 핵심과 물리적인 현실에 적용하는 여러 가지 이론도 나와 있다. 전기적인 뇌파와 의식 사이의 관계를 놓고 여전히 많은 논의가 이어지고 있지만, 이 책의 주제에 비춰볼 때 진동과 관련해서 가장 중요한 현상은 '신경 동기화neural synchronization'라는 것이다. 신경 동기화는 다양한 주파수가 공유된 전기적 진동 속도로 조화를 이룰 때 나타나는 현상으로, 뉴런과 뉴런 집단, 그리고 대규모 두뇌 신경망 사이의 원활한 의사소통을 가능케 한다. 이러한 형태의 동기화된 일관성이 나타나지 않을 때, 외부 정보는 뉴런 흥분성 주기neuron excitability cycle의 무작위 단계로 유입되어 의사소통의 효율성은 상당히 떨어진다. 그리고 의사소통이 단절되거나 엇갈릴 때, 두뇌는 현저성이 높은 정보를 잠재의식에 심어 넣도록 만드는 동기화된 일관성을 보이지 않는다.

안토니오 다마시오Antonio Damasio와 같은 신경과학자들은 우리가 경험하는 감정의 질과 안정성을 결정하는 것은 생리적 과정의 기본적인 상태라고 말한다. 우리가 '긍정적'이라고 이름 붙이는 감정들은 '생체 작용의 조절이 효율적이거나 최적화된 상태로 이뤄지고 자연스럽게 흘러가면서 편안한' 신체 상태를 반영하는 것이다. 두뇌와 신경 시스템이 작동하려면 정보를 전달하는 신경 활동이 안정적이고 조화롭게 이뤄져야 하며, 두뇌의 다양한 중추들이 역동적으로 동기화를 이뤄 정보를 부드럽게 처리하고 받아들여야 한다. 궁극적으로 우리의 두뇌와 신경 시스템은 우리를 둘러싼 세상과 조화를 이루며 진동해야 한다. 이러한 개념을 아눌라는 이렇게 표현했다. "먹구름이 물러가고 에너지가 높아질 때, 우리는 목표를 향해 정렬되고 현실화가 시작됩니다."

놀랍게도 인간의 몸에서 가장 중요한 진동은 심장이 만들어내는 진동이다. 많은 이들은 인간의 몸에서 심장이 가장 거대한 전자기장을 생성한다는 사실을 알지 못한다. 심전도electrocardiogram(ECG)로 측정되는 전기장은 뇌전도electroencephalogram(EEG)로 측정되는 뇌파보다 60배가량 더 강하다. 그리고 두뇌보다 5000배 더 강력한 심장의 자기장은 조직을 관통하며, 몸에서 어느 정도 떨어진 곳에서도 측정이 가능하다. 또한 전기장은 우리의 감정 상태에 따라 변화한다. 다시 말해 우리는 말 그대로 자신의 감정 상태에 따라 서로 다른 주파수의 진동을 가슴에서 방출하는 것이다.

사람들은 심박수가 운동이나 감정 상태에 따라 달라진다는 사실은 알지만, 각각의 심장 박동 간의 변동성variability이 행복을 말해주는 중요한 지표라는 사실은 잘 모른다. 두 사람의 심박수가 1분당 60회로 같다고 해보자. 그러나 서로 다른 두 사람의 진동 에너지는 자신과 다른 사람에게 완전히 다른 영향을 미칠 수 있다. 가령 한 사람의 심장 박동은 1초에 한 번으로 규칙적이지만, 다른 사람은 0.8초와 1.2초 사이를 왔다 갔다 할 수 있다. 이렇게 심장 박동 간의 간격이 달라지는 현상을 '심박 변이도heart rate variability(HRV)'라고 한다. 예브게니 바스칠로Evgeny Vaschillo, 폴 레러Paul Lehrer, 롤린 매크라티Rollin McCraty 등 많은 과학자가 심박 변이도를 광범위하게 연구했다. 역설적으로 들릴 수 있지만, 우리가 스트레스를 받거나 불안할 때 심박 변이도는 낮아진다. 이 말은 심장이 규칙적이고 일관적인 방식으로 작동한다는 뜻이다. 그 이유는 스트레스 반응으로 교감신경계가 활성화되면서 미주 신경 톤이 낮아지기 때문이다. 그에 따라 심장 박동이 규칙적으로 이뤄지면서 여러 가지 부정적인 정신적, 생리적 영향을 미친다. 가령 상심증후군broken heart syndrome이라는 게 있다. 이 증후군은 일본에서 처음 보고되었다. 상심증후군을 겪은 많은 이들은 사랑하는 사람과의 이별이나 사별로 심각한 감정적 트라우마를 겪으면서 돌연 심장사로 사망했다.

반대로 차분하고 신중하고 편안하고 타인에게 관심을 쏟는 상태에서는 심박 변이도가 높아진다. 그 이유는 미주 신경 톤이 높아지면서 부교감신경계를 자극하기 때문이다. 부교감신경계가 활성화될 때, 우리 몸의 생리 활동은 활발해진다. 그리고 옥시토신이나 세로토닌과 같은 행복 호르몬을 많이 분비한다. 또한 혈압과 심박수, 스트레스 호르몬의 분비, 염증을 유발하는 단백질 생산을 낮춘다. 이러한 현상은 유연한 심장 박동의 결과물이며, 이러한 유연성은 우리 자신의 정신적·신체적 행복만이 아니라, 주변 사람의 행복까지 높여주는 측정 가능한 에너지장을 창조한다. 그리고 이러한 유연성이 높은 이들이 함께 모일 때, 그 효과는 더 커지고 강력해진다.

많은 연구 결과를 통해 우리는 심장이 다른 어느 조직보다 두뇌로 더 많은 정보를 전송한다는 사실을 알 수 있다. 유연한 심장 박동은 대규모 두뇌 신경망에 영향을 미치고 심장과 두뇌 사이의 동기화를 높인다. 그리고 뇌파의 활동성과 범위를 확장한다. 아눌라가 미래의 환자들에게 마음을 열기 시작했을 때, 그녀는 말 그대로 자기 심장이 만들어낸 진동을 재생산하고 있었던 셈이다. 그리고 그 진동은 다시 자신의 생리 기능을 강화하고 다른 사람과의 상호작용을 조화롭게 만들어줬다. 의도를 현실화하여 내면의 잠재력을 온전히 발휘하기 위해서는 두뇌뿐만 아니라 심장과도 협력해야 한다.

지금까지 우리는 현실화를 위해 활용할 수 있는 체내 주요한 자원을 살펴봤다. 이제 이러한 시스템과 신경망의 힘을 활용하는 방법으로 넘어가 보자. 가장 먼저 우리는 내면의 힘에 접근할 때, 주어진 상황에서 자신의 반응을 선택할 수 있다는 사실을 이해해야 한다. 나아가 우리는 주의 분산이나 습관, 그리고 우리를 위협하는 대상에 집중하는 성향과 같은 낡은 진화적 유산이 우리의 주의를 가로채도록 허용하지 않고, 자신이 선택한 대상에 주의를 집중하고 그 상태를 유지하는 법을 배워야 한다. 이러한 과정이 어떻게 진행되는지, 그리고 이를 통해 무엇을 얻을 수 있는지 이해할 때, 우리는 비로소 자신이 꿈꾸는 삶을 현실화하면서 꿈이 악몽으로 변질되지 않게 막을 수 있다.

감사의 글

나는 첫 책『닥터 도티의 삶을 바꾸는 마술가게』를 쓰는 동안에 누구나 의도를 현실화할 수 있다는 사실이 중요한 주제가 될 수 있다는 사실을 깨달았다. 그리고 많은 독자가 현실화에 대해 이야기하고 배우고 싶어 하는 모습을 지켜보면서 그러한 사실이 대단히 중요하다는 점을 알게 되었다. 그러나 현실화가 정확하게 무엇을 의미하는지를 놓고 많은 혼란이 있었다. 많은 이들이 현실화의 개념을 우주나 어떤 외부의 존재가 자신의 소원(주로 부와 권력, 높은 지위)을 들어주고, 이를 통해 행복해질 수 있다는 믿음과 연결지었다. 그리고 이러한 믿음은 끌어당김의 법칙, 그리고 더 많은 것을 가지면 더 행복해진다는 주장을 설파하는 많은 이들에 의해 널리 알려졌다. 하지만 이보다 더 진실에서 동떨어진 생각은 없을 것이다. 안타깝게도 이러한 생각이 공허와 불행을 조장하는 이야기를 만들어내고 있다. 그러나 그 이야기는 의미와 목적, 그리고 궁극적으로 행복으로 가득한 삶을 창조하려는 노력과 정반대편에 서 있다.

이와 반대로, 나는 과학자로서 의도를 두뇌에 심어서 현실화가 실현되도록 만드는 신경학적 이론에 주목했다. 그리고 이를 설명하기 위해 역사와 철학, 심리학, 신경과학을 아우르는 긴 여정을 떠났다. 또한 이론을 넘어 우리 두뇌를 바꾸는 자기주도성과 내면의 힘을 깊이 있게 들여다보고 첫 책에서 소개했던 많은 개념을 되짚어 봤다. 이제 하나의 원을 완성한 듯한 느낌이 든다.

처음 이 책의 아이디어를 구상하면서 출판 에이전트인 아이디어 아키텍츠의 더그 에이브럼스와 함께 이야기를 나눴다. 더그는 내 제안에 적극적인 지지를 보내줬다. 우리는 제안서를 작성해서 내 첫 책을 출간한 에이버리(펭귄 랜덤 하우스의 임프린트)의 뛰어난 편집장인 캐롤라인 서튼에게 보냈다. 서튼은 바로 시작하자는 답변을 보내왔다. 캐롤의 도움과 격려, 조언에 큰 감사를 전한다.

물론 아이디어를 이야기로 만드는 일은 결코 쉽지 않다. 이를 위해 가장 먼저 했던 일은 그 주제를 뒷받침하는 과학 속으로 뛰어들어 수많은 책과 수백 편의 기사를 읽는 것이었다. 내 친구이자 의학박사인 모니카 부치는 친절하게도 내가 읽어봐야 할 책과 기사를 소개해 주고 논문을 선정하고 요약해 줬으며, 프로젝트를 진행하는 동안 많은 소중한 정보와 조언을 건네줬다. 아이디어 아키텍츠는 고맙게도 알렉산더 넴서를 소개해 줬으며, 그는 내 아이디어를 정리하고, 자칫 건조해질 수 있는 주제를 설득력 있는 내용으로 바꾸고, 함께 나눈 이야기를 과학과 접목시키는 작업에 이르기까지 많은 도움을 줬다. 그동안 우리 두 사람은 가까운 친구가 되었다.

마지막으로 내 소중한 아내이자 인생의 반려자인 마샤에게 고마움을 전한다. 나는 아내의 도움을 한 번도 당연하게 여긴 적이 없다. 아내는 인생을 바꾸는 연민의 힘을 널리 전파하려는 나의 노력을 언제나 지지해 줬다. 아내에게 무한한 고마움을 전한다.

참고문헌

시작하며: 끌어당김의 법칙에 대한 오해

Stanley Krippner and Deirdre Barrett, "Transgenerational Trauma: The Role of Epigenetics," *Journal of Mind and Behavior* 40, no.1 (Winter 2019): 53–62, https://www.jstor.org/stable/26740747.

Michael F. Scheier and Charles S. Carver, "Dispositional Optimism and Physical Health: A Long Look Back, a Quick Look Forward," *American Psychologist* 73, no. 9 (December 2018): 1082–94, https://doi.org/10.1037/amp0000384.

Mundaka 3, chapter 2, verse 10.

Dvedhavitakka Sutta, MN 19; cited in Bodhipaksa, "We Are What We Think," *Tricycle*, Fall 2014, https://tricycle.org/magazine/we-are-what-we-think.

Steven L. Bressler and Vinod Menon, "Large- Scale Brain Networks in Cognition: Emerging Methods and Principles," *Trends in Cognitive Sciences* 14, no. 6 (June 2010): 277–90, https://doi.org/10.1016/j.tics.2010.04.004.

Tara Swart, *The Source: The Secrets of the Universe, the Science of the Brain* (New York: HarperOne, 2019).

James R. Doty, MD, *Into the Magic Shop: A Neurosurgeon'sQuest to Discover the Mysteries of the Brain and the Secrets of the Heart* (New York: Avery, 2017), 242.

1장 인생을 바꾸는 마음의 마법

Simone de Beauvoir, The Ethics of Ambiguity (New York: Philosophical Library, 1948).

2장 첫 번째 단계: 내면의 힘을 마주하기

Luke Clark et al., "Pathological Choice: The Neuroscience of Gambling and Gambling Addiction," Journal of Neuroscience 33, no. 45 (November 2013): 17617–623, https://doi. org/10.1523/JNEUROSCI.3231-13.2013.

Elisabeth Pacherie, "Self- Agency," in The Oxford Handbook of the Self, ed. Shaun Gallagher (Oxford, UK: Oxford University Press, 2011), 442–65.

James W. Moore, "What Is the Sense of Agency and Why Does It Matter?,"Frontiers in Psychology 7, no. 1272(August 2016), https://doi.org/10.3389/fpsyg.2016.01272.

Anna Berti, Lucia Spinazzola, Lorenzo Pia, and Marco Rabuffetti, "Motor Awareness and Motor Intention in Anosognosia for Hemiplegia," in Sensorimotor Foundations of Higher Cognition, ed. Patrick Haggard, Yves Rossetti, and Mituso Kawato (Oxford, UK: Oxford University Press, 2008), 163–81.

Otto Muzik, Kaice T. Reilly, and Vaibhav A. Diwadkar, " 'Brain over Body': A Study on the Willful Regulation of Autonomic Function during Cold Exposure," NeuroImage 15, no. 172 (May 2018): 632–41, https://doi.org/10.1016/j.neuroimage.2018.01.067.

Epictetus, Discourses II 5.8; Epictetus, Enchiridion 5.

3장 두 번째 단계: 진정한 소망을 확인하기

Seneca the Younger, Letter LXXI:"On the supreme good," line 3.

"Hawaiian Voyaging Traditions," accessed February 10, 2023, https://archive.hokulea.

com/index/founder_and_teachers/nainoa_thompson.html.

Vinoth K. Ranganathan et al., "From Mental Power to Muscle Power—Gaining Strength by Using the Mind," Neuropsychologia 42, no. 7(2004): 944–56, https://doi.org/10.1016/j.neuropsychologia.2003.11.018.

Alvaro Pascual-Leoneet al.,"Modulation of Muscle Responses Evoked by Transcranial Magnetic Stimulation During the Acquisition of New Fine Motor Skills," Journal of Neurophysiology 74, no. 3 (September 1995): 1037–45, https://doi.org/10.1152/jn.1995.74.3.1037.

Roy F.Baumeister, Kathleen D. Vohs, Jennifer Aaker, and Emily N.Garbinsky, "Some Key Differences between a Happy Life and a Meaningful Life," Journal of Positive Psychology 8, no. 6(October 2012): 505–16, https://doi.org/10.1080/17439760.2013.830764.

Barbara L. Fredrickson et al., "A Functional Genomic Perspective on Human Well-Being," Proceedings of the National Academy of Sciences 110, no. 33 (July 2013): 13684–689, https://doi.org/10.1073/pnas.1305419110.

4장 세 번째 단계: 마음속 장애물을 제거하기

Bruce Lee, Tao of Jeet Kune Do(Burbank, CA: Ohara, 1975).

Wayne M. McDonnell, "Analysis and Assessment of Gateway Process," https://www.cia.gov/readingroom/docs/CIA-RDP96-00788R001700210016-5.pdf.

Rhailana Fontes et al., "Time Perception Mechanisms at Central Nervous System," Neurology International 8, no. 1 (2016): 5939, https://doi.org/10.4081/ni.2016.5939.

James N. Kirby, James R. Doty, Nicola Petrocchi, and Paul Gilbert, "The Current and Future Role of Heart Rate Variability for Assessing and Training Compassion," Frontiers in Public Health 5, no. 3 (2017): 40, https://doi.org/10.3389/fpubh.2017.00040.

Stephen W. Porges, "Love: An Emergent Property of the Mammalian Autonomic Nervous

System," *Psychoneuroendocrinology* 23, no. 8 (November 1998): 837–61, https://doi.org/10.1016/s0306-4530(98)00057-2.

5장 네 번째 단계: 의도를 잠재의식에 새기기

Alexander Bell, interview in Orison Swett Marden, *How They Succeeded: Life Stories of Successful Men Told by Themselves* (Boston: Lothrop, 1901), chapter 2.

Marc Maron, "Jim Carrey," July 16, 2020, in *WTF with Marc Maron*, podcast, 1:28:05, http://www.wtfpod.com/podcast/episode-1140-jim-carrey.

Stephen Rebello, "Carrey'd Away," *Movieline*, July 1994.

Jim & Andy: The Great Beyond, directed by Chris Smith (Netflix, 2017).

Marcus E. Raichle and Debra A. Gusnard, "Appraising the Brain's Energy Budget," *Proceedings of the National Academy of Sciences* 99, no. 16 (July 2002): 10237–239, https://doi.org/10.1073/ pnas.172399499.

Fei Du et al.,"Tightly Coupled Brain Activity and Cerebral ATP Metabolic Rate," *Proceedings of the National Academy of Sciences* 105, no. 17(April 2008): 6409–414, https://doi.org/10.1073/pnas.0710766105.

Suzana Herculano-Houzel, "The Remarkable, Yet Not Extraordinary, Human Brain as a Scaled-Up Primate Brain and Its Associated Cost," *Proceedings of the National Academy of Sciences* 109, supplement 1 (June 2012): 10661–668, https://doi.org/10.1073/pnas.1201895109.

Richard Thaler, *Nudge: Improving Decisions About Health, Wealth, and Happiness* (New York: Penguin Books, 2009).

Origins of Concepts in Human Behavior (New York: Wiley, 1977), 199.

Bob Nease, *The Power of Fifty Bits: The New Science of Turning Good Intentions into*

Positive Results (New York: Harper Business, 2016).

Mihaly Csikszentmihalyi, *Flow: The Psychology of Optimal Experience* (New York: Harper Collins, 1990).

Dimitri van der Linden, Mattie Tops, and Arnold B. Bakker, "The Neuroscience of the Flow State: Involvement of the Locus Coeruleus Norepinephrine System," *Frontiers in Psychology* 12 (2021): 645498, https://doi.org/10.3389/fpsyg.2021.645498. See also Martin Ulrich et al., "The Neural Correlates of Flow Experience Explored with Transcranial Direct Current Stimulation," *Experimental Brain Research* 236, no. 12(September 2018): 3223–237, https://doi.org/10.1007/s00221-018-5378-0.

Heidi Jiang et al., "Brain Activity and Functional Connectivity Associated with Hypnosis," *Cerebral Cortex* 27, no. 8 (July 2016): 4083–93, https://doi.org/10.1093/cercor/bhw220.

Joe Dispenza, *You Are the Placebo* (New York: Hay House, 2014).

6장 다섯 번째 단계: 목표를 세상과 연결 짓기

Deepak Chopra, quoted in Roger Gabriel, "How Passion Activates Purpose," chopra.com, July 9, 2021, https://chopra.com/articles/how-passion-activates-purpose.

"Hawaiian Voyaging Traditions," accessed February 10, 2023, https://archive.hokulea.com/index/founder_and_teachers/nainoa_thompson.html.

Stephen W. Porges, "Polyvagal Theory: A Science of Safety," *Frontiers in Integrative Neuroscience* 16 (May 2022): 871227, https://doi.org/10.3389/fnint.2022.871227.

Porges, "Polyvagal Theory."
Eckhart Tolle, "Jim Carrey's Full Introduction for Eckhart Tolle," January 20, 2010, Vimeo video, 2:43, https://vimeo.com/8860684.

7장 여섯 번째 단계: 새로운 기회를 받아들이기

The Golden Sayings of Epictetus, trans. Hastings Crossley (New York:Macmillan, 1925), verse XXXIX.

Alan Siegel, "Comedy in the '90s, Part 2: The Year Jim Carrey Arrived," *Ringer*, August 28, 2019, https://www.theringer.com/movies/2019/8/28/20835101/jim-carrey-comedies-1994-ace-ventura-mask-dumb-and-dumber.

Maharishi International University, "Jim Carrey at MIU: Commencement Address at the 2014 Graduation," May 30, 2014, YouTube video, 23:32, https://www.youtube.com/watch?v=V80-gPkpH6M.

Y. Joel Wong et al., "Does Gratitude Writing Improve the Mental Health of Psychotherapy Clients? Evidence from a Randomized Controlled Trial," *Psychotherapy Research* 28, no. 2 (March 2016): 192–202, https://doi.org/10.1080/10503307.2016.1169332.

Lourdes Rey et al., "Being Bullied at School: Gratitude as Potential Protective Factor for Suicide Risk in Adolescents," *Frontiers in Psychology* 10(March 2019): 662, https://doi.org/10.3389/fpsyg.2019.00662.

Sara B. Algoe, Jonathan Haidt, and Shelly L. Gable, "Beyond
Reciprocity: Gratitude and Relationships in Everyday Life," *Emotion* 8, no. 3 (June 2008): 425–29, https://doi.org/10.˙037/1528-3542.8.3.425.

Gaelle Desbordes et al., "Moving beyond Mindfulness: Defining Equanimity as an Outcome Measure in Meditation and Contemplative Research," *Mindfulness* 6, no. 2 (January 2014): 356–72, https://doi.org/10.1007/s12671-013-0269-8.

현실화를 더 깊이 이해하기

Santiago Ramon y Cajal, *Advice for a Young Investigator* (1897; Cambridge, MA: MIT Press, 2004), xv.

R. Nathan Spreng, "The Fallacy of a 'Task- Negative' Network," *Frontiers in Psychology* 3, no. 145 (May 2012), https://doi.org/10.3389/fpsyg.2012.00145.

Bob Nease, *The Power of Fifty Bits: The New Science of Turning Good Intentions into Positive Results* (New York: Harper Business, 2016).

James N. Kirby, James R. Doty, Nicola Petrocchi, and Paul Gilbert, "The Current and Future Role of Heart Rate Variability for Assessing and Training Compassion," *Frontiers in Public Health* 5, no. 3(February 2017), https://doi.org/10.3389/fpubh.2017.00040.

Steven H.Strogatz and Ian Stewart, "Coupled Oscillators and Biological Synchronization," *Scientific American* 296, no.6(December 1993): 102–09, https://www.scientificamerican. com/article/coupled-oscillators-and-biological/.

Steven Strogatz, Sync: *How Order Emerges from Chaos in the Universe, Nature, and Daily Life*(New York: Hachette Books, 2003).

Pascal Fries, "A Mechanism for Cognitive Dynamics: Neuronal Communication through Neuronal Coherence," *Trends in Cognitive Sciences* 9, no. 10 (2005): 474–80, https://doi. org/10.1016/j.tics.2005.08.011.

Antonio Damasio, *Descartes' Error: Emotion, Reason and the Human Brain* (New York: Harper Perennial, 1995).

Paul Lehrer et al., "Heart Rate Variability Biofeedback Improves Emotional and Physical Health and Performance: A Systematic Review and Meta Analysis," *Applied Psychophysiology and Biofeedback* 45, no. 3(2020): 109–29, https://doi.org/10.1007/s10484-020-09466-z.

Rollin McCraty and Maria A. Zayas, "Cardiac Coherence, Self-Regulation, Autonomic Stability, and Psychosocial Well-Being," *Frontiers in Psychology* 29, no. 5 (September 2014): 1090, https://doi.org/10.3389/fpsyg.2014.01090.

박세연

서울대학교에서 원예학을, 고려대학교에서 철학을 공부하고 글로벌 IT 기업에서 마케터와 브랜드 매니저로 일했다. 《나는 AI와 공부한다》, 《어떻게 민주주의는 무너지는가》, 《리더가 사라진 세계》 등 100여 권의 책을 우리말로 옮겼다.

닥터 도티의 마인드 매직

초판 1쇄 인쇄 2026년 2월 15일
초판 1쇄 발행 2026년 2월 24일

지은이 제임스 도티
옮긴이 박세연
펴낸이 김선식

부사장 김은영
콘텐츠사업본부장 임보윤
책임편집 조은서 디자인 윤유정 책임마케터 지석배
콘텐츠사업1팀장 한다혜 콘텐츠사업1팀 윤유정, 문주연, 조은서, 여소연
마케팅2팀 이고은, 지석배, 최민경, 이현주, 김은지 홍보1팀 김민정, 홍수경, 변승주
브랜드사업본부 정명찬
브랜드홍보팀 오수미, 서가을, 박장미, 박주현
영상홍보팀 이수인, 염아라, 이지연, 노경은
저작권팀 성민경, 이슬 편집관리팀 조세현, 김호주, 백설희
재무관리팀 하미선, 임혜정, 이슬기, 김주영, 오지수
인사총무팀 강미숙, 김재경, 김혜진, 김주림, 황종원
제작관리팀 이소현, 김소영, 유미애, 이지우, 이승협
물류관리팀 김형기, 김선진, 주정훈, 양문현, 채원석, 박재연, 이준희, 최대식
외부스태프 조판 화이트노트

펴낸곳 다산북스 출판등록 2005년 12월 23일 제313-2005-00277호
주소 경기도 파주시 회동길 490
전화 02-704-1724 팩스 02-703-2219 이메일 dasanbooks@dasanbooks.com
홈페이지 www.dasan.group 블로그 blog.naver.com/dasan_books
종이 스마일몬스터 인쇄·제본 정민문화사 코팅·후가공 제이오엘앤피

ISBN 979-11-306-7524-4(03320)

다산북스(DASANBOOKS)는 책에 관한 독자 여러분의 아이디어와 원고를 기쁜 마음으로 기다리고 있습니다.
출간을 원하는 분은 다산북스 홈페이지 '원고 투고' 항목에 출간 기획서와 원고 샘플 등을 보내주세요.
머뭇거리지 말고 문을 두드리세요.